Neue
Kleine Bibliothek 149

Hans Kalt

In Stalins langem Schatten

Zur Geschichte der Sowjetunion und
zum Scheitern des sowjetischen Modells

PapyRossa Verlag

2., verbesserte und erweiterte Auflage

© 2010 by PapyRossa Verlags GmbH & Co. KG, Köln
Luxemburger Str. 202, 50937 Köln
Tel.: ++49 (0) 221 – 44 85 45
Fax: ++49 (0) 221 – 44 43 05
E-Mail: mail@papyrossa.de
Internet: www.papyrossa.de

Alle Rechte vorbehalten

Umschlag: Willi Hölzel, Lux siebenzwo
Druck: Interpress

Die Deutsche Bibliothek verzeichnet diese Publikation in der
Deutschen Nationalbibliografie; detaillierte bibliografische
Daten sind im Internet über http://dnb.ddb.de abrufbar

ISBN 978-3-89438-434-0

Inhalt

Einleitung 7

Was ist »Stalinismus«? 9
War das System stalinistisch? (13) – Lenins Staatstheorie (13) – Die Grundsatzentscheidung der jungen Sowjetmacht (16) – Masseninitiative oder Bürokratismus (19) – Die Bedeutung der Zentralmacht (21) – Arbeiterdemokratie oder Parteidiktatur? (23)

Das Wesen der Wende zur NEP (Neue ökonomische Politik) 25
Das Fraktionsverbot (29) – Der Erfolg der NEP (32) – Was ist Leninismus? (35)

Internationale Rahmenbedingungen 38
Die Außenpolitik eines sozialistischen Staates (42)

Die große Wende 47
Stalin als Verteidiger der NEP (50) – Die entscheidende Wendung Stalins (55) – Der Bürgerkrieg im Dorf (57) – Warum? (61) – Diktatur des Proletariats und Demokratie (65)

Die Dialektik des Klassenkampfes im Sozialismus 68
Die Perversion des Klassenkampfes (76)

Warum der Sieg über den Faschismus? 82
Die neue Wendung Stalins (87)

Auf dem Höhepunkt 91
Die Wirkung des Wertgesetzes (93) – Die Rolle des Geldes (101) – Die weitere Entartung des Gesellschaftssystems (102) – Die Veränderung der Klassenstruktur (104)

Auf dem Weg zur Supermacht 108
Die kommunistische Weltbewegung (109) – Die Anti-»Titoismus«-Kampagne (115) – Die Wirkung auf den Kapitalismus (117)

Das Tauwetter 121
Der 20. Parteitag (125) – Die internationale Auswirkung (128) – Die Distanzierung der KP Chinas (131) – Neue Etappe im Kalten Krieg (131) – Warum Chrustschow scheiterte (133)

Die Periode der Stagnation 135
    Vorsicht vor Utopien (137) – Folgen der Stagnation (140) – Die Kossygin-Reform (143) – Die Grenzen zentraler Planungsmodelle (146) – Das Geheimnis des weiteren Wachstums (148)

CSSR 1968 – Die verlorene Chance 151
    Die wissenschaftlich-technische Revolution (153) – Der Widerhall in Osteuropa (158) – Demokratie als Entwicklungsbedingung (162)

Die Perestrojka 166
    Verschärfung der Widersprüche (168) – Die Vorbereitungsphase (170) – Die Etappen der Perestrojka (172) – Ursachen des Scheiterns (178) – Die Veränderung der Weltlage (180) – Um die ökonomische Basis des Sozialismus (183)

Warum die Wendung? 185
    Abrechnung mit der Stalinstschina (186) – Kapitalismus ohne Kapital (191) – Der Rückfall in Nationalismus (194) – Von der Funktions- zur Eigentumsfrage (196)

Die politische Ökonomie der Perestrojka 202
    Die Rolle der politischen Ökonomie (203) – Das Nationalprodukt im Sozialismus (209) – Die Abwertung des fixen Kapitals (213) – Preise und Wert (215)

Das Ende der Sowjetunion 217
    Die ökonomische Entwicklung (222) – Die größte Enteignung der Weltgeschichte (226) – Die Genesis der neuen Bourgeoisie (227) – Gibt es überhaupt Alternativen? (234)

Asiatische Fehlentwicklungen 237
    Die Berichtigungs-Kampagne von Yennan (239) – Die »Kulturrevolution« (245) – Pol Pots »Steinzeitkommunismus« (248)

Wie weiter? 250
    Wo Marx irrte (254) – Die englische Revolution (256) – Die französische Revolution (258)

Die Geschichte ist unerbittlich 260
    Das Leben selbst schlägt zurück (266)

Literaturauswahl 273

Einleitung

Wer aus Fehlern nicht lernt, wird die gleichen Fehler wiederholen. Das gilt für Einzelmenschen wie für ihre gemeinsamen Bestrebungen. Der schwerste Rückschlag, den die Arbeiterbewegung bisher erlitten hat, der Zusammenbruch des ersten weltweit wirkenden Sozialismus-Versuchs, erfordert besonders dringend die wissenschaftliche Aufarbeitung der Ursachen für sein Scheitern.

In der tagespolitischen Auseinandersetzung hat sich eingebürgert, die etwa ein Jahrzehnt nach seinem Entstehen sichtbar gewordene Entartung dieses Systems als »Stalinismus« zu bezeichnen. Bei der unbestreitbaren Hauptverantwortung Stalins für die Fehlentwicklung des sowjetischen Sozialismus-Modells scheint dies nahe zu liegen.

Dennoch birgt es eine große Gefahr. Stalin wirkte in einem ganzen Geflecht objektiver und subjektiver Bedingungen. Er hat dabei letztere bis ins erste Drittel der Zwanzigerjahre weniger beeinflusst als eine auf die Lobpreisung seiner Person orientierte Geschichtsdarstellung dies später glauben machen wollte.

Die Frage muss geklärt werden, ob nicht die Fixierung auf Stalin (die durch die Prägung dieses Begriffs unvermeidlich ist) von der *all*seitigen Analyse des Gesamtkomplexes ablenken, diese Untersuchung einengen *muss*.

Wird mit dem Stichwort »Stalinismus« nicht die analytische Aufarbeitung der objektiven Ursachen von Fehlentwicklungen durch die Zuspitzung auf Stalins persönliche negative und – als Antwort – positive Eigenschaften »erschlagen«? Fehler werden dann gegen Verdienste aufgerechnet (in beiden Richtungen mit unhaltbaren Übertreibungen).

Auch das ist ein negatives Erbe einer Zeit, in der allein schon die Abstempelung mit dem Etikett »Trotzkismus«, »Titoismus«, »Maoismus« und von der Gegenseite »Stalinismus« jede Auseinandersetzung mit Ansichten, jedes Abwägen von Argumenten zu ersetzen vermochte.

Auch heute aus polemischer Zuspitzung entspringende Fehlinterpretation kann nicht darüber hinwegtäuschen, dass manches schon vor sieben oder acht Jahrzehnten Ausgesprochene eine andere Entwicklung des sowjetischen Sozialismus hätte bewirken können, wenn die Verantwortlichen darauf gehört hätten.

Die aus der russischen Oktoberrevolution entstandene Sowjetunion wurde erst ab etwa 1928 für ein Vierteljahrhundert von Stalin bestimmend geprägt. Auch nach dessen Tod, ja bis zu ihrer Auflösung hat dieser Einfluss (selbst bei denen, die sich heftigst gegen den »Stalinismus« wandten) schicksalsbestimmend nachgewirkt.

Dieser erste Versuch, dem Kapitalismus in globalem Maßstab eine sozialistische Alternative gegenüberzustellen, hat welthistorische Bedeutung. Daher muss am Anfang jeder wissenschaftlich-historischen Analyse der Fehlentwicklung dieses Systems die Auseinandersetzung mit dem Begriff »Stalinismus« selbst stehen.

Das ist wesentlicher Teil jeder Untersuchung der Irrwege, die sich in der Frühphase der Herausbildung sozialistischer Gesellschaftssysteme (nicht nur in Russland und nicht nur in Verbindung mit Stalins Wirken) gezeigt haben.

1. Kapitel
Was ist »Stalinismus«?

Schon die Definition dieses Begriffes fällt schwer. Offensichtlich reicht es nicht, auf die in den Fraktionskämpfen der 20er- und 30er-Jahre damit verbundene Bedeutung zurückzugreifen. Damals wurde einfach jeder Anhänger bestimmter Ansichten Stalins zu einem »Stalinisten«, so wie Stalins Gegner als »Trotzkisten«, »Bucharinisten« usw. bezeichnet wurden, je nachdem, wessen Meinungen sie unterstützten.

Diese Fixierung auf Personen war keine Erfindung Stalins. Bedeutende religiös-ideologische Strömungen wurden schon vor Jahrhunderten mit den Namen ihrer Begründer bezeichnet. Buddhisten, Mohammedaner als Angehörige von Weltreligionen. Hussiten, Calvinisten oder Lutheraner aus der europäischen Reformationszeit. Gesellschaftspolitische Bewegungen knüpften an diese Form der Kennzeichnung an: Bonapartisten, Blanquisten, Marxisten und Lassalleaner in den Klassenkämpfen des 19. Jahrhunderts.

Welche Voraussetzung war jeweils gegeben, dass solche Bezeichnungen historisch Bestand hatten? Besonders Marxismus und im 20. Jahrhundert Leninismus drücken die prägende Bedeutung dieser Personen für jeweils hunderte Millionen erfassende und damit historisch wirkende Komplexe von Ideologien und Handlungsmustern aus. Hier ist außer Zweifel, dass die Bezeichnung in der Historiographie ihren Bestand behalten wird, auch wenn die durch Stalin erfolgte Dogmatisierung des Leninismus ein Hindernis ist und erst überwunden werden muss.

Personen stehen da für ideologische Inhalte, religiöse und moralische Wertung. Letzteres erhält oft fatalen Charakter. Hussiten, Calvinisten, Lutheraner waren für Katholiken mehrere Jahrhunderte hindurch Inbegriff »des Bösen«, lange Zeit mit der Konsequenz der physischen Vernichtung durch Feuer. Das galt z. T. auch vice versa. Bis zum Höhepunkt des Dreißigjährigen Krieges.

Sieg »des Guten« über »das Böse« (z. B. der Übergang eines Landesfürsten zur anderen Religion) gab dem »Guten« das Recht, Bösestes zu tun (z. B. zehntausende »Landeskinder« einfach auszutreiben, »Ketzer« verbrennen zu lassen) und dafür Lob der Gleichgesinnten, manchmal auch Massenzustimmung, zu ernten. (Noch bis ins 18. Jahrhundert!)

Wirkungsfeld dieser Art »-ismen« war der Bereich der Religion, wenn zu dieser Zeit in vielen Fragen auch schon eng verschränkt mit der Vorstellungswelt der Menschen über ihr eigenes irdisches Leben. Später trat dies in den Vordergrund. Die religiöse Maskierung entfiel. Zumindest bis in die jüngste Vergangenheit.

Bei einer besonders charakteristischen Form der Machtausübung beruft sich die Geschichtsschreibung schon seit zwei Jahrtausenden auf eine prägende historische Persönlichkeit: Gaius Julius Cäsar wurde Namensgeber für das Kaisertum bzw. den russischen Zarismus. Es drückt absolute, die bestehende Gesellschaft verteidigende Macht einer Person aus, ob diese nun in diese Machtposition gewählt (z. B. vom Senat, bewaffneten Legionen, den »Kurfürsten«) ist, von »Gottes Gnaden« hineingeboren wurde, oder sich die Krone selbst aufsetzte wie Napoleon.

Parallelen zur jetzigen »Stalinismus«-Diskussion drängen sich auf. Gerade auch wegen des oft religionsähnlichen Charakters der vor allem unter Einfluss Stalins dogmatisierten Ideologie und der auf diese gestützten absoluten Form der Machtausübung.

Aber schon die Geschichte der jüngsten Entwicklung zeigt, dass keine solche Parallele das Wesen der Sache treffen kann. Wäre das der Fall, dann ergäbe sich zwangsläufig eine Schlussfolgerung, die den Anhängern der »Stalinismus«-These kaum zusagen würde. Um das zu beweisen, genügt folgende Überlegung: Ronald Reagan war sicher einer der konsequentesten und bestimmt einer der einflussreichsten Antikommunisten. Er hatte es gar nicht nötig, einen »Stalinismus« als besonderes Feindbild darzustellen. Zur Charakteristik der Sowjetunion prägte er den Begriff eines »Reichs des Bösen«.

1989 bis 1991 brach das politische System und sogar die gesellschaftliche Basis in diesen Ländern zusammen. Beides war bis zuletzt stark von Stalins Wirken geprägt. Was sich dort allerdings danach abspielte, lässt jedem, der in Jubel darüber ausbrechen wollte, dass dort das »Reich des Guten« angebrochen sei, das Wort im Mund erstarren.

Es wurde versucht, Massenvertreibung, Mord, Pogrome, Krieg, Vergewaltigungen, vorher unvorstellbares Massenelend usw. deshalb dem vorherigen System oder einem »nur langsam sterbenden Ungeheuer ›Stalinismus‹« (Gorbatschow)[1] anzukreiden, weil viele dafür Verantwortliche auch vorher schon in führenden Funktionen tätig waren. Das geht daneben.

Genauso daneben ging die Behauptung des österreichischen Bundespräsidenten, Thomas Klestil, im »Vier-Präsidenten-Gespräch« am 25. Juli 1993 in Salzburg, der Krieg in Bosnien sei »Folge des kommunistischen Regimes«[2] gewesen.

Beide Varianten weichen der *wichtigsten* Frage aus: Wieso haben die dort nach 1990/91 verantwortlich agierenden Leute, »als noch ›das Böse‹ herrschte«, als »poststalinistische« oder kommunistische Regimes diese Länder lenkten, nichts von all dem getan bzw. konnten sie nichts von all dem tun, was ihnen die Weltöffentlichkeit danach wegschauend durchgehen ließ und läßt? Haben die Tudjman oder Izetbegovic, die Schewardnadse, Alijew, Krawtschuk usw. vielleicht deshalb ihre jeweiligen Kommunistischen Parteien verlassen, um internationalistische Hemmungen, Reste eines humanistischen Gewissens abzustreifen? Ohne solche gaben sie als »die Guten« ungestraft Befehle, die zu Verbrechen führten, für die sie sogar offenen Applaus (zumindest aber beschönigendes Verschweigen) ernteten (wenn jeweils auch nur von einem Teil der Weltöffentlichkeit und nur von bestimmten Regierungen – man denke etwa an die Haltung der BRD und Österreichs zu Tudjman-Kroatien)!

Der privaten US-amerikanischen Flüchtlingshilfsorganisation »US-Komitee für Flüchtlinge« zufolge gab es Ende 1992 weltweit 17,6 Mio. Flüchtlinge. Zehn Jahre zuvor waren es erst 7,8 Mio. gewesen.[3] Die private Forschungsgruppe »World Priorities« hat Anfang November

---

1   Siehe »Die Presse«, 25.2.1993.

2   Siehe »Der Standard«, 26.7.1993.

3   Siehe »Der Standard«, 26.5.1993.

1993 in Washington eine Studie veröffentlicht, derzufolge das Jahr 1992 eine Rekordzahl an Kriegen – nämlich 29 – gebracht hat.[4] Wer da nur Kriterien des »Guten« und des »Bösen« anlegen würde, müsste zwangsläufig den Zustand als besser für die Welt einschätzen, als »poststalinistische« Systeme in Osteuropa bestanden und die Entwicklung der ganzen Welt beeinflussten. (Die gleiche Gegenüberstellung könnte man für Arbeitslosigkeit, Obdachlosigkeit, Kindersterblichkeit und Armut – mit ähnlichem Ergebnis – vornehmen.)

Folgerichtig hielt die Mehrheit der Menschen in den früheren RGW-Ländern (mit Ausnahme von Tschechien) schon zum Jahresende 1992 die frühere Planwirtschaft – trotz aller Fehlentwicklungen – für besser als das darauffolgende Wirtschaftssystem.[5]

Eine Sicht der Dinge, die nur das Kriterium von abstrakt Gutem und Bösem, letzteres verkörpert im »Ungeheuer Stalinismus«, gelten lässt, greift zu kurz. Aus ihr könnte alles Böse, für das Stalin verantwortlich war, schließlich mit dem noch »Böseren« gerechtfertigt werden, das dadurch abgewendet werden konnte (wirklich oder vermeintlich). Ebenso könnte aus ihr auch alles Gute, das gerade zu dieser Zeit unter Mitwirkung der Sowjetunion weltweit erreicht wurde, als Rechtfertigung für das Böse herangezogen werden, das eben der »Preis« für den Sieg über Hitler, die koloniale Befreiung usw. gewesen sei.

Natürlich spielte das Einwirken von persönlichen Auffassungen, Eigenschaften und Methoden Stalins eine bedeutende Rolle. Auch als eine der Ursachen dafür, dass dieses Sozialismus-Modell schließlich gescheitert ist. Allerdings nicht zuletzt auch deshalb, weil die schärfsten »Stalinismus«-Kritiker innerhalb dieses Systems ebenso wenig verstanden haben, worin vor allem die Fehlentwicklung bestanden hat.

Schon lange vorher war der Versuch falsch, alles Positive im konkreten Sozialismus-Modell der Person Stalins zuzuschreiben. Ebenso falsch ist es umgekehrt, jetzt alles Negative auf eine besondere »Schlechtigkeit« Stalins zurückzuführen.

---

4   Siehe »Die Presse«, 11.11.1993.
5   Das ergab u. a. eine Umfrage der Paul-Lazarsfeld-Gesellschaft Ende 1992. Siehe »Der Standard«, 16.7.1993.

War das System stalinistisch?

Eine zweite Möglichkeit der Sichtweise geht von der Charakterisierung des unter dem Einfluss Stalins als Folge der Oktoberrevolution entstandenen Gesellschaftssystems aus. »Stalinismus« wäre aus solcher Sicht ein – unter fälschlicher Berufung auf den Sieg der Arbeiterklasse und den Marxismus-Leninismus entstandenes – System terroristischer Diktatur. Ökonomische Basis wie das gesellschaftspolitische Leben seien von einer bürokratischen Oberschicht beherrscht worden, an deren Spitze nach dem Tod Stalins nur ein insgesamt ebenso allmächtiges »Politbüro« getreten sei.

Als Vergleich könnte man an den Zarismus erinnern. Dies umso eher, als im Zarismus – im Geist byzantinischer Tradition – das antike Kaisertum in absolutester Form wiederbelebt wurde, während es im »römischen Kaisertum« des Mittelalters immer im Kampf mit lange Zeit übermächtigen Territorialfürsten, vor allem aber dem Papsttum stand, das sich keineswegs auf ideologisch-religiösen Einfluss beschränkte.

Dabei wird übersehen, dass mit der Oktoberrevolution im Vergleich zum Zarismus die grundlegendste Veränderung der Klassenbeziehungen der bisherigen Menschheitsgeschichte eingetreten ist.

Lenins Staatstheorie

Um Klarheit zu gewinnen, muss man an Lenins Auffassung über das Wesen des Staates erinnern. In seiner 1917 geschriebenen Broschüre »Staat und Revolution« heißt es: »Der Staat ist das Produkt und die Äußerung der Unversöhnlichkeit der Klassengegensätze. Der Staat entsteht dort, dann und insofern, wo, wann und inwiefern die Klassengegensätze objektiv nicht versöhnt werden können.«[6]

Lenin stützt sich dabei auf die Ansichten von Karl Marx und Friedrich Engels. Er wendet sich gegen eine Vergröberung von deren

---

6   Lenin, Werke, Bd. 25, Berlin 1960, S. 398/399.

Meinung von der »Aufhebung des Staates« durch die proletarische Revolution. »Der Staat ist eine ›besondere Repressionsgewalt‹«, zitiert Lenin Friedrich Engels' »Anti-Dühring« und erinnert daran, dass nach Engels' Auffassung »...die ›besondere Repressionsgewalt‹ der Bourgeoisie gegen das Proletariat, einer Handvoll reicher Leute gegen die Millionen der Werktätigen, abgelöst werden muss durch eine ›besondere Repressionsgewalt‹ des Proletariats gegen die Bourgeoisie (die Diktatur des Proletariats). Darin eben besteht die ›Aufhebung des Staates als Staat‹«.[7]

Nur ein solcher proletarischer Staat könne der Bourgeoisie die Macht über die gesellschaftlichen Produktionselemente entreißen, die in der »Diktatur der Bourgeoisie« die ständig wirkende Basis *jeder* Repression ist. Erst der proletarische Staat könne dann »absterben«, wenn er seine historische Aufgabe erfüllt habe. Lenin schreibt dazu: »Wir sind keine Utopisten. Wir ›träumen‹ nicht davon, wie man *unvermittelt* ohne jede Verwaltung, ohne jede Unterordnung auskommen könnte; diese anarchistischen Träumereien, die auf einem Verkennen der Aufgaben der Diktatur des Proletariats beruhen, sind dem Marxismus wesensfremd, sie dienen in Wirklichkeit nur dazu, die sozialistische Revolution auf die Zeit zu verschieben, da die Menschen anders geworden sein werden. Nein, wir wollen die sozialistische Revolution mit den Menschen, wie sie gegenwärtig sind, den Menschen, die ohne Unterordnung, ohne Kontrolle, ohne ›Aufseher und Buchhalter‹ nicht auskommen werden. Aber unterzuordnen hat man sich der bewaffneten Avantgarde aller Ausgebeuteten und Werktätigen – dem Proletariat.«[8]

Die erste Zeit nach der Oktoberrevolution entsprach ohne Zweifel dem Anspruch einer solchen klassenbedingten Staatsdefinition. Es entstand ein erstes weltweit wirkendes sozialistisches Gesellschaftssystem. Sozialistisch im Sinn der Zielsetzung. Wird dieser Begriff durch den einer stalinistischen Gewaltherrschaft ersetzt, dann geht der total veränderte Klasseninhalt verloren. Leuten, denen eine klassen-

---

7   A.a.O., S. 409.
8   A.a.O., S. 438/439.

mäßige Einschätzung *jedes* Staates ein Horror ist, scheint eine solche Definition sogar naheliegend. Sie wirkt glaubhaft, da die spätfeudalen Züge vor allem im russischen System nicht zu übersehen waren.

Einer fundierten gesellschaftsanalytischen Untersuchung hält eine solche Sichtweise nicht stand: Auf ihrem Boden stehend wird niemand die Frage beantworten können, wieso das gleiche Russland im Ersten Weltkrieg 1917 als erste Großmacht zusammengebrochen ist, 25 Jahre später aber im Zweiten Weltkrieg den für Europa kriegsentscheidenden Beitrag bei der Niederringung des Faschismus hat leisten können. Noch mehr: Die Industrialisierung des Landes, bescheidene soziale Errungenschaften, die Auswirkung auf die Weltentwicklung wären niemals durch eine bloße Ablöse des Zarismus durch eine terroristische »stalinistische« Diktatur erklärbar.

Lenins Auffassung vom Staat führt zu weiterer Überlegung: Wenn der Staat entsteht, wo »Klassengegensätze objektiv nicht versöhnt werden *können*«, wieso nahm dann die Rolle des Staates, vor allem seine Repressionsfunktion, in dem ersten großen Sozialismus-Modell nicht ab, sondern lange Zeit sogar noch zu? War das *nur* Folge der kapitalistischen »Einkreisung« oder hatte es nicht auch Ursachen in der inneren gesellschaftlichen Entwicklung? Mit dem Tod Stalins wurden nur ärgste Formen der Massenrepression abgeschwächt. Die Rolle des Staates selbst änderte sich nicht. Auch hier greift also die Erklärung durch einen »Stalinismus« zu kurz.

Wenn der Begriff »Stalinismus« wissenschaftlich definiert werden soll, dann kann dies nur dadurch geschehen, dass jene politisch-ideologischen Auffassungen Stalins, seine organisationspolitischen Methoden herausgeschält werden, die sich – anfangs in offener Auseinandersetzung mit anderen Auffassungen – so sehr durchsetzen konnten, dass sie schließlich das entstehende sozialistische Reproduktions- und Gesellschaftssystem spürbar beeinflussten, ja prägten.

Aber hier zeigt sich sofort die Problematik, die mit der Wahl dieses Begriffes untrennbar verbunden ist: Unbestreitbar ist, dass es in diesem ersten weltweit wirkenden Sozialismus-Modell eine so tiefgreifende Fehlentwicklung gab, dass man nur von einer Entartung sprechen kann. Anders wäre der rasche Zusammenbruch eines nach außen politisch und militärisch so starken Machtblocks nicht möglich gewesen. Aber wieweit war diese Entartung mit Auffassungen und dem politischen Wirken gerade Stalins zu erklären?

Die Grundsatzentscheidung der jungen Sowjetmacht

Die Entscheidung über ein Kernproblem (vielleicht überhaupt das wesentliche Problem) der nach der Oktoberrevolution zu schaffenden Übergangsgesellschaft in Russland wurde schon 1918/19 getroffen. Dieses Problem stand und wird nach jeder sozialistischen Revolution stehen: Da die sozialistische Revolution unmittelbar von der jeweiligen Arbeiterklasse des betreffenden Landes durchgeführt wird, hat diese schon am Tag nach ihrem Sieg – und buchstäblich jeden weiteren Tag danach – über die Gewichtung folgender zwei Optionsvarianten zu entscheiden: Macht sie zur Maxime ihres weiteren Handelns das Vorwärtstreiben der revolutionären Entwicklung auch in den anderen Ländern u. a. durch fortgesetzte »Vertiefung« des eigenen revolutionären Prozesses und durch auch gewaltsame Unterstützung der Revolution in anderen Ländern? Oder aber legt sie das Hauptgewicht auf die Stabilisierung der sozialistischen Errungenschaften der Revolution, was unvermeidlich zur Herausbildung auch eines Staates dieser Übergangsgesellschaft (mit der notwendigen Schaffung einer festen Struktur von bezahlten Staatsfunktionären – bis zu Trägern der bewaffneten Macht) führen muss.

Diese Problematik wurde aus historischen und geopolitischen Gründen im Russland nach der Oktoberrevolution besonders verschärft (Rückständigkeit des Landes, Dezimierung der eigenen – ohnehin schwachen – Arbeiterklasse durch Krieg und Bürgerkrieg; dem standen aber die furchtbaren Leiden für Arbeiterklasse und Völker aller entwickelten Länder durch den Krieg und die Größe Russlands gegenüber, was ein Eingreifen von außen erschwerte). Als klar wurde, dass die sozialistische Revolution im Westen ausblieb (oder wie in Ungarn und Bayern scheiterte), musste die Führung der russischen Revolution sich – zumindest auf längere Zeit – für den Vorrang der zweiten Option entscheiden.

Wenn auch die spätere Darstellung vergröbert und vereinfacht wurde, ging es dabei um die Konzepte des »Sozialismus in einem Land« oder der »permanenten Revolution«. Im wesentlichen richtig wird ersteres mit der Haltung Lenins, letzteres mit der Trotzkijs gleichgesetzt.

Allerdings gab es auf beiden Seiten auch bedeutende Abweichungen in Richtung der anderen Option. Z. B. war Trotzkij sehr stark persönlich von Lenin beeinflusst, was oft auf seine politische Haltung wirkte. Als Verteidigungskommissar war er z. B. maßgebend an der Heranziehung des früheren zaristischen Offizierskorps beim Aufbau der Roten Armee beteiligt, ja er rühmt sich dessen sogar noch in seinen Erinnerungen![9] Er hat damit Hervorragendes zur Schaffung des Machtapparates jener Staatlichkeit beigetragen, die von seiner Theorie der »permanenten Revolution« grundsätzlich in Frage gestellt wurde.

Lenin wiederum hat im Sommer 1920 nach dem Scheitern des Pilsudski-Angriffs gegen Sowjetrussland und den ersten Erfolgen des sowjetischen Gegenangriffs die Perspektive für real gehalten, durch eine Fortsetzung der Offensive bis zur Eroberung Warschaus die sozialistische Revolution in Polen auszulösen. Dieser Versuch hat dann zu einer schweren Niederlage geführt. U. a. dadurch wurde bewiesen, dass die Revolution nicht von außen in ein Land getragen werden kann, auch nicht »auf der Spitze der Bajonette« einer Roten Armee.

So sehr sich Stalin ab Mitte der Zwanzigerjahre als Parteigänger des »Sozialismus in einem Land« profiliert hat, bei den entscheidenden theoretischen Auseinandersetzungen, als nämlich diese Frage entschieden werden musste und auch entschieden wurde, trat er kaum mit persönlichen theoretisch fundierten Positionen in Erscheinung. Theoretisch hat er bis in die Zwanzigerjahre zu Fragen des Klassenstaates kaum etwas beigetragen. Seine leitende Tätigkeit während der Revolution selbst hatte auch keineswegs jene ausschlaggebende Bedeutung, die ihr später zugeschrieben wurde.

---

9   Siehe Leo Trotzki, »Mein Leben«, Berlin 1990, S. 399.

Das begann schon bei den Auseinandersetzungen über die Richtigkeit der sozialistischen Revolution in Russland. Stalin zählte vor der Rückkehr Lenins aus der Schweiz zu jenen, die nicht den Sturz der provisorischen Regierung, sondern Druck auf sie forderten. Auf die praktische Durchführung des Oktober-Aufstands übte Stalin kaum Einfluss aus. Am 6. November 1918 schrieb niemand anderer als Stalin selbst zum ersten Jahrestag darüber:

> »Die ganze Arbeit der praktischen Organisation des Aufstands vollzog sich unter der unmittelbaren Leitung des Vorsitzenden des Petrograder Sowjets, Gen. Trotzkij. Man kann mit Überzeugung sagen, dass die Partei für den schnellen Übergang der Garnison auf die Seite des Sowjets und die geschickte Organisation der Arbeit des revolutionären Militärkomitees vor allem und hauptsächlich Genossen Trotzkij verpflichtet ist.«[10]

Die nächste kritische Situation entstand um die Haltung zum Brester Frieden. Die Meinungsverschiedenheiten waren so scharf, dass Lenin eine Zeitlang im ZK in der Minderheit blieb. Erst als sich Trotzkij, von den Folgen der deutschen Offensive überzeugt, Lenins Standpunkt anschloss, kam es zur Unterzeichnung – zu wesentlich schlechteren Bedingungen. In dieser Frage hatte Stalin Lenin von Anfang an unterstützt.

So wie alle anderen führenden Funktionäre der bolschewistischen Richtung unterstützte Stalin im allgemeinen die von Lenin vertretene Linie, wich aber in Einzelfragen zeitweise auch von dessen Auffassungen ab. Das war an sich ein gesunder Zustand. Anders hätte es auch innerhalb der Führung keine genügend tiefschürfende kollektive Meinungsbildung geben können.

Es fiele schwer, aus der historischen Entwicklung eine Begründung dafür zu finden, die Festlegung auf den strategischen Vorrang des Aufbaus des »Sozialismus in einem Land« gegenüber der Linie einer »permanenten« Revolution als »Stalinismus« zu bezeichnen. Stalin selbst hat während seiner Verteidigung dieses Vorrangs in den 20er Jahren u. a. dies als »Leninismus« bezeichnet. Sicher mit viel mehr Berechtigung.

---

10 Diese Passage ist in den vom Marx/Engels/Lenin-Institut in Moskau edierten Schriften Stalins, deutsch im Dietz Verlag, nicht enthalten. Trotzkij zitiert sie in seinen Memoiren. Hier zitiert aus MB 4/93 S. 72.

Masseninitiative oder Bürokratismus

Die Auseinandersetzung zwischen diesen beiden Grundlinien zieht sich auch durch die weiteren während der Bürgerkriegsjahre notwendig werdenden Entscheidungen: Die erste Phase der Revolution (beginnend schon vor der Machtübernahme durch die Sowjets) war bestimmt durch eine breite revolutionäre Masseninitiative »von unten«. Schon im Sommer 1917 begannen Bauern da und dort den Gutsbesitzerboden aufzuteilen. Viele verließen vor allem deshalb die Front, um dazu nicht zu spät zu kommen. Die Sowjetmacht selbst hat hinsichtlich des Industriekapitals zuerst keine allgemeine Expropriation, sondern die Einführung der Arbeiterkontrolle in jedem Betrieb beschlossen. Aber faktisch übernahmen die Belegschaften innerhalb weniger Wochen fast alle Betriebe. Erst im Mai 1918 beschloss der erste Kongress der Volkswirtschaftsräte eine allgemeine Nationalisierung der Großindustrie. Er erkannte damit den eingetretenen Zustand an.

Die Revolution erfolgte mit elementarer Wucht. Entgegen dem Gerede von einem angeblichen bolschewistischen Putsch konnte Trotzkij am Ende des ersten Tages der Revolution in Petrograd – wenn auch beschönigend – feststellen, die Revolution habe noch kein Todesopfer gefordert. Nur in 15 von 84 Gouvernements- und sonstigen bedeutenden Städten war ein bewaffneter Kampf zur Machtübernahme durch die Sowjets erforderlich.[11] Diese revolutionäre Spontaneität barg auch eine gewaltige Gefahr: Die Masse der Bauern brauchte etwas anderes als die – im russischen Maßstab – kleine Minderheit der Arbeiterklasse. Die Bauern hatten jetzt endlich Boden, sie brauchten den freien Binnenmarkt. Die Arbeiterklasse hatte zwar die Industrie, aber diese wieder in Gang zu setzen, war viel schwerer als für die Bauern, den neu erhaltenen Boden zu bebauen. Krieg und Bürgerkrieg hatten viele Betriebe zerstört, Kapitalisten und die mit ihnen verbundene Führungsschicht waren geflohen, die Arbeiterklasse dezimiert.

---

11 Siehe »Geschichte der UdSSR«, Teil 2, Köln 1977, S. 59.

Ein »normaler Austausch« von Nahrungsmitteln und Industrieprodukten war für lange Zeit unmöglich. Die Bauern mussten Lebensmittel abgeben, ohne dafür Industrieprodukte erhalten zu können. Der 1918 bis 1920 tobende Bürgerkrieg zwang die junge Sowjetmacht, diesen ungleichen Austausch auch gewaltsam durchzusetzen. Es war die Zeit des »Kriegskommunismus« mit strenger Ablieferungspflicht. Dennoch verstanden viele Bauern diese Notwendigkeit, da alle gegen die Sowjetmacht kämpfenden Richtungen (einschließlich der traditionellen Bauernpartei der »Sozialrevolutionäre«) ihnen den Boden wieder wegnahmen, sobald sie Teile des Landes besetzen konnten. Die Haltung der Masse der Bauern war schließlich ausschlaggebend für den militärischen Sieg der Roten Armee im Bürgerkrieg.

Bürgerkrieg ist an sich meist noch brutaler als Krieg zwischen Staaten. Die komplizierte Klassenlage verschärfte diese Brutalität. Bei den gegenrevolutionären Kräften verhinderte es die durch die materielle und militärische ausländische Unterstützung genährte überhebliche Siegeszuversicht, die zwangsweise gegebenen Interessengegensätze zwischen Arbeiterklasse und Bauern politisch auszunützen. Schon im Sommer 1918 gab es den ersten Höhepunkt, als im Zusammenspiel mit den ersten sich formierenden weißen militärischen Verbänden die noch in der Sowjetregierung vertretenen Sozialrevolutionäre das Bündnis mit den Bolschewiki auflösten und in Moskau am 6. Juli 1918 die Macht an sich zu reißen versuchten. Dabei wollten sie – in Ausnützung durch den Brester Frieden verletzter nationaler Gefühle – durch Ermordung des deutschen Botschafters Sowjetrussland wieder an der Seite der Alliierten in den Krieg einbeziehen.

Den Krieg fortsetzen wollten auch tschechoslowakische Verbände, die auf russischem Boden aus Kriegsgefangenen gebildet worden waren. Während ihres Abzugs brachten sie die gesamte Transsibirische Eisenbahn in ihre Gewalt.

Die dadurch aufs äußerste zugespitzte Lage der Sowjetmacht veranlasste diese zu schärfsten Gegenmaßnahmen. In Petrograd und Moskau kam es zu Mordanschlägen gegen führende Sowjetfunktionäre, so am 30. August in Moskau gegen Lenin, der schwer verletzt wurde. In mehreren Gouvernements erfolgten von Kulaken (Großbauern) angeführte Aufstände. Nicht weniger hart waren die Gegenmaßnahmen. Als die Gefahr bestand, dass die in den Ural gebrachte Zarenfamilie in die Hand weißer Truppen fallen würde, die sie sofort zum auf viele Bauern immer noch wirkenden einigenden Symbol der Gegenrevolution gemacht hätten, wurde die engere Familie Romanow erschossen (Juli 1918).

Etwa drei Viertel des früheren russischen Territoriums waren im Sommer 1918 von den Mittelmächten, von aufständischen weißen Militärverbänden, in einigen Fällen auch schon von Entente-Truppen besetzt.

Die Bedeutung der Zentralmacht

Von Beginn an stand bei der Herausbildung der ökonomischen und gesellschaftspolitischen Formen unter diesen Bedingungen die Gewalt der Zentralmacht im Mittelpunkt. Darüber gab es während der nachfolgenden zwei bis drei Jahre unter den führenden Kommunisten kaum ernste Meinungsverschiedenheiten. Ohne eine starke Zentralmacht hätte sich der junge revolutionäre Staat nicht behaupten können. Erst diese ließ die Rote Armee den militärstrategischen Vorteil der »inneren«, also wesentlich kürzeren Versorgungslinien von einem logistischen Zentralgebiet aus nutzen.

Damit war allerdings die Entscheidung zwischen den beiden früher erwähnten möglichen Optionen der weiteren Entwicklung schon zugunsten der Schaffung eines sozialistischen Staates vorbestimmt. Die Machtstrukturen eines solchen waren in den Monaten des Kampfes bereits entstanden. Ebenso deren wirtschaftliche Grundlage.

Alle bolschewistischen Führer waren sich einig (darin unterschieden sie sich von der Sozialdemokratie), dass die Umwälzung nur unter Einsatz von Machtmitteln, durch Schaffung einer revolutionären Staatsmacht und durch Anwendung auch von Gewalt erfolgreich sein konnte.

Auch bei Begründung dieser, später »Kriegskommunismus« genannten Herrschaftsstruktur spielte Stalin noch keine maßgebende Rolle. Wortführer war unbestritten Lenin. Als Kriegskommissar hatte Trotzkij die Fäden der operativen Gesamtleitung in der Hand. Publizistisch trat etwa Bucharin (z. B. »Ökonomik der Transformationsperiode«, Moskau 1920) viel fundierter zur Verteidigung des Kriegskommunismus auf als Stalin. Auch Trotzkij z. B. schrieb in »Anti-Kautsky« (deutsch in Hamburg):

> »Wenn es richtig ist, dass zwangsmäßige Arbeit stets und unter allen Umständen unproduktiv ist, wie die Resolution der Menschewiki besagt, dann ist unser ganzer Aufbau zum Einsturz verurteilt. Denn einen anderen Weg zum Sozialismus, außer der gebieterischen Verfügung über die Wirtschaftskräfte und -mittel des Landes, außer einer zentralisierten Verteilung der Arbeitskraft in Abhängigkeit vom gesamtstaatlichen Plan kann es für uns nicht geben«.[12]

Ich dokumentiere dies deshalb ausführlich, weil so sichtbar wird, dass bei der Herausbildung wichtigster Elemente dieses »Kriegskommunismus« (zwangsweise Verteilung der Arbeitskraft, der anderen Produktionsfaktoren, Konsumgüter usw., aber auch Zentralismus und Zwang – fallweise bis zum Terror gesteigert – im politischen Überbau der Gesellschaft) Stalin – damals Volkskommissar für die Nationalitäten – eine sekundäre Rolle gespielt hat. (Auch Behauptungen, Stalins damalige Tätigkeit sei für die Nationalitätenkonflikte der nachsozialistischen Ära – also 70 Jahre später – verantwortlich, sind trotz der von ihm dabei begangenen ernsten Fehler, vor allem ab etwa 1922, »an den Haaren herbeigezogen«.)

Erst 10 Jahre später wurden Elemente eines »Kriegskommunismus«, dann bereits unter Führung Stalins, wieder – und für lange Zeit – bestimmend für die ökonomische und gesellschaftliche Struktur des Landes. Aber fast alle Leute, die eine viel größere Rolle bei ihrer Herausbildung gespielt haben, waren dann von Stalin schon ausgeschaltet.

---

12   Zitiert nach Ulrich Hedtke, »Stalin oder Kondratjew«, Berlin 1990, S. 10/11.

Arbeiterdemokratie oder Parteidiktatur?

Wie schon erwähnt, hat die Realität des Bürgerkriegs selbst die Entscheidung herbeigeführt, dass die Festigung der neuen Staatlichkeit Vorrang vor allen anderen Überlegungen haben musste.

Diese Tatsache hat, verbunden mit dem nach Lenins Tod alles überdeckenden Konflikt Trotzkijs mit dem Rest des ZK und später Stalin, jene Bewegung innerhalb der damaligen Bolschewiki weitgehend aus der Erinnerung verdrängt, die – unabhängig von den aktuellen politischen Streitfragen im ZK – die Option eines sich ständig vertiefenden revolutionären Prozesses durchsetzen wollte.

Diese Richtung formierte sich wenige Monate nach der Oktoberrevolution vor allem um die in Moskau (wo sie die Mehrheit des Gebietsbüros stellte) herausgegebene Zeitschrift »Kommunist«, von der im April und Mai 1918 insgesamt vier Nummern erschienen. Ihr gehörten so bekannte und bewährte Bolschewiki an wie Ossinskij, Alexandra Kollontaj, Radek, Smirnow, Schljapnikow, zeitweise Bucharin u.a. Sie wirkte in verschiedener Zusammensetzung und unter verschiedenen Bezeichnungen (linke Kommunisten, Arbeiteropposition u.a.), geriet zum Teil ins Schlepptau von antikommunistischen (u.a. anarchistischen) Strömungen und später immer stärker auch von Gruppierungen, die sich aus den Konflikten der führenden Persönlichkeiten im ZK ergaben.

Die von dieser Richtung vertretenen Ansichten reflektierten aber immer objektive Bedingungen des revolutionären Weges in Russland. Verallgemeinernd kann man sagen, dass ihre immer wiederkehrende Gegenüberstellung von Arbeiterdemokratie gegen die Herrschaft einer sich rasch formierenden Partei- und Staatsbürokratie den wundesten Punkt der revolutionären Staatsmacht unter den damaligen Bedingungen in Russland berührte.

Die Arbeiterklasse war dezimiert. In vielen Fragen konnte sie die errungene Staatsmacht nur durchsetzen, indem die revolutionäre Partei an ihrer Stelle direkt diese Macht ausübte. Aber auch diese Partei hatte im Bürgerkrieg furchtbare Opfer zu bringen. Ihre Kader hatten gleichzeitig alle wichtigen Aufgaben beim Aufbau der neuen

Gesellschaftsverhältnisse zu lösen: Von der Verteidigung, der Wirtschaft, der Wissenschaft bis zum Unterrichtswesen, dem Gesundheitsdienst usw.

Bei der Besetzung dieser Zehntausende Funktionen musste die revolutionäre Begeisterung oft Sachkompetenz ersetzen. Aber fehlende Sachkompetenz ist Hauptursache für Bürokratie. Diesen Nährboden für das Überwuchern von Bürokratismus konnte niemand aus der Welt schaffen.

Die von diesen linken Gruppierungen innerhalb der KPR(B) unter verschiedenen Bezeichnungen vertretene Kritik war also ebenso berechtigt wie meist nicht fähig, gangbare Alternativen zu zeigen. Dort, wo sie in Situationen, die rasche Entscheidungen forderten, Verwirrung stifteten, wie z. B. in der Diskussion um den Brester Frieden, griff Lenin sie scharf an. Da er aber genau wusste, dass die Partei in absehbarer Zeit die Ursachen für die von ihnen kritisierten Missstände nicht weg»zaubern« konnte, hat Lenin auch ihnen gegenüber selbst die schärfste Kritik nicht mit Parteimaßregelungen begleitet.

2. Kapitel
Das Wesen der Wende zur NEP (Neue ökonomische Politik)

Eine bestimmte Entwicklungsstufe der kapitalistischen Produktionsweise ist für den Übergang zum Sozialismus unbedingt erforderlich.

Die objektiven Bedingungen dazu hatten sich am Ende des Bürgerkriegs in Russland weiter verschlechtert. Dies trotz des Übergangs der Großindustrie ins Eigentum des sozialistischen Staates und der Tatsache, dass der Kern der früheren Ausbeuterklassen, nämlich etwa 1½ bis 2 Millionen Gutsbesitzer und Kapitalisten (einschließlich Familienmitglieder), ins Ausland emigriert war.

Entscheidend war die Verschiebung innerhalb der beiden produktiven Hauptklassen der Bevölkerung: Waren 1913 noch 2.555.000 Arbeiter in der Großindustrie beschäftigt gewesen, so war diese Zahl durch Krieg und Bürgerkrieg auf 1.400.000 gesunken. Diese konnten überdies Anfang 1921 nicht mehr als ein Fünftel der Vorkriegsproduktion erzeugen. Ganz anders war die Entwicklung bei den Bauern, die 80% der Bevölkerung (also über 100 Millionen Menschen) darstellten. Die Dorfarmut (landlose Bauern, Knechte usw.) hatte vor der Revolution 65% der bäuerlichen Bevölkerung gestellt. Jetzt stiegen die durch die Bodenreform endlich zu eigenem Land gekommenen Mittelbauern zur bestimmenden Schicht im Dorf auf. Die Zahl der Kulaken (Großbauern) ging (etwa um ein Drittel) zurück.[13] Die Bauern hatten also nicht nur den Bürgerkrieg entschieden, sondern waren auch ökonomisch die Gewinner.

Dieser mittlere Bauer war zwar bewusstseinsmäßig mit der Revolution verbunden, die ihm den Boden gegeben hatte, daher vorerst auch mit der Arbeiterklasse, die diese Revolution angeführt

---

13 Zu den Zahlenangaben siehe »Geschichte der UdSSR«, 2. Teil, Köln 1977, S. 137.

hatte, aber seine ökonomischen Bedürfnisse drängten ihn in eine andere Richtung. Als kleiner Warenproduzent wird langfristig sein Bewusstsein auch davon bestimmt, dass er selbst schwer arbeiten muss, um leben zu können. Aber er ist gleichzeitig Eigentümer des so geschaffenen Produkts. Konnte er genügend davon und zu einem entsprechenden Preis verkaufen, dann konnte er sich ein Pferd, bessere Geräte, Nutzvieh usw. anschaffen, vielleicht sogar einen Knecht einstellen. Der Aufstieg zum »kleinen« Kapitalisten (und damit die Möglichkeit zu einem Leben, wo er die Plackerei zum Teil auf andere abwälzen konnte) schien ihm offen zu stehen.

Die durch den Bürgerkrieg verursachten Missernten brachten den Getreide besitzenden Bauern in die Lage, hohe Preise zu erzielen. Die durch den Kriegskommunismus eingeführte und rigoros durchgesetzte Ablieferungspflicht aller Überschüsse, die überdies oft auch für die eigene Familie und die Aussaat notwendige Vorräte erfasste, wurde als immer drückender empfunden. Aussicht, wenigstens in bescheidenem Umfang dafür Industriewaren, Textilien, Petroleum, Salz usw. bekommen zu können, war bei der Lage der Industrie kaum vorhanden.

Von immer mehr Bauern wurde dieses ökonomische Missverhältnis als unerträglich empfunden. Sie gerieten unter den Einfluss von antikommunistischen, besonders von Kulaken getragenen Stimmungen und Bewegungen, bis zu lokalen Aufständen – unter der Losung »für Sowjets ohne Kommunisten!« Im März 1921 brach aus dieser Stimmung der Aufstand von Matrosen der baltischen Flotte in Kronstadt aus.

Später nahm Trotzkij in seinen Erinnerungen für sich in Anspruch, Lenin schon ein Jahr zuvor in einer Erklärung vom Februar 1920 auf die Stimmungsänderung unter den Bauern verwiesen und Änderungsvorschläge in Richtung auf Einführung einer Naturalsteuer gemacht zu haben.[14] Seine Gegner hielten ihm (im Nachhinein) dagegen seine Äußerungen vom »notwendigen Anziehen der Schraube« gegen die Bauern, also sogar noch eine Verschärfung des Kriegskommunismus, vor. (Angesichts der komplizierten Lage gab es damals bei allen

---

14 Siehe Leo Trotzki, »Mein Leben«, Berlin, 1990 S. 413/414.

führenden Sowjetfunktionären solche kurzfristigen Änderungen ihrer Haltung, was wegen der Notwendigkeit allseitiger Prüfung jeder Frage von Vorteil war. Erst während der anschließenden Fraktionskämpfe wurden – von der jeweiligen Gegenseite – aus dem historischen Zusammenhang gerissene Haltungen und Äußerungen als »Beweis« angeführt oder aber verschwiegen.)

Trotzkijs Vorschlag wurde auf Anraten Lenins damals vom ZK abgelehnt (mit 11 zu 4 Stimmen). Diese Ablehnung führt Trotzkij dann als Rechtfertigung dafür an, dass er – in der Überlegung, wenn schon Kriegskommunismus, dann mit aller Konsequenz – anschließend für volle Unterordnung sogar der Gewerkschaften unter den Staat eintrat.

Lenin hat aber wahrscheinlich als erster die Notwendigkeit grundlegender *langfristiger* Veränderungen der ökonomischen Beziehungen in dem im Aufbau begriffenen neuen Gesellschaftssystem erkannt. Es ging darum, überhaupt erst wieder ökonomische Beziehungen herzustellen. Es gibt selbst aus der Zeit der schwierigsten Lage im Bürgerkrieg Dutzende, ja Hunderte Äußerungen Lenins, aus denen klar hervorgeht, dass er die durch den Kriegskommunismus herbeigeführte Lage keinesfalls schon als Basis einer sozialistischen Entwicklung des Landes betrachtete. Ich habe bei anderer Gelegenheit (»Neubeginnen mit Marx. Die politische Ökonomie und die Veränderung der Welt«, PapyRossa Verlag, Köln 1993) auf die vielen Äußerungen Lenins über das niedrige Niveau der Arbeitsproduktivität und der Arbeitskultur in Russland verwiesen.

Ähnliches gilt für Lenins Einschätzung der ganzen ökonomischen Lage. Schon im Mai 1918 schrieb er in der »Prawda«:

> »Heute sehen nur Blinde nicht, dass wir mehr nationalisiert, konfisziert, zerschlagen und zerbrochen haben, *als wir zu erfassen vermochten.*«; »Sie haben nicht daran gedacht, dass der Staatskapitalismus ein Schritt vorwärts wäre gegenüber der jetzigen Lage der Dinge…«; »Kein einziger Kommunist hat wohl auch bestritten, dass die Bezeichnung Sozialistische Sowjetrepublik die Entschlossenheit der Sowjetmacht bedeutet, den Übergang zum Sozialismus zu verwirklichen, keineswegs aber, dass die neuen ökonomischen Zustände als sozialistisch bezeichnet werden.«[15]

---

15 Lenin, Werke, Bd. 27, Berlin 1960, S. 326-328.

Es war dann auch Lenin, der 1921 die Initiative ergriff, den Kriegskommunismus durch eine »Neue ökonomische Politik« (NEP – Nowaja ekonomitscheskaja politika) abzulösen. Er verstand dies offensichtlich nicht als eine aus taktischen Gründen notwendig werdende Maßnahme, sondern als langfristig gebotene Form ökonomischer Beziehungen zwischen den Hauptklassen der russischen Übergangsgesellschaft. Anders konnte bei der Rückständigkeit der ökonomischen Entwicklung Russland nicht zum Sozialismus gelangen.

Die Arbeiterklasse musste die vorher nur kurze »Lehrzeit« beim Kapitalismus erst nachholen, um so mehr, da sie im Bürgerkrieg die größten Opfer gebracht hatte und nicht nur zahlenmäßig, sondern auch moralisch ausgeblutet war. Die neue Schicht der Mittelbauern musste erst aus eigener Erfahrung zur Erkenntnis gelangen, dass für sie der Übergang zur genossenschaftlichen Großproduktion besser war als das Streben, auf Kosten der übrigen Bevölkerung zu Großbauern zu werden und den Weg zum Kapitalismus einzuschlagen. Diese eigene Erfahrung konnte aber nur im Rahmen der durch die Wertbeziehungen geregelten Marktwirtschaft gewonnen werden.

Der 10. Parteitag der KPR(B), der unter dramatischen äußeren Umständen vom 8. bis 16. März 1921 in Petrograd stattfand (während der Tagung nahm ein Teil der Delegierten an der Niederschlagung des Kronstädter Aufstands teil), wurde zum Wendepunkt in der Entwicklung der ökonomischen Struktur der Übergangsgesellschaft.

Auch auf anderen Gebieten zeigte sich um und auf diesem Parteitag, dass die Unterschiede in der Stellung einflussreicher bolschewistischer Führer zu den beiden erwähnten Grundkonzeptionen der weiteren revolutionären Entwicklung neu aufbrachen: Das galt z. B. für die Rolle der Gewerkschaften, denen einige (z. B. Schljapnikow, Kollontaj) die volle Verantwortung für die Leitung der Industrie übertragen, die andere (Trotzkij) aber voll dem Staat unterordnen wollten. Alle Beschlüsse dieses Parteitags stärkten den Einfluss jener Richtung, die die Festigung der Staatlichkeit dieses ersten sozialistischen Staates als Primat ansah. Zu dieser Zeit überspitzte Trotzkij offensichtlich gerade in diese Richtung.

Das Fraktionsverbot

Lenin war klar, wie schwer den meisten Bolschewiki diese grundlegende Umorientierung fallen musste. Damit hängt zusammen, dass er auf eben diesem 10. Parteitag ein ausdrückliches Verbot der Bildung von Fraktionen innerhalb der KPR(B) durchsetzte. Fraktionen bedeuten in zugespitzten Situationen eine Schwächung der Handlungsfähigkeit einer revolutionären Partei. Auch diese Auffassung Lenins wurde später unter Stalins Einfluss zum generellen und immer gültigen Grundsatz Leninscher Organisationsauffassung gemacht.

Dabei war Lenin ebenso überzeugt, dass in Phasen der Herausarbeitung einer erfolgversprechenden revolutionären Strategie innerhalb der Arbeiterbewegung der ideologische Kampf einzelner Richtungen, Plattformen und Fraktionen zulässig, ja manchmal notwendig ist.

Immer abgelehnt hat Lenin kleinliches Fraktionsgezänk, Boykott, finanzielle Druckmittel u. ä.: »Man muss... autoritativ sagen, dass ein normaler Kampf, ein ideologischer Kampf, ein Kampf, der sich in bestimmten Grenzen hält, zulässig ist; unzulässig aber sind: Boykott, Verweigerung der Arbeit unter Leitung des ZK, Verweigerung der finanziellen Unterstützung der Parteikasse usw.«, erklärte er, als sich nach dem 2. Parteitag der SDAPR die Spaltung abzuzeichnen begann.[16] Genau auf diesem Weg hatte sich schließlich innerhalb der russischen Sozialdemokratie der bolschewistische Flügel zur Kommunistischen Partei entwickelt. Nur wer davon ausging, dass weitere Auseinandersetzungen um strategische Varianten des künftigen Wegs nicht mehr notwendig waren, sondern *nur* mehr die Zusammenfassung aller Kräfte zur Durchsetzung der einmal gewählten Variante, konnte den Grundsatz eines (von Lenin in dieser dezidierten Form erst 1921 durchgesetzten) Fraktionsverbotes als *immer* gültig erklären.

Die Schlüsselfrage auf dem 10. Parteitag war der Beschluss zum Übergang von der Ablieferungspflicht aller Überschüsse der Bauernwirtschaften zu einer, entsprechend der Größe der Wirtschaft und der Zahl der Familienmitglieder festzulegenden, Naturalsteuer. Über den

---

16   Lenin, Werke, Bd. 7, Berlin 1960, S. 152.

dann verbleibenden Rest ihrer Ernte konnten die Bauern frei verfügen. Schon die Formulierung des Beschlusses bringt zum Ausdruck, für wie langfristig Lenin diese Wendung (die der erste Schritt des Übergangs zur NEP war) hielt. Der 2. Punkt des Beschlusses hat folgenden Wortlaut:

> »Diese Steuer muss geringer sein als die bisher in der Ablieferungspflicht vorgeschriebenen Auflagen. Die Summe der Steuer muss so berechnet werden, dass der Mindestbedarf der Armee, der städtischen Arbeiter und der nichtlandwirtschaftlichen Bevölkerung gedeckt wird. Die Gesamtsumme der Steuer muss ständig verringert werden, in dem Maß, wie die Wiederherstellung der Transportmittel und der Industrie der Sowjetmacht erlaubt, die Landwirtschaftsprodukte auf normalem Weg zu erhalten, d.h. im Austausch gegen Industrie- und Gewerbeerzeugnisse.«[17]

Tatsächlich nahm der Umfang dieser Naturalsteuer gegenüber der vorher aufgebrachten Ablieferungsmenge auf die Hälfte ab. Der hier als »normal« bezeichnete Weg, der die Naturalsteuer schließlich durch normale Warenbeziehungen zwischen Stadt und Dorf ablösen sollte, drückt Lenins Perspektivvorstellung über die weitere Entwicklung der ökonomischen Grundlagen des Sozialismus in Russland aus. Dabei hatte Lenin immer im Auge, dass aus dieser Warenwirtschaft Kapitalismus nicht nur entstehen konnte, sondern sogar massenhaft entstehen musste. Diese Gefahr wollte Lenin durch ein langfristiges strategisches Bündnis des sozialistischen Sektors (staatliche Großindustrie, Großhandel, Bank- und Finanzwesen) mit einem staatskapitalistischen Sektor (private Kleinindustrie, ausländische Konzessionen) unter den Bedingungen der sozialistischen Staatsmacht unter Kontrolle halten und später eindämmen.

Schlüsselfrage sollte der Vorstellung Lenins entsprechend die aus ökonomischer Notwendigkeit zwingend erforderliche *raschere* Entwicklung der großen Industrie, der Elektrizitätswirtschaft, der Schwerindustrie usw. sein. Ihr im Vergleich zu den anderen Zweigen rascheres Wachstum musste den sozialistischen Sektor der Wirtschaft entsprechend anwachsen lassen. Die notwendigen Investitionen sollten auch aus dem Export von

---

17 Zitiert aus »Die KPdSU in Beschlüssen und Resolutionen«, 7. Ausgabe, 1954, russisch, Bd. I, S. 563.

Teilen des aus der Naturalsteuer kommenden Getreides finanziert werden. Die ersten Rahmenpläne (GoEIRo) bewegten sich durchaus im Rahmen der Ausnützung dieser ökonomischen Möglichkeiten.

Wenn auch nicht bei der theoretischen Vorbereitung, so zeigte sich auf dem 10. Parteitag bei der taktischen Durchsetzung des entscheidenden Schrittes zur NEP eine wichtige Rolle Stalins, der Lenin konsequent unterstützte. Das galt auch in der Gewerkschaftsfrage. Es war daher nur eine logische Entwicklung, dass 1922, nach dem 11. Parteitag, Stalin zum Generalsekretär (diese Funktion hatte es vorher nicht gegeben) gewählt wurde.

Angesichts der großen politischen Autorität Lenins hätten die Wahl Stalins wie auch die Auseinandersetzungen während der darauffolgenden zwei bis drei Jahre zu keiner echten Gefahr für den auf Entwicklung des Sozialismus gerichteten Kurs werden müssen. Solche Auseinandersetzungen waren Ausdruck der Diskussionsatmosphäre, die damals die kommunistische Bewegung bestimmte.

Noch während dieser Diskussionsphase entstanden trotz des jetzt geltenden Fraktionsverbotes Ansätze zur Bildung von Fraktionen, also durch interne Fraktionsdisziplin gebundener Gruppierungen um bestimmte Gedankenrichtungen. Daher sah Lenin für die Zukunft sehr wohl die Möglichkeit einer Gefahr für die Einheit der Partei. Der Beginn der gesundheitlichen Krise Lenins hat seine Befürchtungen rasch vergrößert. Schon am 24. Dezember 1922 sprach er in seinem »Brief an den Parteitag« die Befürchtungen hinsichtlich Stalins und Trotzkijs offen aus:

> »Die Beziehungen zwischen ihnen stellen meines Erachtens die größere Hälfte der Gefahr jener Spaltung dar... Gen. Stalin hat, nachdem er Generalsekretär geworden ist, eine unermessliche Macht in seinen Händen konzentriert, und ich bin nicht überzeugt, dass er es immer verstehen wird, von dieser Macht vorsichtig genug Gebrauch zu machen. Anderseits zeichnet sich Gen. Trotzkij, wie schon sein Kampf gegen das ZK in der Frage des Volkskommissariats für Verkehrswesen bewiesen hat, nicht nur durch hervorragende Fähigkeiten aus. Persönlich ist er wohl der fähigste Mann im gegenwärtigen ZK, aber auch ein Mensch, der ein Übermaß von Selbstbewusstsein und eine übermäßige Vorliebe für rein administrative Maßnahmen hat.«[18]

---

18 Lenin, Werke, Bd. 36, Berlin 1960, S. 578/579.

Die ein Jahr vor diesem Brief erfolgte Schaffung der – mit bis dahin unvorstellbarer Macht ausgestatteten – Funktion eines Generalsekretärs der KPR(B) und die Besetzung dieser Funktion mit Stalin hatten vorsorgen sollen: Die von Lenin als einzig erfolgversprechend betrachtete Entwicklungslinie des Sozialismus in Russland musste auch nach seinem physischen Ausfall gesichert werden. Vielleicht hatte Lenin Stalin gerade deshalb ausgewählt, weil er im Vergleich mit Trotzkij, Sinowjew und Kamenew politisch weniger profiliert war. Wenn es eine solche Überlegung gab, ist sie nicht aufgegangen.

Menschliche Tragik – aber auch fatale Geschichtsträchtigkeit – zeigt sich dann in der offenkundigen Meinungsänderung Lenins nur ein Jahr später. Ich meine den erwähnten Brief Lenins an den 13. Parteitag, in dem er diesem auch vorschlug, die Ablösung Stalins zu erwägen. In einer am 4. Jänner (Januar) 1923 niedergeschriebenen Ergänzung zu seinem zitierten Brief schreibt Lenin:

> »Stalin ist zu grob, und dieser Mangel, der in unserer Mitte und im Verkehr zwischen uns Kommunisten durchaus erträglich ist, kann in der Funktion des Generalsekretärs nicht geduldet werden. Deshalb schlage ich den Genossen vor, sich zu überlegen, wie man Stalin ablösen könnte, und jemand anderen an diese Stelle zu setzen, der sich in jeder Hinsicht von Gen. Stalin nur durch einen Vorzug unterscheidet, nämlich dadurch, dass er toleranter, loyaler, höflicher und den Genossen gegenüber aufmerksamer, weniger launenhaft usw. ist…«.[19]

Nur konnte Lenin auch in diesem Brief selbst keinen besseren Vorschlag machen. Seine Charakteristik aller anderen eventuell in Frage kommenden Funktionäre war noch eindeutiger negativ für eine solche Funktion.

Der Erfolg der NEP

Der wirtschaftliche Erfolg der NEP zwischen 1921 und 1927 ist nicht zu bestreiten. Ab Herbst 1922 begann die Zahl der Industriearbeiter wieder zu steigen und erreichte etwa 1926 wieder das Vorkriegsniveau.

---

19 A.a.O., S. 580.

Der Bruttoertrag an Getreide erreichte 1925 mit 73,6 Mio. Tonnen fast den Vorkriegsstand. Der Handel entwickelte sich dementsprechend, wobei im Großhandel der sozialistische Sektor bald (1922/23) drei Viertel des Umsatzes erfasste, im Einzelhandel aber erst 25 Prozent. Dennoch nahm auch hier auf dem Weg über Konsumgenossenschaften der gesellschaftliche Sektor zu. Erste gemeinsame Produktivgenossenschaften fassten neben den Staatsgütern sogar im Meer der mittelbäuerlichen Dörfer Fuß. Durch Kreditgenossenschaften wirkte der sozialistische Sektor ebenfalls auf die private einfache Warenwirtschaft.

Ein entscheidender, voll in der Hand des Staates befindlicher Hebel entstand durch die Währungsreform, die, gestützt auf die 1921 gegründete Staatsbank, mit der im Herbst 1923 allgemein eingeführten neuen Goldwährung des Tscherwonez (= 10 Rubel) eine sichere Grundlage als Zahlungsmittel und Wertäquivalent für die Wirtschaftsentwicklung schuf.

Angesichts der wirtschaftlichen Zerrüttung konnte auch der wirtschaftliche Aufbau nicht ohne breite Heranziehung von Fachleuten erfolgen, die früher im Dienst kapitalistischer Unternehmer gestanden, vielfach sogar selbst Kapitalisten gewesen waren. Diese »Spez« genannten Leute bildeten ein ähnliches Problem, wie die früher zaristischen Militärfachleute es in der Zeit des Bürgerkriegs gewesen waren. Schätzungen über die Zahl letzterer gehen bis 100.000 Mann.[20] Über die Zahl der Wirtschaftsspezialisten gibt es keine zusammenfassenden Angaben. Ihre Tätigkeit war noch schwerer kontrollierbar als die der Militärspezialisten, die durch die Einführung der Politkommissare auf allen Kommandoebenen unter wirksamer Kontrolle gehalten werden konnten. Viele Fälle von Schwindeleien, Betrug, Bereicherung auf Kosten des sozialistischen Eigentums wurden aufgedeckt und drakonisch bestraft. Noch mehr wurden sicherlich nicht aufgedeckt.

Vor allem entstand schon damals ein Filz aus dem in der NEP legal gewordenen privaten Handel, dem weiter illegalen Handel (z. B. mit

---

20 Geschichte der UdSSR, 2. Teil, S. 91.

ausländischen Devisen) bis hin zum Warenbezug aus Betrieben des sozialistischen Sektors gegen entsprechende Schmiergelder. »NEP-Leute« wurde bald zum Begriff für diese auf legalem wie illegalem Weg reich werdende Schicht.

In den Städten sah man auch wieder – nur für wenige zugänglichen – Luxus. Aber die Quellen waren schwer zu fassen. Mit einer Ausnahme: Im Dorf, wo jeder jeden kannte, wurde sehr wohl genau registriert, wenn sich der eine oder andere Mittelbauer auf einmal ein zweites Pferd kaufen konnte, einen ständigen Knecht aufnahm usw. Obwohl sicher nicht die bedeutendsten Nutznießer dieser Möglichkeiten, vor allem nicht als Folge von arbeits- und mühelosem zusätzlichem Einkommen, wurde die jetzt wieder anwachsende Schicht von Kulaken zum Hauptobjekt der Unzufriedenheit und Anfeindung bei jenen, die den Sozialismus immer noch unter schwersten Bedingungen aufzubauen versuchten.

Es gab zwar erste bescheidene soziale Errungenschaften wie Achtstundentag, Krankenversorgung u. ä., es gab Zugang zur Bildung für alle – aber die rasche Bereicherung einiger Weniger stand so eindeutig in Widerspruch zu sozialistischen Prinzipien, dass sich gleichzeitig mit dem unbestreitbaren ökonomischen Fortschritt bedeutender sozialer Sprengstoff ansammeln musste.

Gefährlich wurde dies, als sich an der Spitze der KPdSU Fraktionen herausbildeten. Von rein innerparteilichen taktischen Gesichtspunkten aus hatte dabei Stalin, der als Generalsekretär alle Kaderentscheidungen vorzubereiten und dadurch bald auch zu treffen hatte, die beste Ausgangsposition. Politisch untermauerte er diese Position dadurch, dass er demonstrativ und mit großer Konsequenz als eine Art ideologischer Nachlassverwalter Lenins auftrat. Dabei prägte er auch den Begriff des Leninismus im Sinn einer ideologischen und taktischen Grundlage für die soeben in Abgrenzung zur Sozialdemokratie entstandene kommunistische Bewegung, die in der Dritten Internationale ihre internationale Organisation schuf.

Mehrere Jahre hindurch vertrat Stalin auch nachdrücklich die von Lenin mit der NEP vorgezeichnete Linie der weiteren Entwicklung der Sowjetunion.

Was ist Leninismus?

Vieles von dem, was unter Einfluss Stalins unter der Bezeichnung »Marxismus-Leninismus« als von einer revolutionären Arbeiterpartei verbindlich einzuhaltende Norm formuliert wurde, war allgemein, manches zumindest für bestimmte Situationen richtig. Eine ganz wesentliche Seite der Weltsicht Lenins ging aber bei Stalin verloren: Lenin reagierte immer außerordentlich rasch und sensibel auf (äußerlich oft erst zu erahnende) Veränderungen in der gesellschaftspolitischen Situation. Er warf dabei überholte Vorstellungen mutig über Bord und zog ohne Rücksicht auf in der Partei vorherrschende Meinungen Schlussfolgerungen für festzulegende Strategien und anzuwendende Taktiken, ja sogar hinsichtlich notwendiger Organisationsprinzipien, und zwar so rasch, dass er (oft für längere Zeit) selbst von engen Anhängern nicht verstanden wurde. Eine Katechisierung seiner Ansichten, wie sie von Stalin vorgenommen wurde, wäre unter Lenin undenkbar gewesen.

Dabei verarbeitete Lenin immer die neuesten Ergebnisse der Wissenschaft. Von ihm stammt schon *vor* der Jahrhundertwende die fundierteste Analyse des Kapitalismus in Russland. Darauf gestützt führte er den Kampf zur Schaffung einer revolutionären Arbeiterpartei. Das gleiche gilt für Lenins Analyse des Imperialismus und für seine darauf gestützten theoretischen Auffassungen über Staat und Revolution. Als zuerst 1905 und dann 1917 die reale Entwicklung einige vorher theoretisch erarbeitete Erkenntnisse überholte, zögerte Lenin nicht, scharfe Wendungen vorzunehmen: Z. B. gab er die vorher allgemein vertretene Ansicht auf, in Russland könne es vorerst keine andere als eine bürgerliche Revolution geben, und forderte 1917, von seiner Rückkehr aus der Schweiz an, den Kampf gegen die provisorische Regierung, deren Sturz nur durch eine proletarische Revolution mit Übergang der Macht an die Sowjets möglich war. Die bis dahin engsten Mitarbeiter Lenins, Sinowjew und Kamenew, waren bis wenige Tage vor der Oktoberrevolution von dieser Linie nicht überzeugt, ja traten sogar offen und öffentlich gegen sie auf. Dabei übte Lenin bei aller Schärfe seiner Polemik gegen diese

Haltung niemals an der *Tatsache* dieser anderen politischen Meinung der beiden Kritik, sondern nur schärfstens an der Tatsache, dass sie der Öffentlichkeit faktisch den für den Aufstand vorgesehenen Zeitpunkt bekannt gegeben hatten. Dafür forderte er ihren Ausschluss aus der Partei. Aber kurz nach der Revolution trat Lenin wieder dafür ein, ihnen verantwortliche Aufgaben zu übertragen, da die revolutionäre Staatsmacht auf so fähige Revolutionäre nicht verzichten konnte. Dagegen schlossen sich im Sommer 1917 Trotzkij und seine bis dahin selbständige Gruppe der Linie Lenins an.

Die nächste Wendung Lenins erfolgte in Verbindung mit dem Brester Frieden mit Deutschland. Mehrere Wochen hindurch stand Lenin dabei im ZK eine (allerdings heterogene) Mehrheit gegen den Abschluss dieses Friedens gegenüber. Erst die widerstandslose Neuaufnahme des deutschen Vormarschs und die Besetzung vor allem der Ukraine führten zu einer Haltungsänderung Trotzkijs und ermöglichten dadurch eine Mehrheit im ZK für Lenins Standpunkt.

Eine ähnliche Situation ergab sich bei Lenins Ringen um den Übergang vom Kriegskommunismus zur NEP, die eine langfristige neue Klassenbeziehung zwischen der Arbeiterklasse und der Mehrheit der Bauern herstellen sollte.

Dieses Wesenselement Leninscher Politik, nämlich die rasche Analyse der jeweiligen Situation, ihre Umsetzung in Strategie und Taktik und deren konsequente Vertretung auch gegen eine Mehrheit, ging bei der Stalinschen Interpretation verloren. Auch keiner der Nachfolger Stalins an der Spitze der KPdSU vermochte dies in seiner Tätigkeit wiederzubeleben. Dabei hätte eine Wendung zur Perestrojka einzig in einem solchen Geist erfolgreich sein können.

Die Fraktionskämpfe dieser Jahre an der Spitze der KPdSU waren keineswegs nur Auseinandersetzungen machthungriger Politiker. In ihrem Hintergrund stand – wenn auch mit anderen Fragen und Problemen verzahnt – weiterhin der Gegensatz in den schon erwähnten Auffassungen über die Perspektive der Revolution in Russland.

Festigung der Staatlichkeit – immer stärker auch verbunden mit der zunehmenden Rolle des Staates im ökonomischen Reproduktionsprozess – oder aber ständige »Vertiefung« des revolutionären

Prozesses (von Trotzkij selbst mit der Bezeichnung der »permanenten Revolution« charakterisiert).

Erstere Tendenz war naturgemäß besonders anfällig für die Gefahr zunehmender Bürokratisierung – obwohl gerade diese Fehlentwicklung in den Auseinandersetzungen der Zwanzigerjahre jede Seite fallweise der anderen vorwarf. (Ich erinnere an die früher zitierte Stelle im Brief Lenins an den 13. Parteitag, an der er zur Charakterisierung Trotzkijs vor allem auch dessen Hang zum Administrieren anführt!)

Die ihr entgegengesetzte Tendenz wiederum barg in besonderem Maß die Gefahr der Unterschätzung der Bedeutung sozialistischer Organisiertheit, des Hangs zu Anarchie, was in einem so schwach entwickelten Land ebenfalls lebensgefährlich werden konnte.

Der abstrakte Gegensatz zwischen Staatlichkeit (mit der Gefahr der Bürokratisierung) und permanenter Revolution (mit der Gefahr der allgemeinen Anarchie) entfaltete sich nicht in einem luftleeren Raum. Er wurde in einem Land ausgetragen, das einen historisch ohne Vorbild dastehenden Weg eingeschlagen hatte. Eine Lawine ökonomischer, gesellschaftspolitischer und internationaler Konflikte stand an. Die Versuchung war zu groß, die mit dem Fortschreiten der NEP immer sichtbarer werdende soziale Differenzierung auch politisch auszunutzen.

Als dies geschah und die Fraktionskämpfe dadurch Einfluss auf die Grundlinie der Entwicklung des ganzen Landes erhielten, war die Fehlentwicklung (wenn auch auf sehr kompliziertem Weg) vorbestimmt. Meinungsverschiedenheiten, die in der Partei und ihrer Führung ausgetragen wurden, Ansichten, die von allen anderen sachlich und vorurteilsfrei geprüft wurden, konnten nur helfen, die Probleme allseitiger, tiefer, gründlicher zu erfassen. Dies ging verloren, sobald die Meinungen von festgefügten Gruppierungen vertreten wurden, die jede für sich überdies in der ganzen Partei und darüber hinaus um Anhänger warben. Fraktionsdisziplin und Taktieren gegen die anderen Fraktionen ersetzten da die unvoreingenommene Analyse der Lage und die objektive Prüfung der jeweils vorgebrachten Argumente.

3. Kapitel

Internationale Rahmenbedingungen

Die internationale Entwicklung am Ende des Ersten Weltkriegs soll im Rahmen dieser Untersuchung nur insofern beachtet werden, als sie unmittelbar auf den Verlauf der sozialistischen Revolution und die Schaffung von Grundlagen eines sozialistischen Gesellschaftssystems in Russland wirkte. Diese internationalen Bedingungen bewirkten, dass weder die feudalen noch die kapitalistischen Kräfte in Russland 1917 nennenswerte Unterstützung aus dem Ausland erhalten konnten.

Der Zar und die mit ihm verbundenen feudalen Kräfte waren mit den zwei außer Russland noch am stärksten von feudalen Überresten bestimmten Großmächten, nämlich Deutschland und Österreich, in einen Krieg verstrickt. Dieser hatte nach drei Jahren Dauer das Land an den Rand der Katastrophe gebracht. Die Hauptverbündeten, England und Frankreich, damals die stärksten bürgerlichen Mächte, begrüßten daher die Februarrevolution in Russland. Ein – wie sie hofften – sich rasch entwickelndes bürgerliches Russland würde bald ein viel stärkerer Verbündeter sein, als der Zar es je hätte sein können. Die provisorische Regierung vertrat daher auch eine Außenpolitik der verstärkten Fortsetzung des Krieges.

Da die Entwicklung des Kapitalismus in Russland schon damals viel komplizierter war, als das Schema Zar gleich Rückständigkeit, bürgerliche Revolution gleich rascher Fortschritt es darstellte, ging die Rechnung nicht auf. (In dieser Hinsicht hatten die geistigen Nachfolger auch 70 Jahre später wenig dazugelernt.)

Die Massen in Russland wollten in erster Linie Frieden und Brot (letzteres bedeutete auch Boden, den hundert Millionen Bauern endlich selbst in die Hand bekommen wollten). Die dem Zaren klassenmäßig am nächsten stehenden europäischen Mächte konnten nichts zur Hilfe für ihn tun, da sie im auch für sie verheerenden Krieg gegen ihn standen. Die der provisorischen Regierung am nächsten stehenden Regierungen wiederum konnten für diese nichts tun, da auch sie wegen des Kriegszustandes von *jedem* Russland vor allem weitere riesige Menschenopfer für die Fortsetzung des Krieges verlangen mussten.

Nicht nur die innere Verkommenheit des Systems, sondern auch diese internationale Ausweglosigkeit hat dazu geführt, dass Russland das »schwächste Glied« der imperialistischen Kette geworden war und dass gerade hier die Revolution relativ leicht siegen konnte.

Die ungeheuren Opfer und Belastungen des Ersten Weltkriegs hatten in allen beteiligten Staaten zu einer Verschärfung der inneren Widersprüche und in einigen zur revolutionären Bereitschaft der Massen geführt. Anfangs setzten fast alle Fraktionen der russischen Revolution auf die auch im höher entwickelten Westen zu erwartende revolutionäre Umwälzung. Aber diese blieb aus. Aus objektiven und subjektiven Gründen. Die Zerrüttung der wirtschaftlichen und gesellschaftlichen Verhältnisse war nirgends so stark wie in Russland. Die Mehrheit der sozialdemokratischen Parteien war jahrzehntelang in parlamentarische Spielregeln hineingewachsen. Sie begnügte sich bei den im Krieg unterlegenen Mittelmächten mit der Abdankung der herrschenden Dynastien. Der Empörung der revolutionär gestimmten Massen wurde so ein genügend eindrucksvolles »Opfer« vorgeworfen, dadurch aber das Wesentliche, nämlich die Gesellschaftsform gerettet. Wo es in einzelnen Ländern dennoch zu Versuchen zu deren Sturz kam, wie in Ungarn und kurze Zeit in Bayern, konnten diese rasch (und blutig) niedergeschlagen werden.

Dabei muss man aber Vergröberungen der historischen Darstellung überwinden, die lange von kommunistischen Parteien vertreten wurden. Ausgangspunkt war dabei die politische Entwicklung in Deutschland zwischen November 1918 und Jänner 1919. Dort hatte nach der Abdankung der Hohenzollern und ihrer Flucht nach Belgien eine rein sozialdemokratische Regierung die Staatsgeschäfte übernommen. Revolutionär gestimmte Arbeiter, Matrosen und Teile der Armee wollten sich mit einer bürgerlich-demokratischen Revolution nicht begnügen. Der sozialdemokratische Innenminister Noske rief

»verlässliche« Fronttruppen zur Niederschlagung des »Spartakus-Aufstands« zu Hilfe. Es gab viele Todesopfer, die bekanntesten Führer der linken Arbeiterbewegung, Karl Liebknecht und Rosa Luxemburg, wurden bestialisch ermordet.

Die folgenden tiefgehenden Diskussionen innerhalb der Arbeiterbewegung führten zur Herausbildung einer starken kommunistischen Partei, die den linken Teil der Arbeiterbewegung erfassen konnte.

Anders z. B. in Österreich. Hier vermochte die Sozialdemokratie noch für eineinhalb Jahrzehnte auch den linken Teil der Arbeiterbewegung überwiegend in ihren Reihen zu halten. Dies war Ergebnis ihrer besonders elastischen Taktik. Bestimmt wurde sie vom rechten Parteiflügel, vor allem von Dr. Karl Renner. Als sich die gewählten Nationalräte von »Rest«-Österreich zur »Provisorischen Nationalversammlung« von »Deutschösterreich« versammelten, teilte Renner dort den zutiefst erschütterten bürgerlichen Abgeordneten mit, dass die österreichischen Sozialdemokraten nicht allein eine Regierung bilden wollten, sondern versuchen würden, »die Koalition so lange als möglich aufrechtzuerhalten«. Renner fügte hinzu: »Wenn wir von der Arbeiterschaft gezwungen werden, eine Regierung zu bilden, würde mehr als die Staatsform, würde die ganze wirtschaftliche Ordnung auf dem Spiel stehen.«

Aber Renner sah auch den Ausweg zur Rettung dieser Wirtschaftsordnung (also des Kapitalismus): Er verwies auf die Bereitschaft des Kaisers (Karl), abzudanken. Dazu Renner:

> »Dieser Beschluß bietet uns wahrscheinlich die Möglichkeit, den aufgeregten Massen so viel zu bieten, daß sie nach der provisorischen Änderung der Staatsform beruhigt sind und das normale Leben im Staate fortsetzen, ohne daß die politischen Erschütterungen von sozialen begleitet sind.«[21]

Gleichzeitig wurde aber von den »Linken« in der österreichischen Sozialdemokratie die so zustande gekommene Veränderung als Sieg der politischen Revolution dargestellt, auf den gestützt man ohne

---

21 Zitiert nach Leopold Spira, »Die österreichische Arbeiterbewegung vom ersten Weltkrieg bis 1927«, Wien 1952, S. 13.

weitere Gewaltanwendung den Sozialismus aufbauen könne. Otto Bauer formulierte dies im ersten Halbjahr 1919 in einer Broschüre wie folgt:

> »Die politische Revolution war das Werk der Gewalt; die soziale Revolution wird das Ergebnis kühner, aber auch besonnener Arbeit vieler Jahre sein müssen. Diese Auffassung hat nichts zu schaffen mit den Illusionen des engstirnigen Revisionismus oder Reformismus von gestern und ehegestern... Denn die soziale Revolution setzt die Eroberung der politischen Macht durch das Proletariat voraus; und das Proletariat konnte und kann die Staatsgewalt nicht anders als mit revolutionären Mitteln erobern.«[22]

Wenige Wochen nach dem Erscheinen dieser Broschüre wurde die sozialdemokratische Partei von ihren bürgerlichen Koalitionspartnern bereits wieder aus der Regierung verdrängt. So weit weg war das Proletariat Österreichs in Wirklichkeit von der politischen Macht! Dennoch konnte diese linke Phraseologie noch auf Jahre linke Arbeiterfunktionäre in der Sozialdemokratie halten. Erst die bewaffnete Abrechnung mit der Arbeiterbewegung im Jahr 1934 veranlasste die Mehrheit der Linken, die Sozialdemokratie zu verlassen und sich den Kommunisten zuzuwenden, die in Österreich damit erstmals – in der Illegalität – zur Massenpartei wurden.

Bei den Siegermächten des Ersten Weltkriegs gab es nirgends Versuche zu revolutionären Veränderungen. Die Unzufriedenheit vor allem in Ländern mit hochentwickelter Arbeiterbewegung war so groß, dass z. B. in Frankreich, Italien, der neu entstandenen CSR auf Parteitagen eine Mehrheit der dortigen Sozialdemokratie den Beitritt zur kommunistischen dritten Internationale beschloss. Aber das Herrschaftssystem der Bourgeoisie war durch den gewonnenen Krieg so sehr erstarkt, dass keine Voraussetzung zu einer revolutionären Umwälzung der Gesellschaftsordnung bestand.

Das weitgehende Fehlen einer Arbeiterklasse in den Kolonien verstärkte deren Abhängigkeit von den imperialistischen Hauptmächten: Der Erste Weltkrieg führte zu einer weitgehend reibungslosen Übernahme der früher deutschen Kolonien und eines großen Teils des

---

22 Otto Bauer, »Der Weg zum Sozialismus«, Wien 1919, S. 5.

Osmanischen Reichs durch die Siegermächte. China – das 1912 unter Sun Yat Sen seine »bürgerliche Revolution« erlebt hatte – wurde noch fester in halbkoloniale Abhängigkeit genommen.

Das dadurch entstandene Konfliktpotential in Europa wie in der ganzen Welt war so bedeutend, dass es unvermeidlich auch auf das Schicksal des ersten sozialistischen Staates wirken musste. Das für das eigene Überleben auszunutzen, war von Anfang an eine zentrale Frage der sowjetischen Außenpolitik.

Die Außenpolitik eines sozialistischen Staates

Für die Sowjetregierung brachte das Ende des Ersten Weltkriegs die Notwendigkeit, ein neuartiges Problem zu lösen. Sie musste als Regierung eines erstmals bestehenden sozialistischen Staates Prinzipien einer staatlichen Außenpolitik gegenüber einer ausschließlich kapitalistischen Umwelt verwirklichen.

Das musste zu einem neuen Widerspruch führen: Als Staat musste die junge Sowjetrepublik (ab 1922 Sowjetunion) an möglichst normalen Beziehungen zu allen, vor allem den Nachbarstaaten interessiert sein. Das half den dort vielfach ebenfalls erst neu installierten bürgerlichen Regierungen bei ihrer Stabilisierung. Umgekehrt wurde dadurch die Stabilisierung der sozialistischen Staatsmacht erleichtert. Aber im langfristigen Interesse des sozialistischen Aufbaus im rückständigen Russland blieb die sozialistische Revolution auch in Mittel- und Westeuropa von größter Bedeutung. Sie wurde durch eine Stabilisierung der dortigen Regierungen indes erschwert.

Auch dabei ging Lenin vom Primat der Option des »Sozialismus in einem Land« vor der Idee einer »permanenten Revolution« aus und legte die sowjetische Außenpolitik auf den Grundsatz einer friedlichen Koexistenz mit den bürgerlichen Staaten an. Musterbeispiel dafür war der mit Deutschland abgeschlossene Rapallo-Vertrag, der am 16. April 1922 erstmals die Isolierung der Sowjetrepublik gegenüber den anderen Großmächten durchbrach.

Die schon in der Zeit des allgemeinen revolutionären Aufschwungs vom 2.-6. März 1919 gegründete 3. oder Kommunistische Internationale bot hier einen Ausweg. Die Kommunistische Partei des ersten sozialistischen Staates hatte in ihr trotz formaler Gleichberechtigung von Anfang an solches Übergewicht, dass sie immer eindeutiger die politische Linie aller anderen kommunistischen Parteien beeinflussen, später bestimmen konnte. Dies wurde durch Anwendung der Prinzipien des demokratischen Zentralismus auf das Verhältnis der kommunistischen Parteien untereinander bewirkt. Die einzelnen Parteien wurden zu »Sektionen« der internationalen Gesamtpartei erklärt. Da »höhere« Leitungen weisungsberechtigt gegenüber untergeordneten Leitungen und Organisationen waren, den führenden Funktionären der »Komintern« die jeweils im nationalen Rahmen gegebenen Verhältnisse aber nur ungenügend bekannt sein konnten, kam es schon in den Zwanzigerjahren – neben echter Hilfe – auch zu dramatischen Fehlentscheidungen der Komintern. Das galt z. B. hinsichtlich der Politik in China, wo 1927 auf Weisung der Komintern ein Aufstand in Shanghai versucht wurde, für den es keine Erfolgschance gab und der daher scheiterte.

Es muss hier daran erinnert werden, dass die beim Gründungskongress in Moskau teilnehmenden Vertreter der deutschen Kommunisten sich gegen diese Gründung aussprachen. Hauptmotiv war die Befürchtung, die dadurch eintretende Abhängigkeit von einer ausländischen Zentralinstanz werde es der Partei erschweren, den für den Sieg der Revolution erforderlichen Masseneinfluss auch in weniger klassenbewussten Schichten der Bevölkerung zu gewinnen.

Noch schwerer wog dann die von der Komintern vertretene »Sozialfaschismus«-Theorie hinsichtlich der Sozialdemokratie, die ein langwirkendes Hindernis bei der Schaffung der Arbeitereinheit zur Abwehr des Faschismus wurde und eigentlich erst auf dem VII. Weltkongress der Komintern 1935 aufgegeben wurde.

Auch wurde auf diesem Weg der Fraktionskampf an der Spitze der russischen Partei auf die kommunistische Weltbewegung übertragen. Auch ohne diese Entwicklung hätte das in einer Situation des zugespitzten Kampfes notwendige Prinzip, das einheitliches Handeln forderte, sich in der neuen Lage nicht bewähren können. Der Widerspruch zwischen pragmatischen Staatsinteressen des siegreichen Sozialismus in dem einen Land und den Interessen der jeweiligen revolutionären Klassen und Bewegungen musste immer wieder aufbrechen. Wegen des Gewichts der sowjetischen Partei musste sich schließlich immer deren Staatsinteresse durchsetzen.

Viel stärker als über diesen »Hebel« der organisierten revolutionären Bewegung wirkte die Sowjetunion durch einen anderen Faktor auf die Weltentwicklung ein. Das war der offensichtliche Erfolg des sozialistischen Aufbaus, über den noch zu sprechen sein wird.

Auch dies entsprach einer Vorstellung Lenins. Er war überzeugt, dass die Beispielwirkung des ersten sozialistischen Landes die stärkste Unterstützung für alle revolutionären, fortschrittlichen Bewegungen im Weltmaßstab sein würde.

Dies war nicht nur in Ländern spürbar, deren Volksmassen unter noch erheblich schlechteren Bedingungen leben mussten als die Massen 1917 in Russland. Als sich die junge Sowjetmacht nach dem Ende des Bürgerkriegs und dem Übergang zur NEP konsolidiert hatte, musste das Kapital auch in den hochentwickelten Ländern diesen Faktor bei den Auseinandersetzungen mit der jeweiligen Arbeiterklasse in Rechnung stellen. Es musste Konzessionen machen, dort wo es nicht um das Entscheidende, nämlich die politische Macht ging. Die Führungen reformistischer Gewerkschaften und sozialdemokratischer Parteien konnten so auf sozialem Gebiet in den Zwanzigerjahren Erfolge erreichen, die weit über das hinausgingen, was vor dem Ersten Weltkrieg möglich gewesen war. Das erhöhte ihren Einfluss auf die Arbeiterbewegung, da es vielen schien, man könne auch ohne den schweren und opferreichen Weg der russischen Arbeiterklasse deutliche Verbesserungen erreichen.

Aber im Hintergrund auch der Erfolge im Westen stand die Angst des Kapitals vor der Beispielwirkung des ersten Sozialismus-Modells. Das hatte Lenin richtig gesehen. Drastisch wurde dies während der 1929 ausbrechenden Weltwirtschaftskrise spürbar. So niedrig der Lebensstandard in der Sowjetunion im Weltvergleich noch war, die einfache Tatsache, dass Anfang der Dreißigerjahre die letzten

Arbeitslosen in der Sowjetunion Arbeitsplätze erhalten konnten, war von ungeheurer Wirkung vor allem auf die im Kapitalismus rasch zunehmende Zahl der von Arbeitslosigkeit Betroffenen oder Bedrohten.

Das stärkte den linken Flügel der Arbeiterbewegung. Auf theoretischem Gebiet wurde zu dieser Zeit – trotz einiger falscher Thesen – auch Hervorragendes geleistet. So war z. B. die Auffassung sicher richtig, dass der Kapitalismus mit dem Sieg der Oktoberrevolution in seine allgemeine Krise eingetreten war. Die daran anknüpfende Meinung, dass dies unmittelbar zum Sieg der Arbeiterklasse in den wichtigsten kapitalistischen Ländern führen würde, hat sich allerdings nicht bestätigt. Sie ließ die – von Marx erkannte – Möglichkeit eines Untergangs der Menschheit in Barbarei außer Acht. Der Faschismus, der zur Zeit seiner größten Machtentfaltung fast ganz Europa beherrschen konnte, rief diese Möglichkeit dramatisch in Erinnerung.

Nicht genügend umfassend war jedenfalls die Analyse der Sozialdemokratie als Massenerscheinung. Dabei ging es nicht nur um die taktischen Fehler, auf deren wichtigsten, die »Sozialfaschismus«-Definition, schon verwiesen wurde. Es ging vor allem um die Nichtbehandlung der Frage, wieso in dieser – in den meisten entwickelten Ländern die Mehrheit der Arbeiterklasse erfassenden – ideologischen Richtung die Gleichsetzung des Begriffs der Diktatur des Proletariats mit einer – zwar links orientierten – diktatorischen Herrschaft einer fast unbegrenzten persönlichen Macht zur vorherrschenden Auffassung wurde. Durch diese Ignorierung wichen die kommunistischen Parteien einem real bestehenden Dilemma aus: Diese Auffassung war offensichtlich in der Reflexion der in Russland entstehenden Verhältnisse begründet. Sie war so fest verankert, dass ihr auch die Vernichtung fast aller sozialdemokratischen Parteien Europas in der Zeit der faschistischen Beherrschung dieses Kontinents nichts Wesentliches anhaben konnte. Nach der Befreiung wurde die Sozialdemokratie überall wieder zur Massenbewegung, oft sogar weiterhin stärker in der Arbeiterbewegung verankert als die entsprechenden kommunistischen Parteien.

Das von Kommunisten wiederholt vorgebrachte Argument, die Sozialdemokratie habe nirgends den Sozialismus durchsetzen können, ist nur eine Hälfte der Wahrheit. Die andere Hälfte ist die von Kommunisten lange verdrängte Tatsache, dass ihr Sozialismus-Modell seinerseits wesentliche Züge des Sozialismus vermissen ließ. In dieser Hinsicht war Kritik von sozialdemokratischer Seite berechtigt. Nicht allerdings die Schlussfolgerung, wegen künftiger möglicher Fehlentwicklungen in revolutionären Situationen die kapitalistische Gesellschaftsform vor dem Ansturm revolutionär gestimmter Massen zu verteidigen. Ein Sieg der Arbeiterklasse auch in Mitteleuropa hätte – vielleicht – manche Entartung des sowjetischen Sozialismus-Modells verhindern können.

4. Kapitel
Die große Wende

Die wirtschaftliche Entwicklung unter den Bedingungen der NEP musste zu neuartigen Widersprüchen führen und hat zu solchen geführt.

Über die Gesamtwirkung wird noch zu sprechen sein. Hier geht es vor allem um jene soziale Auswirkung, die die meisten Menschen berührte. Dutzende Millionen Bauern konnten ihre wirtschaftliche und soziale Lage spürbar verbessern. Die Naturalsteuer war immer noch schwer. Aber dafür brachte die Sowjetmacht Lehrer ins Dorf, bei denen ihre Kinder (und auch sie selbst) Lesen und Schreiben lernen konnten. Ein dünnes Rinnsal von industriell hergestellten Konsumwaren begann wieder ins Dorf zu fließen. Zum Teil auf dem Weg über die Konsumgenossenschaften, die damit einen Teil der Geldeinkünfte absorbierten, die die Bauern aus dem Verkauf der ihnen verbleibenden Landwirtschaftsprodukte erzielen konnten. Die Umgebung der Städte erhielt elektrischen Strom.

Wie Lenin richtig erwartete, verwandelte das viele Bauern in Kulaken, die ständig auch fremde Arbeitskraft ausbeuteten. Allerdings waren das gerade jene Bauern, die gleichzeitig die Produktivität der Landwirtschaft – soweit dies im Rahmen einzelbäuerlichen Wirtschaftens möglich war – deutlich hoben.

Gleichzeitig gingen immer Teile des in der Landwirtschaft geschaffenen Werts am staatlichen und genossenschaftlichen Handel vorbei in die Hände von privaten Zwischenhändlern. Mit der Stärkung der Kulakenwirtschaften im Dorf wuchs dieser Sektor der durch die NEP geschaffenen Realisierungsmöglichkeit von Mehrwert auch außerhalb des Dorfes.

Das allgemein niedrige Zivilisationsniveau erschwerte es, die rasch anwachsenden Gewinnmöglichkeiten einer wirkungsvollen Kontrolle und Besteuerung zu unterwerfen. Um ein Bank- und Sparkassenwesen aufzubauen, um Steuern den Gesetzen entsprechend vorschreiben und erfolgreich eintreiben zu können, braucht jeder Staat und jeder wirtschaftliche Apparat entsprechend ausgebildete und befähigte Angestellte, Beamte oder Beauftragte. Noch fehlten diese dem Sowjetstaat weitgehend.

Dazu kam noch eine besondere Hypothek des nur schwach entwickelten sozialistischen Landes: Es musste, wollte es nicht langfristig wieder von den hochentwickelten kapitalistischen Ländern abhängig werden, eine eigene Schwerindustrie, eine eigene Energiebasis aufbauen. Dies umso rascher, als bei der internationalen Lage des Landes auch wieder mit einem militärischen Angriff von außen zu rechnen war, dem es nur bei Vorhandensein auch einer modernen Waffenproduktion begegnen konnte.

Die Schaffung einer solchen industriellen Basis konnte nur mit Hilfe von zentralisiert akkumuliertem Investitionskapital in Angriff genommen werden. Auf Akkumulation von genügend Kapital in der Landwirtschaft, im privaten Handel und in der kleinen Industriebetrieben zu warten, hätte Jahrzehnte erfordert und den Kapitalismus wieder zur herrschenden Produktionsweise machen müssen. Aber auch der sozialistische Staat brauchte Kapital für diese Industrialisierung. Hauptquelle auch dafür konnte nur die Landwirtschaft (und im weiteren Sinn die potentielle natürliche Produktivkraft des riesigen Landes mit seinen Wäldern, Bodenschätzen, Energiereserven usw.) sein.

Sofort verfügbar war nur der Ertrag der Naturalsteuer. Aus ihm wurde Getreide exportiert, um die dringendsten Kosten für den Import von Maschinen decken zu können.

Betriebe des sozialistischen Sektors, die dringend benötigte Waren des Massenkonsums herstellten, konnten rasch mit Gewinnen aus dem Verkauf dieser Waren rechnen. Investitionen in Großkraftwerke, Bergwerke, Metallurgie usw., die oft dutzendfach größer sein mussten, konnten viele Jahre lang keinen Gewinn abwerfen. Bau und Betrieb der Großindustrie konnten daher nicht dem spontanen Wirken des Wertgesetzes überlassen werden. Weder ausländische Konzessionäre noch – selbst wenn viele NEP-Leute in Form von Aktiengesellschaften zusammengewirkt hätten – Neureiche wären bereit gewesen, Kapital in solche Betriebe zu investieren. Schließlich war erklärtes Ziel des Sowjetstaates, den Gewinn als Stimulans der Wirtschaftsentwicklung in absehbarer Zeit überhaupt auszuschalten.

Mit der Einführung des Rubel als echtes Wertäquivalent war auch der Staat gezwungen, ausgeglichen zu budgetieren. Mehr in die Schwerindustrie zu investieren als aus den laufenden Einnahmen finanziert werden konnte, hätte nur zu ungedeckten Defiziten und damit zur Inflation führen können. Der Weg, durch staatliche Anleihen diese Großinvestitionen zu erleichtern, wurde nicht gegangen, obwohl bei entsprechender Zinsengarantie aus den während der NEP entstandenen Gewinnen hätten beträchtliche Summen mobilisiert werden können.

Die Entscheidung dieser Frage war unaufschiebbar. Ansätze in diese Richtung gab es schon in der Zeit des Bürgerkriegs. Der erste Elektrifizierungsplan (GoEIRo) sei als Beispiel angeführt. Theoretische Voraussetzungen zur Erstellung brauchbarer Konzepte waren vorhanden. Zum Unterschied vom Mangel an mittleren Wirtschaftspraktikern gab es – auch unter dem Einfluss marxistischer Gedankengänge – bei linken Intellektuellen in Russland teilweise sehr qualifizierte Vorstellungen über ökonomische Zusammenhänge. (Nicht nur Lenin – oder im Westen Rosa Luxemburg –, sondern auch Bucharin und andere führende Funktionäre hatten auch schon vor der Revolution bemerkenswerte ökonomische Analysen veröffentlicht. Dazu kamen die Beiträge von Fachökonomen wie u. a. Krassin, Kondratjew oder Ossinskij.[23] Unterschiedliche Meinungen waren dabei selbstverständlich.)

---

23 Leonid B. Krassin, 1870-1926, seit 1903 Mitglied der Partei der Bolschewiki, 1920 bis 1923 Volkskommissar für den Außenhandel. Nikolaj Kondratjew, war einer der Ökonomen, die an der Herausarbeitung der Vorstellungen der NEP beteiligt waren. Allgemein theoretisch stellte er die These der »langen Zyklen« der Wirtschaftsentwicklung auf (»Kondratjew-Zyklen«). Er wurde 1938 nach achtjähriger Lagerhaft hingerichtet. Ossinskij = Walerian W. Obolenskij, 1887-1938, seit 1907 Mitglied der Partei der Bolschewiki, nach der Revolution Vorsitzender des Obersten Volkswirtschaftsrates, seit 1926 Leiter der statistischen Zentralverwaltung, Mitglied der Akademie der Wissenschaften. 1938 hingerichtet.

Für den Stand der jungen sowjetischen politischen Ökonomie kennzeichnend ist die Tatsache, dass erstmals in der Welt von sowjetischen Ökonomen für die Jahre 1923-1924 eine Bilanz der Verteilung des gesellschaftlichen Gesamtprodukts zwischen den einzelnen Wirtschaftszweigen erarbeitet wurde. W. Leontiew, der im Alter von nur 15 Jahren 1921 die Petrograder Universität abschloss, später nach Deutschland und in die USA ging, erhielt dann für die »Input-Output-Analyse«, die sich auf die erwähnte volkswirtschaftliche Bilanzierung zwischen den einzelnen Zweigen stützte, den Nobelpreis. Die anderen, an dieser bahnbrechenden Arbeit Beteiligten, P.I. Popow, L.N. Litoschenko, A.I. Petrow, A.G. Perwuchin, P.M. Moskwin und I.A. Morosowa blieben im Westen weitgehend unbekannt.

Wie schon ausgeführt konnte aber auch der Betrieb dieser neu entstehenden Industrie anfangs nicht dem Wirken des Wertgesetzes überlassen werden. Die gesamte Industrie wurde geführt, als wäre sie ein unionsweit wirkender Gesamtkonzern. Allerdings ohne die Erfahrung der Kostenstellenrechnung, wie sie heute in kapitalistischen Großkonzernen selbstverständlich ist. Eine genaue Rentabilitätsberechnung der einzelnen Betriebe (die Lenin unter der Bezeichnung »wirtschaftliche Rechnungsführung« forderte) war unter diesen Bedingungen sehr schwer, wenn nicht unmöglich.

Stalin als Verteidiger der NEP

Der 14. Parteitag der KPdSU legte im Dezember 1925 auf der Grundlage des bisherigen Erfolgs der NEP den Kurs auf die sozialistische Industrialisierung des Landes fest.

Im April 1926 kam es auf einem ZK-Plenum über die weitere wirtschaftliche Entwicklung zur prinzipiellen Auseinandersetzung: Trotzkij wandte sich scharf gegen die »Minimalisten« in der staatlichen Plankommission und forderte eine erhebliche Ausweitung der Investitionen in die industrielle Entwicklung des Landes. Da eine solche nur durch eine neuerliche Vergrößerung der Ungleichheit im Austausch mit den Erzeugnissen der Landwirtschaft hätte erfolgen können, hätte dies die Grundlage der NEP in Frage stellen müssen.

Dennoch vertraten Sinowjew, Kamenew, Preobraschenskij, Pjatakow und andere ähnliche Meinungen.

Stalin trat diesen Ansichten scharf entgegen. Er vertrat die Meinung, man müsse sich auf jenes »Mindestwachstum der Industrie« orientieren, »das für den Sieg des Sozialismus notwendig ist.« Er erklärte (mit Zustimmung der Mehrheit des ZK), »die Industrie soll auf einer schrittweisen Steigerung des Wohlstands im Dorf beruhen.« Nicht mit den vorhandenen Möglichkeiten zu rechnen, hieße, sich in ein Abenteuer zu stürzen.[24]

In den darauffolgenden zwei Jahren kam es zum Höhepunkt der Auseinandersetzung zwischen diesen beiden Grundrichtungen zur Weiterentwicklung des Sozialismus. Der 15. Parteitag der KPdSU im Dezember 1927 schien eine Entscheidung zu bringen.

Die Auseinandersetzung wurde trotz Lenins Fraktionsverbot von 1921 in Form eines ideologischen Fraktionskampfes geführt: Trotzkismus wurde als Synonym für jene Richtung gebraucht, die die zunehmende Unzufriedenheit der ärmeren Schichten im Dorf gegen die Kulaken und der Arbeiterschaft gegen die NEP-Kapitalisten und -Spekulanten mit der Beendigung der NEP, der Wiedereinführung der Ablieferungspflicht, der forcierten Bildung von Kollektivwirtschaften und damit politisch de facto einer Beendigung des Bündnisses der Arbeiterklasse mit der Mittelbauernschaft beantworten wollte.

Als Ausdruck eines klaren politischen Grundkonzepts für die Weiterentwicklung des Sozialismus-Modells hat daher der Begriff Trotzkismus – als Alternative zu Lenins in der NEP zum Ausdruck kommendem Grundkonzept – eine gewisse über den unmittelbaren Fraktionsstreit hinausreichende Berechtigung.

Der Einfluss dieser Richtung war nicht gering. Sicher auch stärker, als in dem Abstimmungsverhältnis auf den Parteiversammlungen (der Parteiapparat war zu dieser Zeit bereits weitgehend auf der Linie des

---

24 Siehe »Prawda«, 21.10.1988. Diese Rede wurde von Stalin später nicht in die Sammlung seiner Reden und Schriften aufgenommen.

Generalsekretärs, nämlich Stalins, vergattert), ja sogar auf öffentlichen Demonstrationen, die Trotzkij und Sinowjew (zu dieser Zeit mit Trotzkij verbündet) am 7. November 1927 in Moskau und Leningrad organisiert hatten, zum Ausdruck kam.

Stalin und seine engsten Anhänger wie Molotow, Kujbyschew u. a. verteidigten in diesen zwei Jahren – ähnlich wie auch Bucharin, Rykow u. a. – entschieden den Kurs der NEP. Auch dies geschah unter demonstrativer Berufung auf Lenins Reden und Publikationen aus dessen letzten Lebensjahren. Von Seiten der Opposition wurde versucht, vor allem die Ansätze zu Bürokratismus, administrativen Methoden an Stelle von politischer Überzeugungsarbeit als »Stalinismus« abzuqualifizieren. Versuche, die von Stalin zu dieser Zeit vertretene »Generallinie« der Partei als »Stalinismus« der Politik Lenins entgegenzustellen, waren wegen ihrer offenkundigen Unrichtigkeit aussichtslos. Das war wahrscheinlich auch der Hauptgrund, dass trotz der gerade unter Revolutionären weit verbreiteten Unzufriedenheit mit den Begleiterscheinungen der NEP schließlich eben deren Grundsätze vom 15. Parteitag bekräftigt wurden.

In dessen Hauptresolution wird (im Dezember 1927) die Wirkung der NEP wie folgt eingeschätzt:

> »...erreicht wurden ernste Erfolge auf dem Gebiet des sozialistischen Aufbaus, konsequent erhöhten sich die Produktivkräfte in Stadt und Land, wobei das Übergewicht der sozialistischen Elemente in der gesamten Wirtschaft wuchs...«.[25]

Noch klarer ist diese Einschätzung in den ebenfalls beschlossenen Direktiven für den ersten Fünfjahrplan ausgesprochen:

> »Die Ergebnisse der wirtschaftlichen Entwicklung zeigen mit voller Deutlichkeit, dass während der Periode der neuen ökonomischen Politik eine radikale Umgruppierung erfolgte in den Beziehungen zwischen den vergesellschafteten Formen der Wirtschaft (in erster Linie der sozialistischen Industrie), der einfachen Warenwirtschaft und der kapitalistischen Wirtschaft. Wenn zu Beginn der neuen ökonomischen Politik die staatliche Industrie fast nicht funktionierte, auf dem Gebiet

---

25 »Die KPdSU in Resolutionen und Beschlüssen« Teil II, S. 433/434, Siebente Auflage, Moskau 1954, russisch.

des Warenumsatzes die staatlichen und Kooperativ-Organe selbst Zuflucht beim privaten Zwischenhandel suchten und das Privatkapital, das alle Vorteile des raschen Umlaufs hatte, eine relativ bedeutende Rolle spielte, so spielen an der Schwelle des Übergangs von der Wiederaufbau- zur Rekonstruktionsperiode die sozialistische Industrie und die anderen wirtschaftlichen Kommandohöhen schon die entscheidende und führende Rolle in der gesamten Volkswirtschaft, der staatliche und genossenschaftliche Handel erfasst den bedeutendsten Teil des gesamten Warenumsatzes des Landes, der vergesellschaftete Sektor der Volkswirtschaft bestimmt die allgemeine Entwicklungsrichtung, verdrängt das private Kapital und nimmt die einfache bäuerliche Warenwirtschaft ins Schlepptau, wobei er diese allmählich umgestaltet.«[26]

Der 15. Parteitag stellt in der Hauptresolution fest, dass

»in der Beziehung zu den in der Masse – wenn auch in viel geringerem Maße als der sozialistische Sektor der Wirtschaft – angewachsenen Elementen der privatkapitalistischen Wirtschaft eine Politik der noch entschlosseneren wirtschaftlichen Verdrängung angewandt werden muss und kann. Die Voraussetzungen für die weitere wirtschaftliche Offensive auf die kapitalistischen Elemente wurden durch die vorherigen Erfolge der ökonomischen Entwicklung auf der Basis des gewachsenen Warenumsatzes und der Liquidierung der kriegskommunistischen Überbleibsel... geschaffen.«[27]

Das entsprach voll der von Stalin vor und auf dem Parteitag vertretenen Linie. Am 23. November 1927 hatte er als Referent auf der Moskauer Parteikonferenz einen der Führer der innerparteilichen Opposition, Iwan Nikititsch Smirnow, wie folgt wörtlich zitiert:

»Wir sagen, daß unser Staatsbudget so revidiert werden muss, dass der größere Teil unseres Fünfmilliardenbudgets für die Industrie ausgegeben wird, weil es für uns besser ist, *ein Zerwürfnis mit den Mittelbauern hinzunehmen, als dem unvermeidlichen Untergang entgegenzugehen.*«

Soweit das Zitat Stalins aus Smirnows Rede. Stalin sagt dazu unter anderem:

»Also nicht festes Bündnis mit den Mittelbauern, sondern Zerwürfnis mit den Mittelbauern – das ist, so stellt sich heraus, das Mittel zur ›Rettung‹ der Revolution...

---

26 A.a.O., S. 451.
27 A.a.O., S. 438.

Lenin sagte... und wiederholte es seit dem 8. Parteitag unablässig, dass ein erfolgreicher Aufbau des Sozialismus in unserem Land ohne ›festes Bündnis mit dem Mittelbauern‹ unmöglich ist... Was aber bedeutet eine Politik des Zerwürfnisses mit dem Mittelbauern? Die Politik des Zerwürfnisses mit dem Mittelbauern ist eine Politik des Zerwürfnisses mit der Mehrheit der Bauernschaft, denn die Mittelbauern machen nicht weniger als 60 % der gesamten Bauernschaft aus. Gerade darum führt die Politik des Zerwürfnisses mit dem Mittelbauern dazu, dass die Mehrheit der Bauernschaft den Kulaken in die Arme getrieben wird... Eine Politik des Zerwürfnisses mit der Mehrheit der Bauernschaft betreiben heißt, den Bürgerkrieg im Dorf eröffnen, die Versorgung unserer Industrie mit Rohstoffen der bäuerlichen Wirtschaft (Baumwolle, Zuckerrüben, Flachs, Leder, Wolle usw.) erschweren, die Versorgung der Arbeiterklasse mit landwirtschaftlichen Produkten desorganisieren,... unseren ganzen Plan der Industrialisierung des Landes vereiteln.«[28]

Ein wesentlicher Teil der Kritik Stalins an der Opposition bestand in dem Vorwurf, dass sie die von Smirnow in dem angeführten Zitat offen ausgesprochene Haltung zur Mittelbauernschaft in ihrer der Parteiöffentlichkeit vorgelegten Plattform hinter einem formalen Bekenntnis zum Bündnis mit der Mittelbauernschaft verbarg. Überzeugend war dabei die Argumentation, dass bei den von der Opposition konkret vorgeschlagenen Maßnahmen, ein solches Bündnis nicht aufrechterhalten werden konnte. In diesem Sinn war der Vorwurf berechtigt, dies würde »den Bürgerkrieg im Dorf eröffnen«. Man muss dies vor allem im Licht der Politik festhalten, die Stalin selbst nur ein knappes Jahr später durchführte.

Formal entsprach auch das Vorgehen gegen die führenden Köpfe der in der Minderheit gebliebenen Richtung zu dieser Zeit noch Normen, wie sie unter Einfluss Lenins für Meinungsverschiedenheiten unter Revolutionären instituiert worden waren. Fraktionskampf bis zu Straßendemonstrationen konnte – nach dem Fraktionsverbot des 10. Parteitages 1921 – kaum anders als mit Parteiausschluss beantwortet werden. Trotzkijs Verbannung nach Mittelasien (und bald darauf ins Ausland) signalisiert aber erstmals die Übernahme aus feudal-byzantinischer Tradition des zaristischen Russland stammender »Strafmethoden« auch in innerparteilichen Auseinandersetzungen.

---

28   Stalin, Werke, Bd. 10, Berlin 1953, S. 222/24.

Die entscheidende Wendung Stalins

Schon wenige Wochen nach dem 15. Parteitag begann eine Wende in der offiziellen Haltung den reicheren Bauern gegenüber. Auslösend war eine Inspektionsreise Stalins nach Westsibirien. Unzweifelhaft gab es die Tendenz, die den Bauern zur freien Verfügung verbleibenden Getreidevorräte zurückzuhalten, um bestmögliche Preise zu erzielen. Nach dieser Inspektion Stalins wurde in breitem Umfang in solchen Fällen der Artikel 107 des Strafgesetzbuchs angewandt, der den Kauf und die Hortung von Waren zu Spekulationszwecken mit Kerker bis zu drei Jahren bedrohte. Wer unter diese Bestimmung auch die Landwirtschaftsprodukte einbezog, die den Bauern nach Leistung der Naturalsteuer verblieben, ging de facto von dem wichtigsten Grundsatz der NEP ab. Diese Haltungsänderung wurde am 11. April 1928 einstimmig vom vereinigten Plenum des ZK und der Zentralen Kontrollkommission (ZKK) sanktioniert. Im entsprechenden Beschluss wird dem ZK zugebilligt, dass es zur Abwehr einer Wirtschaftskrise, zur Sicherung der Lebensmittelversorgung und zur Verteidigung des von der Partei eingeschlagenen Industrialisierungstempos auch Maßnahmen »außerordentlichen Charakters« ergreifen musste. Damit war auch offiziell der entscheidende Schritt getan[29], von der NEP abzugehen.

Stalin verstand, die ihm vorher entgegenwirkende Massenstimmung dabei auszunutzen. Die Dorfarmut wurde mit einem Viertel der bei den größeren Bauern beschlagnahmten Getreidemengen »belohnt«. Das musste dazu führen, dass viele tüchtigere Mittelbauern genauso betroffen wurden wie Kulaken.

Das Jahr 1928 und der Anfang 1929 waren von einem Hin und Her zwischen der Anwendung »außerordentlicher Maßnahmen« zur Getreideaufbringung und deren Wiedereinstellung gekennzeichnet. Um den Druck auf die Getreideüberschüsse besitzenden Bauern zu verstärken, begann die Partei, die Bewegung zur Einführung gemeinsamer Bewirtschaftung des Bodens zu forcieren. Hatte der 15. Parteitag bei Erteilung des Auftrags zur Ausarbeitung des ersten

---

29 »Die KPdSU in Resolutionen und Beschlüssen« Teil II, S. 494.

Fünfjahrplanes auch für Ende dieser Periode noch ein überwiegendes Vorherrschen des einzelbäuerlichen Betriebs vorgesehen, wurde jetzt in immer mehr Gebieten die »durchgehende« Kollektivierung auf die Tagesordnung gesetzt.

Damit ging Stalin erheblich weiter, als selbst die trotzkistische Opposition dem 15. Parteitag in ihrer Plattform vorgeschlagen hatte. Bucharin erinnerte in seiner großen Verteidigungsrede auf dem Vereinigten Plenum des ZK und der ZKK am 18. April 1929 an den Abschnitt dieser Plattform, in dem zur Deckung der Finanzierungslücke vorgeschlagen worden war:

> »b) Zur Erhöhung des Exports ist zu garantieren, daß bei den wohlhabenden Kulakenschichten, bei etwa 10 Prozent der Bauernhöfe, *als Anleihe* mindestens 150 Millionen Pud (= 2,4 Mill. to) jener Naturalreserven beschlagnahmt werden, die bereits 1926/27 800-900 Millionen Pud (= 12,8-14,4 Mill. to) erreicht hatten und größtenteils in den Händen der Oberschicht der Bauernschaft konzentriert sind.«[30]

Bucharin fährt fort, indem er zitiert, was Molotow mit ausdrücklicher Zustimmung Stalins auf dem 15. Parteitag (15. Parteitag der KPdSU. Stenografischer Bericht, S. 1091, russ.) zu diesem Vorschlag gesagt hatte:

> »Es ist gerade diese... dem Bündnis mit dem Mittelbauern gegenüber feindliche Ideologie, die die Opposition veranlasst, eine *Zwangsanleihe* vorzuschlagen.
>
> Dieser Vorschlag ... ist... eine direkte Vereitelung der gesamten Politik unserer Partei, *der gesamten Politik der NEP.* Derjenige, der uns jetzt diese Politik einer Zwangsanleihe, einer zwangsweisen Beschlagnahme von 150-200 Mio. Pud Getreide bei etwa 10 Prozent der bäuerlichen Wirtschaften, das heißt nicht nur bei Kulakenwirtschaften, sondern auch bei einem Teil der mittelbäuerlichen Schichten des Dorfes – welch guter Wunsch diesem Vorschlag auch zugrunde liegen mag – vorschlägt, ist daher ein Feind der Arbeiter und Bauern, ein Feind des Bündnisses der Arbeiter und Bauern... (Stalin: Richtig!), der hat es auf die Zerstörung des Sowjetstaates abgesehen.«

So überzeugend aus heutiger Sicht die Argumentation Bucharins in dieser seiner letzten Rede vor dem ZK scheint, blieben er und

---

30 Zitiert aus Nikolaj Bucharin, »1929, das Jahr des großen Umschwungs«, Berlin 1991, S. 27.

seine Gruppe isoliert. Schließlich hatten sie alle ein Jahr zuvor mit der Zustimmung zur oben erwähnten Sanktionierung der Wiedereinführung »außerordentlicher Maßnahmen« gegen die Getreidereserven besitzenden Bauern die Abwendung von der NEP bereits mitbeschlossen.

Bis 1929 hatten auch Kulakenfamilien in Kolchose eintreten können, sie durften dort aber nicht als Gründer oder Leitungsmitglieder wirken. Im Sommer 1929 wurde der Beschluss gefasst, ihnen auch den Beitritt zu Kolchosen zu verbieten. Damit war eine durchgehende Kollektivierung unter Einbeziehung der von Kulaken bewirtschafteten Flächen nur durch deren Enteignung möglich. Jetzt ging es nicht mehr nur um so und so viele Millionen Pud Getreide, sondern um die Existenzgrundlage von über einer Million größerer Bauernwirtschaften, nämlich um ihren Boden. Das hat deren Widerstand bedeutend verschärft. Dieser dann wieder die Gegenmaßnahmen.

Das wurde auch offen ausgesprochen. Am 11. Jänner 1930 erschien in der »Prawda« ein Leitartikel unter dem Titel »Die Beseitigung des Kulakentums als Klasse auf der Tagesordnung«, der u. a. dazu aufrief, »den Kulaken den Krieg auf Leben und Tod anzusagen und sie letztendlich vom Erdboden zu fegen.«[31]

Der Bürgerkrieg im Dorf

Damit aber war der Klassenkampf im Dorf zum Bürgerkrieg eskaliert. Unter Führung Stalins, der jetzt genau das durchführte, was er ein Jahr zuvor der trotzkistischen Opposition vorgeworfen hatte. Ideologisch hat die Opposition gesiegt.

Wie dieser Bürgerkrieg unmittelbar enden musste, war beim taktischen Geschick in der Ausnützung von Stimmungen in der Partei, bei der Organisationsfähigkeit, Rücksichtslosigkeit und Härte Stalins vorauszusehen.

---

31 Zitiert nach »Prawda«, 18.9.1988.

An Stelle einer »wirtschaftlichen Verdrängung« der Kulaken als gesellschaftliche Klasse trat die administrative Vertreibung hunderttausender Familien. Soweit arbeitsfähig, wurden sie zur Zwangsarbeit unter klimatisch schlechtesten Bedingungen im Norden und Osten gebracht. Bergbaue in Workuta und Teilen Sibiriens, der Weißmeer-Kanal u. a. waren Ergebnis dieses Zwangsarbeitssystems.

Die Opfer waren schrecklich. Auch wenn man Churchills Angaben nicht glauben will, Stalin selbst habe ihm während des Anti-Hitler-Bündnisses einmal die Zahl von 10 Millionen angegeben.

Die Zahl der aus ihren Dörfern samt ihren Familien vertriebenen »Kulaken« war größer als die der Kulaken, die es vorher überhaupt gegeben hatte.

Den offiziellen sowjetischen Angaben zufolge hatte es 1927 noch 900.000 Kulakenwirtschaften gegeben. 1929 wird deren Zahl auf 600.000 bis 700.000 Familien geschätzt. Am 15. Jänner 1930 wurde eine Kommission des Politbüros unter Vorsitz Molotows gebildet, die für die Bezirke mit »durchgehender Kollektivierung« eine Obergrenze von 3-5 Prozent aller Bauernwirtschaften festlegte, die dabei »entkulakisiert«, also zugunsten der Kolchosen enteignet werden durften. Da 1929 die Zahl der Kulakenfamilien in der RSFSR auf nur mehr 2,2%, in der Ukraine sogar auf nur 1,4% der Höfe gesunken war, sah sogar dieser Rahmen die Einbeziehung von etwa einer gleich großen Zahl Mittelbauern in die Enteignung vor.

In einer Bilanz wird in der »Prawda« 1988 nachträglich errechnet, dass 1930 und 1931 zusammen 381.000 Familien in entlegene Gebiete ausgesiedelt worden sind. Weitere 600.000 bis 700.000 Familien konnten nach Verkauf oder Zurücklassung ihres Vermögens in Städte oder auf Großbaustellen flüchten oder wurden innerhalb der heimatlichen Bezirke umgesiedelt, 1,0 bis 1,1 Millionen Höfe wurden also während dieses Bürgerkriegs im Dorf liquidiert. Davon waren mindestens vier bis fünf Millionen Menschen direkt betroffen.[32]

Die »Katorga«, Zwangsarbeit in Sibirien, war im zaristischen

---

32 Siehe »Prawda«, 16.9.1988.

Russland eine gegen verurteilte Kriminelle übliche Strafe gewesen. Ihre massenhafte Anwendung durch eine sozialistische Staatsmacht widersprach selbst dann allen humanistischen Ansprüchen, wenn alle von ihr Betroffenen wirklich »schuldig« im Sinn des so strapazierten Artikels 107 gewesen wären. Die Anwendung dieses Artikels gegen Bauern, die das ihnen durch die NEP-Gesetzgebung eingeräumte Recht ausnutzten, über die nach Abführung der Naturalsteuer verbleibenden Vorräte *frei* zu verfügen, widersprach Sowjetgesetzen.

Etwas anderes war noch schlimmer: Anstatt – wie Lenin die NEP verstanden hatte – die kapitalistische Entwicklung Russlands unter sozialistischer Oberaufsicht »nachzuholen«, stellte diese Maßnahme einen Rückfall in die Herrschaftsmethoden des Spätfeudalismus dar. Brauchte die kapitalistische Entwicklung Freizügigkeit der Arbeitskraft, so wurde diese hier für Millionen wieder annulliert. Das war ein erster Schritt auch zur Wiederherstellung ökonomischer Bedingungen spätfeudaler administrativer Wirtschaftslenkung.

Die Zusammenfassung der übrigen bäuerlichen Bevölkerung in Kollektivwirtschaften – vorerst ohne die notwendige technische Ausrüstung – wirkte in ähnliche Richtung. Schließlich war ja bis zum Ende des 19. Jahrhunderts die dörfliche Gemeinschaft (Mir) soziale Realität, z. T. auch im Gegensatz zu den feudalen Gutsbesitzern, auch wenn ihre materielle Grundlage, im Gemeineigentum befindlicher Boden (Obstschina), kaum mehr vorhanden gewesen war.

In der russischen Wirklichkeit wurde mit der Kollektivierung gleichsam die Obstschina – in vorher nie erreichtem Umfang – wiederhergestellt. Alle dörflichen Familien waren gleichzeitig – als Kolchosmitglieder – Miteigentümer, dadurch aber auch an ihr Dorf ökonomisch und rechtlich gebunden. Auch wenn damit nach einiger Zeit ein früher für Bauern undenkbares Niveau sozialer Vorteile verbunden war, so war diese neue Form – wegen des Fehlens einer die Produktivität im Dorf rasch hebenden kapitalistischen Entwicklungsetappe – lange Zeit eher eine Rückkehr in eine vorkapitalistische dörfliche Gemeinschaft. Dementsprechend blieb, auch als die technischen Voraussetzungen für moderne Großlandwirtschaft längst gegeben waren, die Produktivität der sowjetischen Landwirtschaft weit hinter vergleichbaren Großlandwirtschaften im Kapitalismus zurück. Die soziale Komponente gewann aber in solchem Maß an Gewicht, dass schließlich auch nach dem Zusammenbruch des sowjetischen Systems *keine* Massenbewegung zur Wiederherstellung privater bäuerlicher Betriebe entstand. Doch die Rolle spätfeudaler Tradition kann bei der Kollektivierung nicht geleugnet werden.

Dabei bestand ein Unterschied zu westeuropäischen feudalen Traditionen. Vor allem im angelsächsischen Raum waren persönliche Rechte auch nichtadliger Personen seit der »Magna Charta« über die spätere »Bill of Rights« schon seit dem 13. Jahrhundert verankert, wenn auch durch lange Zeiträume nicht beachtet. Die totale Missachtung persönlicher Rechte Einzelner, wie sie im Vorgehen während dieser Kollektivierung zum Ausdruck kam, hat ihre Wurzel in der byzantinischen feudalen Tradition.

Es ist kein Zufall, dass in diese Zeit auch erstmals – rund um den 50. Geburtstag Stalins im Dezember 1929 – ein weiteres Element byzantinistisch-feudaler Tradition wiederbelebt wurde: Der Personenkult um den jeweiligen Führer, Kaiser, Tribun usw. – im konkreten Fall Stalin.

Die Anwendung der Arbeitskräfte in den zahlreichen Zwangsarbeitslagern brachte nur niedrige Produktivität, während die Leistungsfähigkeit der Landwirtschaft rapid zurückging. Der richtige Gedanke, zur Großlandwirtschaft überzugehen, wurde durch das Fehlen der dazu erforderlichen Geräte und Infrastruktur lange Zeit entwertet.

Hunger zog wieder in die Städte ein. Bei den vertriebenen Kulaken konnte naturgemäß nichts mehr beschlagnahmt werden. Die überstürzt gegründeten Kollektivwirtschaften konnten für längere Zeit nur wenig liefern.

Die Getreideproduktion ging von 83,5 Mio. Tonnen 1930 auf 69,5 Mio. Tonnen 1931 und 69,9 Mio. Tonnen 1932 zurück. Zur Finanzierung der Industrialisierung wurden die Getreideexporte aber von 4,84 Mio. Tonnen 1930 auf 5,18 Mio. Tonnen 1931 erhöht. Dadurch wurden auch Landwirtschaftsgebiete vom Hunger erfasst. Im Winter 1932/33 erreichte die Not das Ausmaß einer Hungerkatastrophe ähnlich der zu Ende des Bürgerkriegs. Objektive ausländische Schätzungen sprechen von drei bis vier Millionen Opfern.[33]

Da vor allem auch das Futter für das Vieh fehlte, dokumentiert die Entwicklung des Viehbestandes in der sowjetischen Landwirtschaft während dieser Jahre in erschütternder Weise die ökonomischen Folgen dieses Bürgerkriegs im Dorf. Der Viehbestand ging zwischen 1928 und 1933 wie folgt zurück: Bei Rindern von 60,1 auf 33,5 Mio., bei Schweinen von 22,0 auf 9,9 Mio. und bei Schafen und Ziegen von 107,0 auf 37,3 Mio.[34]

Warum?

Warum kam es zu dieser Kriegserklärung an Kulaken und viele Mittelbauern im sowjetischen Dorf? Schon in der Vergangenheit, besonders aber in jüngster Zeit hat eine Fülle von Publikationen diese Frage zu beantworten versucht. Schließlich war dies der entscheidende Schritt weg vom Vermächtnis Lenins zu jener Entartung, die heute vielfach als »Stalinismus« bezeichnet wird.

Berücksichtigt man die ideologische Herkunft der seit 1928 durchgeführten Linie, dann kann man jenen Ansichten eine Berechtigung nicht absprechen, die in ihr eher eine mit den Methoden Stalins durchgeführte Verwirklichung von Vorstellungen Trotzkijs sehen wollen. Hinsichtlich der konkreten wirtschaftlichen Maßnahmen hat sich ja unzweifelhaft die von Trotzkij angeführte Opposition gewissermaßen durchgesetzt! (Auch das muss beachtet werden, wenn man die wissenschaftliche Brauchbarkeit des Begriffs »Stalinismus« selbst beurteilen will.)

Aber warum das alles? Wieso nahm Stalin gerade zwischen 1927 und 1928 diese scharfe Wendung vor? Die in Angriff genommene Industrialisierung war vorher und nachher ungeheuer schwer.

---

33 Siehe »Prawda«, 16.9.1988.
34 Siehe »Narodnoje Chosjaistwo SSSR, Statistischer Sammelband«, Staatl. Statistischer Verlag, Moskau 1956, russisch, S. 118.

Kapitalistische Elemente wuchsen auf dem Boden der NEP. Es gab Sabotage. Welche Fehler man nachträglich auch bei Bucharin noch finden mag, er hat bestimmt zu keinem Zeitpunkt versucht, eine Fraktion in der KPdSU zu organisieren. Was Stalin selbst 1927 noch gesagt hatte, war auch 1928 genauso richtig.

Der Klassenkampf verschärfte sich. Aber da jedenfalls die sozialistischen Elemente der Gesellschaft schneller wuchsen, war die vom 15. Parteitag gezeigte Linie des *ökonomischen* Kampfes gegen die kapitalistischen Elemente erfolgversprechender als die Eskalierung zum Bürgerkrieg. Noch dazu gegen eine viele Millionen Menschen zählende Bevölkerungsgruppe, die Lenin für lange Zeit als Hauptverbündeten der Arbeiterklasse beim Aufbau des Sozialismus angesehen hatte.

Bliebe die Möglichkeit, dass Stalin die Wendung vorgenommen hätte, um einer drohenden internationalen Gefährdung der Sowjetunion zuvorzukommen, die – sobald sie von Massenaufständen von unter Kulakeneinfluss geratener Bauern unterstützt wurde – die Sowjetmacht hätte in Frage stellen können. Aber bestand zu diesem Zeitpunkt eine solche Gefahr?

Die kapitalistische Umwelt befand sich vor dem Höhepunkt der kurzen Nachkriegskonjunktur, die unmittelbare militärische Bedrohung von dieser Seite war 1928 sicher nicht größer als 1927, als Großbritannien sogar die Beziehungen zur Sowjetunion abgebrochen hatte.

Der reaktionäre Putsch von Tschang-Kaischek 1927 in China konnte auch im schlimmsten Fall keine Bedrohung für die Sowjetunion herbeiführen. Auch in der internationalen Entwicklung ist also kein objektiver Grund für den Kurswechsel Stalins zu finden.

Vom Standpunkt der Mobilisierung von Klassenbewusstsein und -aktivität hat allerdings die Zuspitzung des Klassenkampfes bis zu vorher nur im Bürgerkrieg angewandten terroristischen Methoden einen bestimmten Effekt gehabt: Mit dem Übergang zu den Fünfjahrplänen und zur durchgehenden Kollektivierung des ganzen Landes wurde der bewusstere Teil der Arbeiterklasse und der Dorfarmut aktiviert. Dadurch wurde eine neue Welle des revolutionären Schwungs ausgelöst, die vieles möglich machte, das nach allen formalen Kriterien des wirtschaftlichen Aufbaus eigentlich unmöglich schien. Dieser Welle von neuem Elan machte dann erst die Eiszeit der späten Dreißigerjahre ein Ende.

War eine solche Mobilisierung die hintergründige Absicht Stalins, als er die Wendung vornahm? Oder war es einfach Ausdruck dessen, wovor schon Lenin das ZK mit der Befürchtung gewarnt hatte, er sei nicht sicher, dass Stalin die nahezu unbegrenzte Macht als Generalsekretär der KPdSU genügend behutsam ausüben werde? Mit anderen Worten: War es Machtbesessenheit Stalins, die ihn zu dieser Wendung veranlasste? Bei dieser mussten unvermeidlich jene beiden fünf Jahre zuvor von Lenin in seiner Botschaft an das ZK für eine Führungsfunktion Erwähnten, die sich außer Stalin noch in der Führung befanden, nämlich Bucharin und Pjatakow auch »über Bord« gehen. War vor allem das Stalins Absicht? So schmerzhaft eine solche Erkenntnis für manchen ist, spricht vieles für ihre Richtigkeit.

Was Stalin beabsichtigt haben mag, was immer ihn bewog, objektiv wirkte folgende Tatsache: Im Kapitalismus bildet das Wertgesetz den ständig wirkenden *ökonomischen Zwang* zu maximaler Leistung. Auch Sozialismus braucht Zwang, solange nicht eine Entwicklungsstufe erreicht ist, in der die große Mehrheit der Menschen bewusst im eigenen gemeinsamen Interesse die für Erhaltung und Weiterentwicklung erforderliche Leistung erbringt. Das kann *ökonomischer* Zwang sein, wenn das siegreiche Proletariat seine politische Macht in der Übergangszeit dazu benutzt, das Wirken des Wertgesetzes zu kontrollieren und bewusst auszunutzen. Dies war der Sinn von Lenins NEP.

Wird – wie später durch Stalin – versucht, das Wirken des Wertgesetzes auszuschalten, dann *muss* die politische Führung den ökonomischen durch *außerökonomischen* Zwang ersetzen. Das führt notwendig dazu, dass die neu entstandene revolutionäre Staatsmacht einen neuen Zwangsapparat entwickeln muss. Ein solcher unterliegt seiner Eigengesetzlichkeit, ganz gleich ob Stalin, Trotzkij oder sonst wer an der Spitze steht. Das muss die Weiterentwicklung des Sozialismus-Modells zunehmend erschweren, ja es macht sie schließlich unmöglich.

Allerdings muss bei einer solchen Erklärung unbedingt hinzugefügt werden: Stalins Machtbesessenheit war gepaart mit einer Art »Sendungsbewusstsein« als Vollstrecker des Vermächtnisses von Lenin.

Das fasste er als Verpflichtung zur möglichst buchstabengetreuen Durchführung Leninscher Hinweise auf. Da solche Hinweise Lenins allerdings – der jeweiligen Situation, aus der sie stammten, entsprechend – in manchen Fragen äußerst widersprüchlich lauteten, fand Stalin dabei ein breites Feld zur Auswahl vor.

Eine Fähigkeit konnte niemand Stalin absprechen: Das war die Kunst zu einfachen, eingängigen Formulierungen. In dieser Hinsicht hat sicher seine Erziehung in einem georgischen Priesterseminar eine Rolle gespielt. In Ausnutzung dieser Fähigkeit kam es zur Katechisierung des »Marxismus-Leninismus«, der dennoch in den Auseinandersetzungen mit sozialdemokratischem Reformismus, eine Zeit lang auch mit der als Trotzkismus zu bezeichnenden Richtung der kommunistischen Bewegung eine positive Rolle gespielt hat.

Aber die große Schwäche war die Tendenz zur Dogmatisierung einzelner Erkenntnisse Lenins, die als Axiome unabhängig von Zeit, Ort und anderen Bedingungen dargestellt wurden. Dogmen sind aber mit wissenschaftlicher Entwicklung unvereinbar.

Da Stalin selbst seine Grenzen bei theoretischen Forschungsarbeiten kannte (in dieser Hinsicht gibt es von ihm aus der vorrevolutionären Zeit nur die Arbeit zur nationalen Frage), war er lange Zeit äußerst vorsichtig, über Lenin hinausweisende Positionen zu theoretischen Fragen zu veröffentlichen. Das gilt z.B. auch für seine Zusammenfassung des »Dialektischen und historischen Materialismus«, die als Muster der didaktischen Vereinfachung ein äußerst kompliziertes Thema vielen zugänglich machte, allerdings auch auf Kosten der Tiefe der Analyse.

Als Stalin – am Höhepunkt seiner politischen Macht – dann dennoch begann, Thesen Lenins in Frage zu stellen (vor allem in den »Ökonomischen Problemen des Sozialismus in der UdSSR« im Jahr 1952), geriet er in eklatanten Widerspruch zur Wirklichkeit.

Als Widerlegung einer Grundthese von Lenins Imperialismus-Auffassung formulierte er darin, das Monopolkapital habe heute schon die Fähigkeit verloren, die gesellschaftlichen Produktivkräfte weiterzuentwickeln. Das zu einer Zeit, als im Kapitalismus eben der stürmischste Wirtschaftsaufschwung des 20. Jahrhunderts einsetzte. Der auch nach Stalins Tod fortdauernde Einfluss dieser falschen Ansicht hat nicht wenig Schaden angerichtet: U. a. dadurch wurden sich die bestehenden sozialistischen Systeme der Herausforderung der wissenschaftlich-technischen Revolution lange nicht bewusst, die der Kapitalismus im letzten Drittel dieses Jahrhunderts in den Reproduktionsprozess einführte, die sozialistischen Systeme aber nicht.

Die bei Stalin gegebene Verbindung von Machtbesessenheit mit revolutionärem Sendungsbewusstsein kommt in einer weiteren Tatsache zum Ausdruck: Zu keinem Zeitpunkt, selbst nicht zur Zeit der höchsten Entfaltung des Personenkults um ihn, ging von Stalin irgendeine Tendenz zur Bildung der Macht eines Familienclans aus, wie ihn etwa Rumäniens Ceausescu oder Koreas Kim II Sung zu etablieren suchten. Historische Vergleiche hinken immer. Wenn man sie dennoch versucht, dann kann die Person Stalins sicher eher an die Seite eines Robespierre als an die Bonapartes gestellt werden.

Diktatur des Proletariats und Demokratie

Die ab 1928 unter Einfluss Stalins vorgenommene Wendung der Politik der KPdSU gegenüber der Bauernschaft hat auch grundsätzliche theoretische Bedeutung. Es ging dabei um den Charakter der sowjetischen Staatsmacht. Lenin war der Überzeugung, dass diese durchaus den Vorstellungen von Marx und Engels entsprach, die die revolutionäre Staatsmacht als eine Diktatur der bisher ausgebeuteten Mehrheit über die bisher ausbeutende Minderheit definierten. Die Arbeiterklasse allein stellte in der jungen Sowjetunion nur eine Minderheit dar. Lenin sah daher ein festes Bündnis mit der großen Mehrheit der Bauern (und zu dieser gehörten unbedingt auch die Mittelbauern) bei führender Rolle der Arbeiterklasse als die in Russland einzig mögliche Form einer solchen revolutionären Staatsmacht. Nur so konnte dieses führende Klassenbündnis auch wirklich eine große Mehrheit des Volkes darstellen. Das allein konnte eine demokratische Entwicklung der Gesellschaft sichern.

Der Bruch des Bündnisses mit einem großen Teil der Mittelbauern stellte diese Mehrheit der herrschenden Klasse in Frage. Das ist nicht einfach eine Frage der zahlenmäßigen Verhältnisse. Es untergrub die demokratische Legitimierung dieser Staatsmacht.

Statt dass Gewalt als Mittel der Machtausübung hätte abgebaut werden können, nahm sie bedeutend zu. Die Arbeiterklasse war noch für lange Zeit eine Minderheit. In die Kollektivwirtschaften durch Zwang einbezogene Bauernfamilien waren auch dann schwache Verbündete, wenn sie vorher Klein- oder arme Mittelbauern gewesen waren.

Durch spätere gesetzliche Änderungen, z. B. in Form des allgemeinen Wahlrechts auch für frühere Kulaken, oder durch theoretische Konstruktionen wie die eines allgemeinen Volksstaates und durch die 1937 erfolgte »verfassungsmäßige« Erklärung der Verwirklichung des Sozialismus konnten zu Lebzeiten Stalins die tatsächlichen Machtverhältnisse nicht geändert werden.

Diese entwickelten sich aber immer weiter weg von den Vorstellungen, die Marx, Engels und auch Lenin mit der Entwicklung des Sozialismus verbunden hatten. In diesen waren Humanismus, Bürger- und demokratische Rechte nicht nur den sozialen Errungenschaften gleichrangig, sondern untrennbar mit diesen verbunden. Ohne die einen konnte es auch die anderen auf Dauer nicht geben. Man konnte zwar die sich entwickelnden gesellschaftlichen Verhältnisse mit immer neuen, schönklingenden Namen versehen (allgemeine Volksmacht, entfalteter Sozialismus usw.), aber an der gesetzmäßigen wechselseitigen Abhängigkeit von ökonomischer Basis und gesellschaftlichem Überbau konnte das nichts ändern.

Ausgangspunkt und Ursache dieser Entartung im gesellschaftlichen Überbau der vom Ansatz her weiterhin sozialistischen Gesellschaft blieb die ab 1928 vorgenommene Wendung in der Bauernfrage. Dies auch noch zu der Zeit, als dann die deutliche Mehrheit auch der Kolchosbauern die entstandenen Verhältnisse als die ihren akzeptiert hatte.

Die Wende von 1928 hatte auch internationale Auswirkungen. Die durch Fakten vielfach bestätigte Verwandlung der Diktatur des Proletariats in eine Staatsform der unbeschränkten persönlichen Macht Stalins erwies sich als Hindernis bei der Schaffung antifaschistischer Bündnisse. Kommunisten wurden wegen dieser Entwicklung als unglaubwürdig bei der Verteidigung der bürgerlichen Demokratie gegen die vordringenden faschistischen Diktaturen abgestempelt. Wie schon angeführt, vertiefte diese Entwicklung auch die Spaltung der Arbeiterbewegung.

Sie wirkt bis in die Gegenwart. Auf diese Entartung stützt sich auch jetzt die sogenannte Totalitarismus-Theorie, die faktisch die Ziele kommunistischer Parteien denen faschistischer Bewegungen gleichsetzt.

5. Kapitel
Die Dialektik des Klassenkampfes im Sozialismus

Während der Auseinandersetzung um die Politik des Sowjetstaates gegenüber den Bauern begann die Frage der Bedeutung des Klassenkampfes im Sozialismus eine immer größere Rolle zu spielen. Besonders auf dem ZK-Plenum vom 4.-12. Juli 1928, das mit der Betonung des vorübergehenden Charakters der im April sanktionierten »außerordentlichen Maßnahmen« sogar zeitweise eine Abschwächung des Drucks auf die begüterten Bauern signalisierte, entwickelte Stalin den Gedanken Lenins über die Verschärfung des Klassenkampfes auch im Sozialismus weiter. In seinem Referat zieht er nach Schilderung der Lage die Schlussfolgerung: »...aus all dem ergibt sich, daß in dem Maße, wie wir vorwärtsschreiten, der Widerstand der kapitalistischen Elemente wachsen, daß der Klassenkampf sich verschärfen wird...«.[35]

Er konnte sich dabei auf Äußerungen Lenins berufen. Allerdings hatte dieser solche Ansichten vor allem auf dem Höhepunkt des Bürgerkriegs, zur Zeit des Kriegskommunismus vertreten. So etwa am 30. Oktober 1919 im Material für die Broschüre »Die nächsten Aufgaben der Sowjetmacht«:

> »Die Ausbeuter sind geschlagen, aber nicht vernichtet. Ihnen ist die internationale Basis geblieben, das internationale Kapital, dessen Filiale sie sind. Ihnen sind zum Teil gewisse Produktionsmittel geblieben... Ihr Widerstand ist gerade infolge ihrer Niederlage hundertmal, tausendmal stärker geworden...«.[36]

Subjektiv, d.h. so weit es vom Willen der zurückgedrängten, an die Wand gedrückten Personen aus dem kapitalistischen Milieu abhing, war dies natürlich richtig. Wie weit diese subjektive Entschlossenheit

---

35 Stalin, Werke, Bd. 11, deutsch S. 151.
36 Siehe Lenin, Werke, Bd. 30, Berlin 1960, S. 99/100.

auch objektiv, d. h. gesamtgesellschaftlich wirksam werden konnte, hing aber auch von anderen Faktoren, den gegebenen Kräfteverhältnissen, den Bündnismöglichkeiten usw. ab. Ebenso selbstverständlich ist, dass bewaffneter Kampf Ausdruck eines schärferen Klassenkampfes ist als Demonstrationen, Streiks usw.

Allerdings gilt das nicht für jeden bewaffneten Kampf. (Und die Ausübung von Massenterror gegen eine andere Klasse ist natürlich bewaffnetem Kampf gleichzusetzen.) Richtete sich dieser Massenterror zum großen Teil gegen jene Klasse, mit der als Verbündetem allein die proletarische Staatsmacht langfristig gesichert werden konnte, dann war diese konkrete Verschärfung des Klassenkampfes dem Gesamtziel des revolutionären Prozesses abträglich, musste ihn sogar gefährden. Diese Dialektik des Klassenkampfes auch im Sozialismus musste gerade in einem Land mit so komplizierten Klassenverhältnissen wie Russland besonders sorgfältig beachtet werden.

Bis Ende 1927 herrschte in dieser Hinsicht die Meinung in der Partei, dass das raschere Wachsen der sozialistischen Positionen, die in der Hand der Arbeiterklasse bzw. ihrer Partei befindlichen Machtorgane, die geringe Möglichkeit ausländischer Unterstützung für die kapitalistischen Elemente, ausreichen könne, eine Gefährdung der Sowjetmacht zu vermeiden. Diese durfte nur nicht selbst einen Weg einschlagen, der – vor allem bei den Mittelbauern – den kapitalistischen Kräften eine Massenbasis verschaffen könnte.

In den Direktiven für den Fünfjahrplan kennzeichnete der 15. Parteitag die »grundlegenden Disproportionen« der sowjetischen Wirtschaft (die ja bestimmend für die Klassenbeziehungen waren) zu diesem Zeitpunkt wie folgt:

> »Die Disproportion zwischen Industrie und Landwirtschaft...; die Disproportion zwischen den Preisen für Industrieprodukte und denen für solche der Landwirtschaft...; die Disproportion zwischen der Nachfrage nach Industrierohstoffen, die Landwirtschaftsprodukte sind (Baumwolle, Leder, Wolle usw.), und deren Angebot; schließlich die Disproportion zwischen der Zahl der Arbeitskräfte im Dorf und der realen Möglichkeit, sie zu beschäftigen...«.[37]

---

37 »Die KPdSU in Resolutionen und Beschlüssen«, 1954 russ. II. S. 455.

Der Weg zur Überwindung dieser Widersprüche, den der 15. Parteitag wies, lag noch voll auf der Linie der NEP mit ihrem Primat der Ausnützung objektiver ökonomischer Gesetzmäßigkeiten. Im Beschluss über die Direktiven heißt es:

> »Als einzig richtiger Weg zur Überwindung der obenerwähnten Disproportionen erscheint der Weg der Senkung der Selbstkosten der Industrieproduktion auf der Grundlage der energisch durchzuführenden Rationalisierung und Erweiterung der Industrie; der Weg der Entwicklung arbeitsintensiver Kulturen im Dorf und der Industrialisierung der Landwirtschaft selbst (vor allem über die Entwicklung der Industrie zur Erstverarbeitung von Landwirtschaftsprodukten); der Weg der allseitigen Heranziehung der kleinen Ersparnisse (Binnenanleihen, Sparkassen, Heranziehung von Einlagen in Kooperativen, Errichtung von kooperativen Fabriken) und ihre Verbindung mit dem Kreditsystem.«[38]

Natürlich war auch das wirkungsvollster Klassenkampf – allerdings mit den die Grundsätze der NEP bestimmenden wirtschaftlichen Methoden.

In den Auseinandersetzungen des Jahres 1928 trat allmählich eine Verschiebung ein. Immer mehr wurde die Verschärfung des Klassenkampfes als objektiver Prozess verstanden, der absolute Gültigkeit habe, dem vor allem die Beschränkung auf wirtschaftliche, politische und juristische (im Rahmen der Sowjetgesetze) Methoden nicht mehr entsprach. In seiner schon erwähnten Rede zitiert Bucharin Kujbyschew, der vor dem Leningrader Parteiaktiv vom 19.09.1928 gesagt hatte (Bucharin zitiert nach dem Bericht in der »Prawda« vom 25.9.1928): »Das Absterben der Klassen, das Endergebnis all unserer Entwicklung, muß und wird natürlich in einer Situation des sich verschärfenden Klassenkampfes verlaufen.« Bucharin selbst sagte zu dieser Auffassung:

> »Nach dieser seltsamen Theorie würde es so sein, dass es, je weiter wir auf dem Weg der Entwicklung zum Sozialismus vorankommen, immer mehr Schwierigkeiten gibt und sich der Klassenkampf immer mehr verschärft, und daß wir, wenn wir dann am Tor zum Sozialismus stehen, offensichtlich entweder den Bürgerkrieg eröffnen oder Hungers sterben und zugrunde gehen müssen.«[39]

---

38 A. a. O., S. 456.

39 Bucharin, »1929, das Jahr des großen Umschwungs«, Berlin 1991, S. 30.

Bucharin selbst gab – in aussichtsloser Minderheit im ZK befindlich – keine Erklärung, wie er diese Dialektik des sich entwickelnden weiteren Klassenkampfes verstand. Für die gegebene Zeit war auch er von einer aktuellen Verschärfung des Klassenkampfes überzeugt. Die Schwierigkeiten wurden immer deutlicher spürbar. Es gab organisierte Sabotageversuche auch in wichtigen Industriebetrieben (unabhängig davon, ob es dabei um eine »Verschwörung«, eine neue »rechte« Fraktion usw. ging, war dies tatsächlich Ausdruck des sich subjektiv verschärfenden Klassenkampfes). Aber es gab keinerlei Anzeichen, dass der Kampf gegen solche Erscheinungen über politische, juristische und wirtschaftliche Maßnahmen hinausgehende Schritte erfordert hätte. Selbst die gerichtlichen Urteile gegen die der Industrie-Sabotage in Schachty Beschuldigten waren nicht übertrieben hart, da es sich um technische Kader handelte, die man noch für den Sozialismus zu gewinnen hoffte. (Einer der Verurteilten wurde viele Jahre später sogar Stalin-Preisträger, was sicher die Richtigkeit dieser Haltung bestätigte.)

Unmittelbar hatte die These von der Verschärfung des Klassenkampfes mobilisierende Wirkung: Wenn die Kulaken die Arbeiterklasse aushungern und so den sozialistischen Aufbau verzögern, den Fünfjahrplan zum Scheitern bringen wollten, dann mussten erst recht alle Kräfte angespannt werden, um diese Absichten zu vereiteln.

Der Aufbau neuer Großbetriebe, Kraft-, Stahl- und Walzwerke, Fabriken zur Automobil- und Traktorenerzeugung – lange Zeit »aus dem Nichts«, praktisch ohne Infrastruktur – wurde zum Schauplatz eines bis dahin beispiellosen Massenheroismus. Die Millionen, die diese Leistungen vollbrachten, während gleichzeitig ihre Familien oft nicht das Nötigste zum Essen hatten, empfanden den im Dorf tobenden Bürgerkrieg als unbedingt notwendig und daher auch die These als richtig, dass der sich ständig verschärfende Klassenkampf die Rückkehr der Arbeitermacht zu diesen terroristischen Methoden unbedingt erforderlich machte.

Zu gleicher Zeit begann im kapitalistischen Europa ein beschleunigtes Vordringen des Faschismus. Auch der revolutionäre Teil der dortigen Arbeiterbewegung verstand die Verschärfung der Lage im ersten sozialistischen Land als notwendige Folge des sich allgemein verstärkenden reaktionären Drucks. Hier wirkte diese These nur dort schädlich, wo – auf sie gestützt – die unter Einfluss der Sozialdemokratie stehenden Teile der Arbeiterklasse nicht als unbedingt zu gewinnende antifaschistische Bündnispartner, sondern vor allem als Helfer der Reaktion betrachtet wurden.

Der Übergang zur sozialistischen Industrialisierung des Landes, die Zusammenfassung der in diese Richtung zielenden Maßnahmen in Form der Fünfjahrpläne war dagegen sicher die richtige, ja letzten Endes ausschlaggebende Maßnahme des sozialistischen Staates in diesem sich verschärfenden Klassenkampf. Eine Durchsicht der diesen Weg bestimmenden Beschlüsse, der wichtigsten Überlegungen, die darin eingingen, zeigt die Richtigkeit auch der Einschätzung der ökonomischen Gegebenheiten und der notwendigen Grundlinie.

Eine Quelle von Fehlentwicklungen wurde allerdings offenkundig unterschätzt. Lenin hatte (nicht einmal erst beim Übergang zur NEP) immer wieder die Notwendigkeit der »wirtschaftlichen Rechnungsführung« für alle Zweige und Betriebe der sozialistischen Wirtschaft betont. Ohne eine solche konnten auch die in den »Direktiven« als entscheidend aufgezählten Maßnahmen zur Überwindung der Disproportionen nicht verwirklicht werden.

Aber die neu zu errichtende sozialistische Schwerindustrie konnte – wie schon erwähnt – nicht auf dem gewachsenen Fundament einer breiten kapitalistischen Industrialisierung, ihrer Infrastruktur, industriellen Arbeitskultur usw. wachsen. Wurden unter großen Anstrengungen dafür bereitgestellte staatliche Mittel z. B. für den Ankauf von Grundausrüstungen für einen Schwerindustriebetrieb im Ausland aufgewendet, dann erforderte deren Ingangsetzung riesigen Arbeits- und Materialaufwand aus eigenen Kräften. Gebäude, Verkehrseinrichtungen, Arbeiterwohnungen usw. mussten rasch gebaut werden, damit die Investition wirksam wurde. Das machte es zwingend erforderlich, dass für diese Maßnahmen nicht nur der im einzelnen wirksame Kostenfaktor, sondern die Bedeutung für die Gesamtwirtschaft in Rechnung gestellt wurde. Ein Beispiel: Eine Zubringerbahnstrecke von ein paar Dutzend Kilometern, ohne die z. B. die im Ausland gekaufte Ausrüstung für eine Maschinenfabrik nicht in Gang gebracht werden konnte, mochte durch besondere Forcierung des Bautempos das Drei- oder Vierfache der normalen Kosten verursachen und dennoch viel wirtschaftlicher sein, wenn dadurch die neue Fabrik um Monate früher zu liefern begann.

Hier musste zwangsläufig die unmittelbare Kostenrechnung durch Entscheidungskompetenz zentraler Planungsstellen ersetzt werden, die die Einzelmehrkosten gegen den Gesamtnutzen aufzurechnen hatten.

Schon zur Zeit Lenins war dem Obersten Volkswirtschaftsrat Gesetzeskompetenz verliehen worden. Jetzt erhielten dementsprechend die Fünfjahrpläne Gesetzeskraft. Die zentralen Planungsinstanzen mussten das Recht haben, für deren Verwirklichung erforderliche Produktionsmittel, Roh- und Energiestoffe, Arbeitskräfte und Dienstleistungen »zuzuteilen«. Geldbeziehungen spielten in der Industrie nur mehr die Rolle nachträglicher Verrechnung, konnten nicht mehr Entscheidungen nach den Kriterien wirtschaftlicher Rechnungsführung bestimmend beeinflussen.

Das bewirkte aber, dass die bereits auf fast allen Lebensgebieten in Ansätzen vorhandene Tendenz zur Bürokratisierung besonders im Bereich der Wirtschaftslenkung großen Auftrieb erhielt. Zentrale Instanzen, Ministerien, Hauptverwaltungen, Vereinigungen, Trusts usw. erhielten die Kompetenz, über Zuteilung von Material und Arbeitskraft, von Transportkapazität usw. zu entscheiden.

Der Widerspruch zwischen der Kompetenz des einzelnen Betriebs und der zentraler Stellen zieht sich wie ein roter Faden durch die weitere Entwicklung der sowjetischen Wirtschaft. In der 1954 fertiggestellten Wirtschaftsgeschichte der Sowjetunion von P. I. Ljastschenko (meines Wissens nur in russischer Sprache) finden sich u. a. folgende Einschätzungen:

>»Die Vereinigung der einzelnen Unternehmen zu Trusts nach dem Gesetz von 1927 half der Sache wenig, da weder die Trusts selbst, noch erst recht die Sparten-Verwaltungen des Obersten Volkswirtschaftsrates die technische und dem Plan entsprechende Leitung verwirklichen und unmittelbar bis zum Betrieb durchsetzen konnten.«[40]

---

40 Siehe P. I. Ljastschenko, »Istoria Narodnogo Chosjajstwa SSSR« Staatsverlag f. politische Literatur, Moskau 1956, russ. S. 312.

Ljastschenko führt sodann den Beschluss des ZK vom 5. Dezember 1929 an, der »erstmals und mit besonderer Betonung unterstrich, dass ›der Betrieb das Hauptkettenglied der Leitung der Industrie‹ und ›Basis der weiteren Verbesserung des Lenkungssystems der sozialistischen Industrie ist‹«[41]

Gleichzeitig wurden aber die Rechte der einzelnen Unternehmen, selbständig operative Entscheidungen zu treffen, immer weiter eingeschränkt. So wurde mit der Kreditreform vom Jahr 1930 die bis dahin übliche Praxis verboten, dass Betriebe untereinander Geschäfte auf Kreditbasis (gegen Wechsel, die dann der Gosbank vorgelegt wurden) abwickeln konnten. Natürlich konnten solche Geschäfte (in die vereinzelt auch private Betriebe einbezogen waren) bei einem bestimmten Umfang zentral geplante Proportionen stören. Aber sie verbesserten die Wirtschaftlichkeit der einzelnen Betriebe. Wäre die Leitung des zentralen Bankensystems schon auf dem erforderlichen Niveau gewesen, dann hätte sie mit den im Bankwesen üblichen Methoden (Zinspolitik bei der Diskontierung solcher Wechsel, Berücksichtigung des Umfangs solcher Kommerzkredite bei der Gewährung der staatlichen Betriebsmittelkredite u.ä.) auch diese Kreditflüsse im Sinne der zentralen Planung lenken können. Dass man den »leichteren« Weg wählte, solche Kreditbeziehungen einfach zu verbieten, war Anzeichen der fachlichen Inkompetenz der Zentralstellen (fachliche Inkompetenz in Verbindung mit administrativ zugesprochener Entscheidungskompetenz ist eine wesentliche Ursache von Bürokratismus). Dies wurde ein entscheidender Schritt, dass die Betriebe vollständig dem zentralen Zuteilungssystem ausgeliefert waren und keine legale Möglichkeit mehr hatten, durch eigene Initiativen dessen negativen Folgen auszuweichen.

In der ersten Phase der Fünfjahrpläne erfasste dieses Zuteilungssystem erst mehrere tausend, vielleicht zehntausend Einzelpositionen, die überschaubar waren, wodurch die in den jeweiligen zentralen Planungsinstanzen verkörperte ökonomische Kompetenz noch wirksam wurde. Aber die Zahl der so erfassten und zentral zuzuteilenden

---

41 A.a.O., S. 313.

Positionen nahm rasch zu. Bei den Beratungen über den 2. Fünfjahrplan wurde 1931 die Zahl der zentral zu planenden Kennziffern deutlich erhöht. Mit der faktischen Ausschaltung eines privatkapitalistischen Sektors wurden schließlich alle als Produktionsmittel geltenden Güter so erfasst. Das führte zu einem explosionsartigen Anwachsen dieser bürokratischen Zentralstellen.

Die Angst, bei durch eigene Entscheidungen auf niedrigerer Ebene verursachten Misserfolgen als »Schädling« oder Saboteur verdächtigt zu werden, führte zu einem noch rascheren Anwachsen dieses Systems.

Hatte die zentrale Zusammenfassung aller Mittel zu Beginn der Fünfjahrpläne große Vorteile gebracht, so veränderte sich das in dem Maß, wie die bürokratischen Apparate wuchsen und ein Gesamtüberblick – und damit eine fundierte Abschätzung der gesamtvolkswirtschaftlichen Effektivität jeder Maßnahme – immer schwieriger wurde.

Das gleiche galt für die Festsetzung der Preise, die immer weniger vom tatsächlich in der betreffenden Ware oder Leistung verkörperten ökonomischen Wert, nicht einmal von deren Produktionspreis bestimmt wurde.

Das führte dazu, dass an Stelle einer von der kapitalistischen Konkurrenz zu höchster Produktivität und Effektivität gezwungenen Industrie ein anderer Typ von Industrie entstand: Für ihn war während der gesamten Sowjetzeit ein erheblich niedrigeres Niveau der ökonomischen Effektivität, aber auch der Arbeitsintensität kennzeichnend. Gleichzeitig wurden die sozialen Begünstigungen für die Beschäftigten immer größer. Letzteres bestimmte zweifellos den sozialistischen Grundcharakter dieser Industrie, ja der Gesamtwirtschaft. Aber nicht zu leugnen ist, dass das Fehlen wirklicher Konkurrenz, die staatliche »Privilegierung« durch Kapitalausstattung, Preisfestsetzung, Materialversorgung, Zuweisung von Arbeitskräften usw. auch Züge spätfeudaler kameralistischer[42] Industrieförderung aufwies. Diese Züge

---

42 Kameralismus: Methode, ökonomische Prozesse einzig nach dem Maßstab landesfürstlicher (später staatlicher) Einnahmenmöglichkeiten bzw. Ausgaben zu betrachten. Zur Industrieförderung wurden gegen Bezahlung an die fürstliche Kasse »Privilegien« erteilt.

wirkten umso deutlicher, als zur Zeit der Oktoberrevolution in Russland feudale Traditionen noch viel unmittelbarer nachwirkten als in West- und Mitteleuropa.

Die Perversion des Klassenkampfes

Der beeindruckende Erfolg der sozialistischen Industrialisierung war um den Preis riesiger Opfer erreicht worden. Er hatte zu Schwerpunktbildung im Bereich der Grundstoffindustrie, des Maschinenbaus und der Energetik geführt. Hinter deren Niveau blieb der Ausstoß an Massenbedarfsgütern quantitativ und vor allem qualitativ zurück. Die vom Zentrum inspirierte Initiative reichte bestenfalls für die zur Verteidigungsfähigkeit des Landes unverzichtbaren Bereiche. Die notwendige Belebung und Entwicklung jener hunderttausender Waren- und Leistungsangebote blieb zurück, die auch nur annähernd eine Lebensqualität hätten sichern können, wie sie im entwickelten Kapitalismus selbst den schlechtest bezahlten Arbeitern, ja sogar vielen Arbeitslosen zur Verfügung stand. Einen Mechanismus gab es nicht, der spontan in jedem Betrieb auch ohne zentrale Initiative und ständige Kontrolle Motive zur Erweiterung und Verbesserung des Angebots hätte sichern können.

Noch schlimmer stand es mit der Landwirtschaft. Die niedrige Arbeitskultur und das weitgehend fehlende Interesse an Steigerung der eigenen Leistung führte zu uneffektivem Einsatz der allmählich in größerer Menge dem Dorf gelieferten Technik. Die Zusammenfassung dieser Technik in Maschinen-Traktoren-Stationen änderte ebenso wenig an dieser grundlegenden Schwäche wie deren spätere Auflösung.

Die Suche nach den Ursachen dieser nicht abnehmenden Schwierigkeiten klammerte die Frage nach der Rolle des Abgehens von der NEP aus. Der 17. Parteitag der KPdSU vom 26.1. bis 10.2.1934 war eine aufdringliche Verherrlichung Stalins, der neuerlich in der Funktion als Generalsekretär bestätigt wurde. Dies obwohl viele Delegierte, wahrscheinlich sogar die Mehrzahl, den Inhalt der Botschaft Lenins von 1923 kannten. Ehemalige »Oppositionelle« wurden

– nach entsprechender Selbstkritik – sogar wieder in leitende Organe gewählt. Bucharin wurde wieder Kandidat des ZK.

Vielleicht war das »Belohnung« dafür, dass auf dem Parteitag kein ernster Versuch mehr unternommen wurde, Stalin von seiner Position der Allmacht zu entfernen. Aber es unterblieb auch jeder Versuch einer Analyse der Ursachen für die nicht abnehmenden Schwierigkeiten.

Stattdessen erfolgte ein Jahr nach diesem Parteitag die Wendung zu einer neuen Form der »Bekämpfung« der Schwierigkeiten. Auslösend dafür war die Ermordung von Sergej Kirow, dem ersten Sekretär der Leningrader Parteiorganisation. Kirow war von vielen als der einzige denkbare Nachfolger Stalins in der Funktion des Generalsekretärs angesehen worden. Er selbst hatte solche Gedanken von sich gewiesen. Er hatte sogar von Stalin selbst ausgehende Überlegungen abgelehnt, von Leningrad ins Sekretariat des ZK nach Moskau überzuwechseln.

Am 1. Dezember 1934 wurde Kirow ermordet. Stalin fuhr selbst sofort nach Leningrad, um die Nachforschungen nach den Hintergründen des Mordes persönlich zu beaufsichtigen. Das Ergebnis war ein geheimer Rundbrief an alle Parteiorganisationen vom 18. Jänner 1935, in dem der Mord der Leningrader Gruppe der »Sinowjew-Leute« angelastet wird. Nach dem Schauprozess gegen die Moskauer Gruppe des »trotzkistisch-sinowjewschen Blocks« im Sommer 1936 folgte ein »streng geheimer« Rundbrief an alle Organisationen, in dem es heißt:

> »Das ZK der KPdSU(B) macht alle Parteimitglieder darauf aufmerksam, dass es den Feinden der Partei nach dem Mord an Genossen Kirow in einzelnen Parteiorganisationen bereits gelungen ist, aufgrund ungenügender Wachsamkeit unter dem Deckmantel des Namens von Kommunisten ihre terroristische Tätigkeit aktiv fortzusetzen.«[43]

Heute muss angenommen werden, dass nie mehr wird festgestellt werden können, ob der Mord die Tat des Einzelgänger L. Nikolajew war, auf politische Motivation durch Anhänger Trotzkijs und Sinowjews zurückgeführt werden kann, also in der damaligen Diktion

---

43   Siehe »Schauprozesse unter Stalin«, Berlin 1990, S. 210-251.

Ergebnis einer »trotzkistisch-sinowjewschen Verschwörung« war, oder aber Ergebnis einer von Stalin selbst mit Hilfe der GPU initiierten Aktion, wie Chrustschow in seiner Geheimrede auf dem 20. Parteitag der KPdSU 1956 angedeutet hat.

Jedenfalls wurde dieser Mord von Stalin zum Ausgangspunkt einer neuen Welle von Verfolgungen gemacht. Diesmal waren die Opfer aber in führenden Kreisen der Partei, im Kreis der alten Parteimitglieder, der Mitkämpfer Lenins zu finden. Wenige Jahre nach dem 17. Parteitag waren von den dort gewählten 139 Mitgliedern und Kandidaten des ZK 98 erschossen, von den 1.966 Delegierten 1.108 verhaftet.[44]

Das war aber nur die »Spitze des Eisbergs«. Zehntausende Kommunistinnen und Kommunisten wurden ohne oder unter zum Teil unsinnigen Beschuldigungen verhaftet, unter brutalstem Druck zu absurden Geständnissen und Beschuldigungen gegen andere, ebenso Unschuldige gezwungen. Auch wenn Behauptungen, keine andere Regierung der Welt habe so viele Kommunisten ermordet, ins Reich der Horror-Fabeln gehören (man denke nur an den Kommunisten-, Kommissare- und Juden-Erschießungsbefehl der deutschen Wehrmacht bei ihrem Überfall auf die Sowjetunion), so bleibt dieses Massaker Ausdruck einer Entartung des humanen Wesens einer sozialistischen Gesellschaft. Wie ein unaufhaltsam weiterwucherndes Krebsgeschwür zerstörte dies schließlich die Lebensfähigkeit dieses Systems selbst.

Meist unverschuldet trifft die Schande dafür gerade jene, die einen beispiellosen Massenheroismus beim Versuch, eine sozialistische Alternative zum Kapitalismus zu verwirklichen, und bei deren Verteidigung gegen den Faschismus bewiesen haben.

Ich unterlasse es, die darauf folgenden Schauprozesse, wie auch die Verhaftung, Deportierung und Ermordung Zehntausender Kommunistinnen und Kommunisten ohne solche öffentlichen Prozesse hier abzuhandeln. Bei der Machtposition Stalins trifft ihn hierfür die Hauptverantwortung. Ihm mussten alle wichtigen Fälle persönlich vorgelegt werden.

---

44 Siehe Adam B. Ulam, »Stalin – Koloß der Macht«, Esslingen 1977, S. 345.

Auch wenn Stalin selbst 1936 den seit 1934 an der Spitze der GPU stehenden Jagoda durch Jeschow ersetzte und diesen wiederum 1939 durch Berija, auch wenn den Hunderttausenden durch verwandtschaftliche Bande mit den Ermordeten und Eingekerkerten Verbundenen gegenüber der Höhepunkt dieser Terrorperiode gegen Parteikader noch zu Lebzeiten Stalins als »Jeschowstschina« bezeichnet wurde, als ob nur Jeschow der Verantwortliche für die Schreckensherrschaft gewesen wäre, ist an der Hauptverantwortung Stalins nicht zu zweifeln.

Noch schlimmer aber war die langfristige Folge der – allein auf Stalin zurückgehenden – »theoretischen« Begründung dieser Welle des Terrors gegen Kernschichten der proletarischen Partei. Diese bestand in der neuerlichen »Weiterentwicklung« der These vom sich notwendig verschärfenden Klassenkampf auch im Sozialismus. Der Klassenfeind nütze auch »das Mitgliedsbuch der KPdSU zu seinen Verbrechen gegen die Sowjetmacht« aus, wurde am Beispiel des Mörders von Kirow gefolgert. 1937 kam Stalin schließlich zu dem Schluss, dass der Klassengegner seit vielen Jahren seine Agenten bis in die Parteiführung eingeschleust habe und sie jetzt zur weiteren Verschärfung des Klassenkampfes aktiviere. Was ein Jahrzehnt zuvor als Meinungsverschiedenheit geschienen hatte, sei in Wirklichkeit schon Ausdruck dieser neuen Qualität des Klassenkampfes in der Partei selbst gewesen.

War diese These erst einmal vom Gros der KPdSU akzeptiert, dann war jede andere Meinung als die »Generallinie« Stalins bereits Indiz, dass deren Vertreter ein verkappter Agent des Klassenfeindes war. Es wurde lebensgefährlich, z. B. die Meinung zu vertreten, dass das Abgehen von der NEP, die »Kriegserklärung« an einen großen Teil der Bauern und dadurch die Zerrüttung des die proletarische Staatsmacht tragenden Klassenbündnisses, eine wesentliche Ursache der zunehmenden Schwierigkeiten war. Hier gab es auch in der Partei keine Möglichkeit politischer Auseinandersetzung mehr, sondern die Sicherheits- und Justizorgane hatten in Aktion zu treten. Da sich die Agenten des Klassenfeindes aber tarnten, war für jemand, der einmal in den Fängen des Terror-Apparates war, auch das Bekenntnis zur Stalinschen Generallinie kein Schutz mehr. De facto wurden damit auch die Organisationen der KPdSU den Sicherheitsorganen des Staates untergeordnet. Parteimitglieder konnten nicht einmal mehr in ihren Mitgliederversammlungen abweichende Meinungen aussprechen.

Es folgten die auf der Basis erzwungener »Geständnisse« geführten Prozesse gegen Anhänger der Ansichten Trotzkijs, gegen Sinowjew, Kamenew, Bucharin und viele andere. In der unmittelbaren Auswirkung war angesichts der Verstärkung der faschistischen Kriegsgefahr die 1938 folgende Liquidierung von mehr als der Hälfte der führenden Militärkader besonders tragisch. Stellvertretend für viele bekannte Namen sei nur der von Michail Tuchatschewskij, des wohl fähigsten Bürgerkriegskommandeurs der Roten Armee, genannt.

Am folgenschwersten war die Auswirkung auf die Klassenbeziehungen, konkret auf die Basis der revolutionären Staatsmacht. Das von Lenin langfristig als eine solche Basis betrachtete Bündnis mit der Masse der Bauernschaft war zutiefst erschüttert. Die durch die Verluste in Krieg und Bürgerkrieg geschwächte Arbeiterklasse musste schon deshalb die Ausübung ihrer Klassenmacht weitgehend an die Kader ihrer Partei delegieren. In den Dreißigerjahren hörte diese Partei aber als Folge der angeführten Entwicklung auf, Verkörperung des Willens und der Erfordernisse dieser Klasse auf dem Weg zum Sozialismus zu sein, sondern sie wurde zum Werkzeug des Willens Stalins.

Bis ans Ende seines Lebens vom Sendungsbewusstsein besessen, den Sozialismus im Geist Lenins aufzubauen, hat Stalin in eben diesen Dreißigerjahren aber auch Schritte initiiert, die vielen nicht unmittelbar von der Massenrepression Betroffenen, vor allem aber im Ausland den Eindruck rascher fortschrittlicher Entwicklungen sowohl an der ökonomischen Basis wie im gesellschaftlich-politischen Überbau dieses Sozialismus-Modells vermitteln mussten.

Die materielle und soziale Lage begann sich ab Mitte der Dreißigerjahre zu verbessern. Mit der Verfassung von 1937 wurden die vorher im politischen System verankerten Ungleichheiten z. B. beim Wahlrecht beseitigt und der Sozialismus für verwirklicht erklärt. Mit der geplanten wirtschaftlichen Entwicklung wurden vor allem die besonders zurückgebliebenen, von nichtrussischen Völkern bewohnten Randgebiete gefördert, was Grundlage für eine neue Qualität nationaler Rechte wurde. Die Gleichstellung der Frauen machte reale Fortschritte.

Viele Millionen werteten dies als Fortschritt beim Aufbau des Sozialismus, den sie mit Stalin in Verbindung brachten. Sie waren fest davon überzeugt, dass dies Sozialismus sei. Die Millionen in Zwangsarbeitslagern und Kerkern Festgehaltenen, die Hunderttausende Hingerichteten oder unter dieser Belastung Gestorbenen waren zum Schweigen verurteilt und wurden aus dem Bewusstsein des Landes verdrängt. Bis heute gibt es keine authentische Zahl der Opfer dieser Repression.

Es war zwangsläufige Folge, dass in einer solchen Atmosphäre der Schwung, der von der Oktoberrevolution ausgegangen war, schrittweise überdeckt wurde von den in Russland immer noch stark nachwirkenden Traditionen des Byzantinismus. Nicht nur äußerlich in dem rasch zunehmenden Personenkult um Stalin. Es ging noch viel mehr um die innere Haltung der Menschen, die die führende Schicht des Landes bildeten: Liebedienerei, ja Kriecherei nach oben, verbunden mit Demagogie und Rücksichtslosigkeit nach unten nahmen rasch zu.

Das hatte Auswirkungen auf alle Lebensgebiete. Die Kunst, die während der Zwanziger- und noch Anfang der Dreißigerjahre bahnbrechende Schöpfungen (auch auf völlig neuen Gebieten, wie z. B. dem Filmschaffen) hervorgebracht hatte, erstarrte. Für das spätere Schicksal der Sowjetunion und dieses Sozialismus-Modells fatal wurde die Lähmung der Wissenschaft und hier besonders der Gesellschaftswissenschaften. Dort wo der Wille eines Einzelnen an Stelle objektiv bestimmbarer Gesetze die Entwicklung bestimmen sollte, musste die Untersuchung dieser Gesetze durch vom Willen eben dieses Einzelnen gezogene Grenzen beschränkt sein. Das widersprach nicht nur dem Geist des Marxismus als wissenschaftlicher Weltanschauung, sondern verhinderte schließlich auch die Weiterentwicklung der marxistischen politischen Ökonomie, dem Herzstück des Marxismus, unter Berücksichtigung der Erfahrungen des sozialistischen Aufbaus.

6. Kapitel

Warum der Sieg über den Faschismus?

Die geschilderte Lage der UdSSR gegen Ende der Dreißigerjahre führt zu der Frage: Wieso konnte dieses Land dennoch international jene Rolle spielen, die es schließlich den Hauptbeitrag bei der Zerschlagung des Faschismus leisten ließ?

Zwei Faktoren trugen dazu wesentlich bei. Das war einerseits die richtige Analyse der die internationale Situation bestimmenden Widersprüche zwischen den wichtigsten kapitalistischen Mächten und deren konsequente Ausnutzung im Interesse der Sowjetunion durch Stalin. (Dabei gab es, wie noch zu zeigen sein wird, nur eine, allerdings fast fatale Ausnahme.)

Zweitens konnte trotz der schweren inneren Probleme das sowjetische ökonomische und gesellschaftliche System viel mehr an gesellschaftlicher Potenz und Dynamik entwickeln, als das zaristische Russland es je vermocht hatte.

Um die Bedeutung des ersten angeführten Faktors zu verstehen, muss man sich die internationale Lage der kapitalistischen Welt in Erinnerung rufen. Seit 1929 bestimmte eine an Tiefe und sozialen Auswirkungen vorher unvorstellbare Weltwirtschaftskrise die Entwicklung.

Dies verschärfte bedeutend die Widersprüche zwischen den kapitalistischen Hauptländern und innerhalb derselben. Unter anderem wegen der Spaltung der Arbeiterbewegung führte das nicht so sehr zu einer Stärkung der antikapitalistischen Kräfte. Hauptnutznießer wurden, vor allem in den nach der Friedensregelung 1918 »zu kurz« gekommenen Ländern, faschistische Bewegungen. Im Interesse der aggressivsten Kräfte des jeweiligen Finanzkapitals wollten diese mit terroristischen Methoden einen Revanchekrieg vorbereiten. So übernahm Hitler 1933 in Deutschland die Macht, die er zur offenen

Vorbereitung dieses Revanchekriegs nutzte. Die terroristische Niederschlagung der Arbeiterbewegung und aller demokratischen und pazifistischen Kräfte im Innern war wesentlicher Teil dieser Kriegsvorbereitung.

Im Kampf gegen den vordringenden Faschismus musste eine grundsätzliche Änderung in der Politik der Komintern vorgenommen werden. Schon die Verteidigung Georgij Dimitroffs, des Generalsekretärs der Komintern, in seinem Prozess vor dem deutschen Reichsgericht signalisierte 1933 die Wendung zur antifaschistischen Einheitsfront von Kommunisten und Sozialdemokraten. Mit dem 7. Weltkongress der Komintern wurde dies deren offizielle Politik. Zu dieser Zeit entsprach die sowjetische Außenpolitik voll diesem Bedürfnis des internationalen Klassenkampfes. Das diplomatische Ringen um Vereinbarungen zur kollektiven Sicherheit gegenüber dem Vordringen des Faschismus, die Unterstützung der spanischen Volksfrontregierung (in der zu keiner Zeit Kommunisten über eine Minderheit hinaus vertreten waren), die Verteidigungsabkommen mit von Deutschland direkt bedrohten Staaten, aber auch die Haltung der sowjetischen Außenpolitik zu dem japanischen Angriff auf China beweisen dies.

In den demokratischen kapitalistischen Staaten nahmen jene Kräfte zu, die dem Faschismus notfalls auch mit Gewalt entgegentreten wollten. Das ging weit über die Arbeiterbewegung hinaus. In den USA hat mit dem Wahlsieg des Demokraten F. D. Roosevelt über den Republikaner Hoover 1932 die im politischen Sinn liberale Richtung das Übergewicht gegenüber den konservativen und zum Teil isolationistischen Kräften erhalten. Dieses konnten sie bis zum Sieg im Zweiten Weltkrieg behaupten.

Die Bereitschaft zu einem breiten internationalen Bündnis zur Verteidigung der kollektiven Sicherheit wäre wertlos gewesen, wenn die sowjetische Außenpolitik nicht gleichzeitig nüchtern die Haltung ihrer potentiellen Verbündeten in Rechnung gestellt hätte.

Nach der Preisgabe des demokratischen Spanien, Österreichs und schließlich auch der Tschechoslowakei durch die Westmächte stand die sowjetische Außenpolitik vor einer lebenswichtigen Entscheidung: Das nächste Opfer Hitlers war unzweifelhaft Polen. Wenn die Sowjetunion bei einem deutschen Angriff auf Polen ohne absolute Gewissheit eines Eingreifens auch der Westmächte Polen allein militärisch geholfen hätte, dann hätte sie sich mit großer Wahrscheinlichkeit schon in Fortsetzung des Überfalls auf Polen auch allein einem deutschen Angriff gegenübergesehen. Stellt man die durch die Stalinschen Repressionen verringerte Kampfkraft der Roten Armee in Rechnung (die sich bald darauf im finnischen Winterkrieg deutlich gezeigt hat), dann hätte dies zur militärischen Katastrophe führen müssen. Der Nichtangriffspakt mit Deutschland war daher jedenfalls unumgänglich, auch wenn Hitler gerade nach diesem den Angriff auf Polen leichter beginnen konnte. Als Alternative wäre ebenfalls ein Angriff auf Polen und in dessen Fortsetzung gleich auch auf die Sowjetunion bevorgestanden. Dabei wäre nicht auszuschließen gewesen, dass Hitler in den Westmächten Partner gefunden hätte, die ihm – so wie ein Jahr vorher in München gegen die CSR – »freie Hand« im Osten gelassen hätten, in der Hoffnung, so ihre eigenen Länder aus dem Krieg herauszuhalten.

Dieser Nichtangriffspakt (wobei der später darauf aufbauende Freundschaftsvertrag und die danach folgende scharfe Abgrenzung gegenüber den Westmächten und deren Gleichsetzung mit Nazideutschland oder die sowjetische Reaktion auf den Kriegsbeginn im September 1939 keineswegs gleich zu werten sind) war in seiner objektiven Wirkung die Voraussetzung, dass die selbst noch Monate nach dem Angriff auf Polen den Krieg nur halbherzig führenden Westmächte (»drôle de guerre«) schließlich nach dem Angriff auf Frankreich und dessen Zusammenbruch und angesichts der Bedrohung Großbritanniens mit Hitlers Überfall auf die Sowjetunion im Jahr 1941 ein echtes Bündnis mit der Sowjetunion eingehen mussten, das auch einzuhalten Hitler beide Seiten gezwungen hat.

Dazu kam eine richtige Einschätzung der Lage im Fernen Osten während des beginnenden militärischen Angriffs Japans gegen das chinesische Festland. Nach ihren ersten großen Erfolgen, der Abtrennung der Mandschurei und der Besetzung wichtiger Teile Chinas, einschließlich von Shanghai, versuchte die japanische Armee im

Sommer 1938 einen ersten Vorstoß auf sowjetisches Territorium im Gebiet des Hassan Sees. Dieser Vorstoß wurde in wenigen Tagen zurückgeschlagen.

Im Sommer 1939 versuchte die japanische Armee mit mehreren Divisionen in die Mongolische Volksrepublik einzumarschieren. Der Feldzug endete nach wenigen Wochen mit einer vernichtenden Niederlage Japans, seiner ersten großen auf dem asiatischen Festland. Nur die Zuspitzung der Entwicklung in Europa ließ hier dieses Ereignis fast unbeachtet. Tatsächlich hatte es größte Auswirkung auf die Haltung Japans gegenüber der Sowjetunion während des darauffolgenden Zweiten Weltkriegs. Der das dort stationierte sowjetische Korps kommandierende General war Georgij Shukow.

Der entscheidende Fehler, den Stalin auf dem Gebiet der Außenpolitik beging, war die Fehleinschätzung der Haltung Hitlers vor dessen Überfall auf die Sowjetunion. Aus schwer erklärbaren Gründen hat Stalin alle Informationen über die konkreten Angriffsvorbereitungen, ja den genauen Angriffstermin der deutschen Truppen gegen die Sowjetunion bis wenige Stunden vor dem tatsächlichen Überfall ignoriert, dessen Bedeutung und Ausmaß sogar noch Stunden danach.

Über die Gründe für diese Fehleinschätzung gibt es eine umfangreiche Literatur. Unzweifelhaft ist, dass sie wesentlich zu den schweren Niederlagen und den riesigen Verlusten der Roten Armee in den ersten Wochen nach dem deutschen Angriff am 22. Juni 1941 beitrug. Als dies sichtbar wurde, war Stalin mehrere Tage lang nicht ansprechbar. Erst nach einer Woche wandte er sich in einer Radioansprache an die Menschen der Sowjetunion.

Sicher waren der Ende der Dreißigerjahre entstandene innere Zustand des Landes und die erst drei Jahre zuvor durch Stalin erfolgte Schwächung des leitenden Kommandeursbestandes von gleich großer Bedeutung für die ersten schweren Niederlagen. Vor allem ist nur dadurch die auffallende Ungleichheit der Kampfbereitschaft jener Truppen zu erklären, die – in Grenznähe stationiert – unter allen denkbaren Bedingungen hätten kampfbereit sein müssen. An der Hauptfront in Belorussland kam der wenige Stunden vor dem

Überfall endlich doch erteilte begrenzte Alarmierungsbefehl praktisch kaum bis zu den Bataillonsstäben, von den Truppen selbst gar nicht zu reden. Dennoch hat die Grenzfestung Brest vier Wochen lang – zuletzt isoliert über fünfhundert Kilometer von den eigenen Kampflinien entfernt liegend – heroischen Widerstand geleistet. Und selbst die verheerenden Schläge der deutschen Luftwaffe blieben in einem Fall ergebnislos: Die Luftabwehr der Ostseeflotte schlug den Überraschungsangriff auf ihre Schiffe mit entsprechend wirkungsvollem Feuer zurück, obwohl zu diesem Zeitpunkt die Befehle aus Moskau noch das Hauptgewicht darauf legten, auf »Zwischenfälle« keineswegs mit voller Kraft zu reagieren. (Ein auch nur annähernd ähnlicher Abwehrerfolg ist ein halbes Jahr später der US-Pazifik-Flotte gegen den japanischen Überfall auf Pearl Harbour versagt geblieben.)

Wenige hundert Kilometer südlich der schwersten deutschen Durchbrüche, nämlich an der Front vor Lwow, war die Lage am Tag nach dem deutschen Angriff noch so, dass sowjetische Aufklärungseinheiten über die alte Demarkationslinie hinaus auf deutsch besetztes Gebiet vorstoßen konnten. Das geschah zu gleicher Zeit, als vor allem im Mittelabschnitt des deutschen Angriffs Verbände in der Stärke von bis zu mehreren zehntausend Mann manchmal mit intaktem, aber nicht gefechtsbereitem Kampfgerät in Gefangenschaft gerieten. Nur kleinere Gruppen schlugen sich organisiert in die Wälder, um den Kampf fortzusetzen. Der größte Teil des aktiven Bestandes der in den westlichen Bezirken stehenden Verbände ging so verloren. Kaum besser stand es mit den in den ersten Tagen vor allem in den unmittelbar bedrohten Bezirken mobilisierten Reservisten.

Diese Ungleichheit der Kampfbereitschaft und des Kampfwillens ganzer Verbände lässt sich nur durch die innere Zerrissenheit im Volk selbst und durch das niedrige Niveau der militärischen Führung erklären.

Dennoch reichte das Beispiel der Kampfentschlossenen aus, die Lage allmählich zu stabilisieren. Träger dieser Entschlossenheit waren vor allem Kommunisten und Kommunistinnen, aber in vielen Hunderttausenden Fällen setzten von der ersten Stunde an auch Nichtkommunisten ihr Leben ein, da ihnen das seit der Oktoberrevolution

Erreichte verteidigenswert schien. Im Feuer der härtesten denkbaren Prüfung bestätigte sich: Trotz allen Entartungserscheinungen war nicht die Verbitterung über Verbrechen und Repressalien für die Haltung der Menschen bei der Verteidigung bestimmend, sondern erneut ein beispielloser Massenheroismus, der allein die nach Hunderttausenden zählende Partisanenbewegung hinter den deutschen Linien erklären kann.

Das Verhalten der vordringenden faschistischen Truppen selbst half dabei. Wo ihnen zuerst Teile vor allem der bäuerlichen Bevölkerung mit der Erwartung begegneten, die Kollektivierung würde jetzt rückgängig gemacht werden, wurden diese nach der Behandlung als »slawische Untermenschen« sehr rasch von allen Illusionen geheilt.

Die neue Wendung Stalins

Diese ersten Niederlagen waren so schrecklich, dass niemand in der engeren Führung in Erwägung ziehen konnte, in ihrem Angesicht eine personelle Änderung an der Spitze vorzunehmen, was Stalin glaubhaften Zeugenberichten zufolge in diesen Tagen der Unsicherheit durchaus für möglich gehalten haben mochte. Im Gegenteil. Nach außen musste die Einheitlichkeit der politischen und militärischen Führung des Landes noch gestärkt werden, was nur mit der Person Stalins erfolgen konnte.

Nach nur wenigen Tagen der Unsicherheit folgte eine neue Wendung Stalins: Er stellte jetzt das gemeinsame nationale Schicksal angesichts des deutschen Angriffs in den Mittelpunkt und versuchte, alles, was das Gefühl einer solchen Gemeinsamkeit stärken konnte, dafür zu mobilisieren. Die Geschichte der Völker Russlands, selbst die orthodoxe Kirche, militärische Traditionen auch der zaristischen Armee wurden herangezogen, um den Verteidigungswillen zu stärken. Diese Linie blieb bestimmend: Der »Große Vaterländische Krieg« wurde in Anlehnung an die Abwehr Napoleons zur offiziellen Bezeichnung des Krieges. Dem wurde selbst der antifaschistische Charakter des Kampfes untergeordnet. In der Armee wurden an die zaristische

Armee erinnernde Offiziersuniformen und auch die Offiziersränge wiedereingeführt. Das seit dem Bürgerkrieg herrschende System der politischen Kommissare wurde abgeschafft und an deren Stelle den Kommandeuren unterstellte Politoffiziere eingeführt.

Vor Offizieren musste wieder salutiert werden, sie erhielten wieder eigene Offiziersmessen. Sogar die Bezeichnung der Armee wurde von »Rote Armee« in »Sowjetarmee« geändert. Stalin selbst war nur mehr in der Marschalluniform, später führte er den Rang des Generalissimus, öffentlich zu sehen.

Die Änderung betraf nicht nur das Verhältnis zu Armee und Kirche. Eine eigene Hymne der Sowjetunion wurde – statt der bisher an Stelle einer solchen gesungenen »Internationale« – eingeführt. In deren Text wurde nicht nur Stalin verherrlicht, sondern durch die »große Rusj« (also die mythologisch-historische Bezeichnung Russlands) die »freien Republiken« auf ewig zusammengeschlossen.

Dabei blieb der Terrorapparat intakt. Aber die Angriffsrichtung seines Einsatzes änderte sich. Die Verteidigung gegen den ins Land eindringenden Feind wurde Hauptziel. Es kam – wenn auch nicht in großer Zahl – zur Freilassung von Häftlingen aus Straflagern, die z. B. als hohe Offiziere oder in einem Fall als bekannter Konstrukteur von Kriegsflugzeugen wesentlich zum Sieg beigetragen haben.

Dafür wurde mit aller Härte – und oft auch Rücksichtslosigkeit gegen Einzelne – alles verfolgt, was als Kollaboration mit dem Feind erscheinen konnte. Wer in den ersten Kriegswochen der Gefangennahme entging oder aus dieser wieder entkommen konnte, wurde bei Rückkehr zu den eigenen Linien schärfstens kontrolliert. Beim weiteren Vordringen der deutschen Truppen wurden ganze ethnische Gruppen unter der pauschalen Beschuldigung der Kollaboration aus von ihnen seit Jahrhunderten bewohnten Gebieten ausgesiedelt.

Zum Unterschied von den Terrormaßnahmen ein Jahrzehnt zuvor wurde diese Härte aber von einem immer größeren Teil der eigenen Bevölkerung als scheinbar einzig mögliche Grundlage erfolgreicher Verteidigung des Landes akzeptiert. Die Haltung der Faschisten in den von ihnen eroberten Landesteilen wie auch der sich allmählich abzeichnende Erfolg bei der Verteidigung änderten die Lage.

Im Winter 1941/42 wurde klar, dass entgegen allen Zusagen weder 1942 noch 1943 mit einer kriegsentscheidenden Zweiten Front in Westeuropa zu rechnen war. Das bestimmte die Beratungen in der »Stafka«, dem Oberkommando der Sowjetarmee. In den inzwischen veröffentlichten Erinnerungen einiger der damals wichtigsten hohen Offiziere der Sowjetarmee, vor allem G. K. Shukows[45], wird die Erarbeitung der Strategie unter diesen neuen Bedingungen sichtbar. Von den Marschällen und Stalin wurde als entscheidende Schwäche beim Sieg vor Moskau festgestellt, dass wegen des Fehlens strategischer Reserven alle neu aufgestellten oder aus dem Fernen Osten eintreffenden Verbände sofort an besonders gefährdeten Abschnitten eingesetzt werden mussten. Regionale Erfolge konnten deswegen nicht zu größeren Gegenoffensiven genutzt werden. 1942 musste deshalb im Raum zwischen Don und Wolga eine ausreichende strategische Reserve aufgebaut werden, um die zu erwartende deutsche Sommeroffensive aufzufangen und im Winter zu einer großen Gegenoffensive überzugehen. Genau das geschah dann in und um Stalingrad.

Als die Sowjetarmee dann die entscheidende Rolle bei der Zerschlagung des Faschismus in ganz Europa spielte, wurde dies vor allem der Person Stalins zugeschrieben. Der Personenkult um ihn erreichte ein vorher unvorstellbares Ausmaß.

Der Sieg war militärisch wie politisch für die Sowjetunion so durchschlagend, dass er zum überzeugendsten Argument für die zu seiner Erringung angewandten Methoden und Maßnahmen (bis zu jenen schon lange vor dem Krieg) wurde. Die Opfer waren allerdings so groß gewesen, dass ihr wahres Ausmaß erst vierzig Jahre später der Öffentlichkeit zugänglich gemacht wurde. 27 Millionen Menschen, ein Siebentel der Bevölkerung, hatten ihr Leben hingeben müssen. Im Schwerpunkt des Krieges, Belorussland, war es jeder Vierte gewesen.

Dieses lange Schweigen lässt sich zwar auch dadurch erklären, dass Stalin die Sowjetunion zu Kriegsende in dem beginnenden

---

45 Siehe vor allem G. K. Shukow, »Erinnerungen und Gedanken«, Berlin 1969.

»Kalten Krieg« nicht schwächer erscheinen lassen wollte, genauso dürfte aber dafür auch die Befürchtung eine Rolle gespielt haben, dass bei Kenntnis des vollen Umfangs der Leiden unvermeidlich schon viel früher die Frage aufgetaucht wäre, ob dieses Unmaß an Opfern unvermeidlich gewesen war, ob nicht auch Fehler der Führung die Opfer der Menschen zur Verteidigung der Sowjetunion vergrößert haben.

Der Verweis auf den militärischen Sieg als Rechtfertigung der gesamten vorherigen Politik Stalins und der Sowjetführung galt besonders auch für die Wirtschaft. Die während der Fünfjahrpläne eingeführte zentralistische Struktur der Wirtschaftsplanung und -lenkung hat während der ersten Kriegsphase eine Verlegung strategisch wichtiger Industriebetriebe in den Osten des Landes sicher erleichtert. Auch für den raschen Nachkriegswiederaufbau erwies sich diese Leitungsstruktur noch als vorteilhaft.

Niemand hätte in dieser Lage ernsthaft die unumschränkte Machtposition Stalins in Frage stellen können. Sieger setzt man nicht ab.

7. Kapitel
Auf dem Höhepunkt

Wenn irgendein Zeitraum den Höhepunkt der Macht Stalins nach innen wie nach außen kennzeichnet, dann die Jahre von 1945 bis zu seinem Tod 1953. Der von einem zentralen Willen gelenkte Einsatz der großen Ressourcen des Landes auf die wichtigsten Schlüsselstellen des Wiederaufbaus brachte rasche Erfolge bei der Beseitigung der Kriegszerstörungen. Da der Lebensstandard niedrig blieb, konnten große Mehrwertmassen für die Erweiterung der Reproduktion eingesetzt werden.

Das verstärkte den Eindruck der Leistungsfähigkeit der seit den Dreißigerjahren eingeführten Struktur der ökonomischen Basis dieses Sozialismus-Modells, gab ihm eine bestimmte Stabilität. Bei den wichtigsten Kennziffern für den wirtschaftlichen Wiederaufbau konnten – entgegen den Erwartungen der Fachwelt – schon drei bis vier Jahre nach Kriegsende die Vorkriegszahlen wieder erreicht werden.

Probleme mussten entstehen, sobald das zentralistisch-administrative Planungssystem im Zuge einer Hebung des allgemeinen Konsumniveaus eine sich rasch differenzierende Wirtschaft lenken sollte. Die Zahl der zentral festzulegenden Planungskennziffern war nicht allzu groß, solange es um die Schaffung und später den Wiederaufbau der strukturbestimmenden Zweige der Schwerindustrie ging. Hochöfen, Stahlwerke, Walzwerke, Großkraftwerke, Eisenbahnlinien, Hafenanlagen, der Schwermaschinenbau – das wiederaufzubauen war nur möglich bei rechtzeitiger und in entsprechenden Proportionen erfolgender Zuteilung von Rohstoffen, Energie, Maschinen und Anlagen, Arbeitskräften, Kommunikationseinrichtungen usw. Auch das erforderte schon Zehntausende Einzelentscheidungen der zentralen Planungsstellen. Aber sie blieben auf dieser Entwicklungsstufe der Planung für die zentrale Stelle überschaubar. Alle anderen Bedürfnisse der Gesellschaft hatten Nachrang. Daher der rasche Erfolg der für den Wiederaufbau bestimmenden Bereiche.

Aber für die Menschen, die eben erst unvorstellbare Opfer für den Sieg über Hitler gebracht hatten, bedeutete das die Beibehaltung eines niedrigen Lebensstandards für lange Zeit. Das ging nicht, da Millionen junge Sowjetbürger im Verlauf des Krieges – wenn auch verzerrt – das Leben »im Westen« kennen gelernt hatten.

Sobald die ärgsten Zerstörungen beseitigt waren, musste das Konsumwarenangebot über die notwendigsten Lebensmittel, Kleidungsstücke und das Dach über dem Kopf hinaus erweitert werden. Das erforderte die Massenerzeugung von industriellen Konsumgütern. Es reichte dazu aber nicht aus, zentral zu planen, man müsse eben so und so viele Automobile, Motorräder, Elektrogeräte, Uhren, Möbel, Radioapparate und Fernsehempfänger, gutes Schuhwerk usw. erzeugen.

Die meisten dieser Waren bestehen aus bis zu vielen tausend Einzelteilen (bei Erzeugung verschiedener unterschiedlicher Modelle dementsprechend mehr). Die zentrale Planung und Lenkung musste auch die Zulieferung aller dieser Teile sichern. Dazu war wieder die Errichtung entsprechender Zulieferbetriebe erforderlich. Jede Modelländerung des Endprodukts erforderte entsprechende Umplanungen in der langen Kette der Vormaterialien. Einzelne Aggregate für öffentliche Dienstleistungen, z. B. Passagierschiffe, Großverkehrsflugzeuge, bestehen jedes für sich schon aus Hunderttausenden Einzelteilen, die oft in Präzisionsarbeit hergestellt werden müssen.

Die Zahl der Planungsentscheidungen wuchs in exponentieller Reihe mit der Zahl des vergrößerten Konsumwarenangebots. Aus diesem Grund konnte auch die bis zuletzt wirksame spartanische Begrenztheit der Vielfalt des Konsumwarenangebots die Verschärfung dieses Problems nicht spürbar verhindern. Damit wuchs aber auch die zentrale Planungsbürokratie in den Ministerien, Hauptverwaltungen usw.

Sobald die Zahl der Einzelkennziffern in viele Millionen ging, war eine wirkungsvolle Verteilung der vorhandenen und mit der Entwicklung zu gewinnenden Ressourcen schon in ihrer physisch-materiellen Form nicht mehr ohne die Gefahr großer Fehlleitungen möglich. Das rasche Wachstum dieser Bürokratie hatte also von Anfang an die Belastung unvermeidlich zunehmender Ineffektivität zu tragen.

Die Wirkung des Wertgesetzes

Dazu kam noch etwas Wesentliches: Es geht bei einer erweiterten ökonomischen Reproduktion natürlich nicht einfach nur darum, die materiellen Bedingungen für eine solche zu schaffen. Sie müssen in einer Art geschaffen werden, dass für jedes Einzelelement nur ein Minimum an gesellschaftlicher Gesamtarbeitszeit aufgewandt wird. Dabei ist klar, dass für eine sozialistische Gesellschaft, die sich gegen eine kapitalistische Umwelt behaupten muss, gewisse Bereiche (Schaffung der Industriebasis, der Verteidigungsindustrie) aus dieser Gesetzmäßigkeit herausgehalten werden müssen. Umso notwendiger ist deren Beachtung aber dann im Bereich der übrigen Wirtschaft.

Marx und Engels hatten dazu klare Vorstellungen. Sie hatten schon für die bürgerliche politische Ökonomie mit der Rolle des Wertgesetzes im gesamtgesellschaftlichen Reproduktionsprozess dessen regulierende Wirkung herausgearbeitet. Vor allem im Dritten Band des »Kapital« steht die Bedeutung des Wertgesetzes für den gesamten gesellschaftlichen Reproduktionsprozess im Mittelpunkt.

Dies wurde auch von einigen bürgerlichen Politökonomen rasch erkannt. Nach dem Erscheinen des dritten Bands des »Kapital« beurteilte Werner Sombart[46] die Bedeutung dieser Analyse von Marx (zitiert nach Friedrich Engels »Ergänzung und Nachtrag zum III. Buch des ›Kapital‹«) durchaus anerkennend: »Der Wert der Waren ist die spezifisch historische Form, in der sich die in letzter Instanz alle wirtschaftlichen Vorgänge beherrschende Produktivkraft der Arbeit bestimmend durchsetzt.«[47]

Marx geht sogar noch weiter. Diese Funktion der Wertbestimmung wirkt auch nach Überwindung des Kapitalismus. Wörtlich schreibt er im Dritten Band des »Kapital«:

> »…bleibt, nach Aufhebung der kapitalistischen Produktionsweise, aber mit Beibehaltung gesellschaftlicher Produktion, die Wertbestimmung vorherrschend in dem Sinn, daß die Regelung der Arbeitszeit und die Ver-

---

46 Werner Sombart, 1863-1941, deutscher Ökonom und Historiker.
47 Marx/Engels, Werke, Bd. 25, S. 904.

teilung der gesellschaftlichen Arbeit unter die verschiednen Produktionsgruppen, endlich die Buchführung hierüber, wesentlicher denn je wird.«[48]

Das gleiche drückt Marx bekanntlich in seiner »Kritik des Gothaer Programms« der deutschen Sozialdemokratie aus. Er kennzeichnet für die erste Phase der kommunistischen Gesellschaft hinsichtlich der Verteilungsquanten aus dem individuellen Konsumfonds: »Es herrscht hier offenbar dasselbe Prinzip, das den Warenaustausch regelt, soweit er Austausch Gleichwertiger ist.«[49]

Aber selbst jener Teil des gesellschaftlichen Gesamtprodukts, der nicht dem Konsum, sondern dem Ersatz der in der Reproduktion verbrauchten Güter und der Erweiterung der Reproduktion zugeführt werden muss, kann nur als »ökonomische Notwendigkeit« festgestellt werden.[50] Eine solche ökonomische Notwendigkeit kann sich nach der Auffassung von Marx nur aus der Berücksichtigung des Wertgesetzes feststellen lassen.

Den dinglich vor uns liegenden Gütern kann aus ihrer physischen Eigenschaft in den seltensten Fällen angesehen werden, ob sie Ersatz für verbrauchte Produktionselemente, Mittel zur Erweiterung der Reproduktion oder aber Konsumgut sind. Eine Tonne Stahl kann zu einer Maschine verarbeitet werden, die eine andere, abgenutzte ersetzt. Die gleiche Maschine kann auch die zukünftige Produktion erweitern. Im ersten Fall ist sie Ersatz für konstantes Kapital, im zweiten zusätzlich in Produktion genommenes konstantes Kapital. Aus einem Teil der Tonne Stahl kann aber auch Essbesteck gefertigt werden, also eine Konsumware. Dem Stahl ist in seinem ursprünglichen Zustand nichts davon anzusehen. Dass die entsprechende Aufteilung der physisch erzeugten Güter und angebotenen Leistungen im Sinn einer optimalen weiteren Entwicklung der Produktivkräfte erfolgt, sichert im Kapitalismus das Wertgesetz, was entwickelt zu haben, selbst Sombart schon zu Ende des vorigen Jahrhunderts Marx zugebilligt hat.

---

48   A.a.O., S. 859.
49   A.a.O., Bd. 19, S. 20.
50   A.a.O., S. 19.

Auch Lenin betonte diese Rolle der politischen Ökonomie für den Sozialismus. Als Bucharins »Ökonomik der Transformationsperiode« erschien, machte Lenin dazu einige aufschlussreiche Randbemerkungen. An einer Stelle schrieb Bucharin:

> »... sobald wir eine organisierte gesellschaftliche Wirtschaft betrachten, verschwinden alle grundlegenden ›Probleme‹ der politischen Ökonomie: Die Probleme des Werts, des Preises, des Profits usw... Auf diese Weise bedeutet das Ende der kapitalistischen Warenproduktion auch das Ende der politischen Ökonomie.«

Dazu bemerkte Lenin: »Falsch. Sogar im reinen Kommunismus zumindest das Verhältnis Iv+m zu IIc? Und die Akkumulation?«[51]

Lenin erinnert damit daran, dass sogar im Kommunismus die von Marx bei der Untersuchung des Gesamtreproduktionsprozesses festgestellte Proportion Iv+m = IIc wird eingehalten werden müssen. Es geht ihm dabei um folgende Gesetzmäßigkeit: Das gesamte Produkt der Abteilung I (das sind alle Betriebe, die Produktionsgüter, Rohstoffe, Maschinen usw. herstellen) teilt sich wertmäßig in drei Teile auf. Ein Teil ersetzt das konstante Kapital dieser Abteilung selbst (c), der zweite Teil das in dieser Abteilung angewandte variable Kapital (v, Arbeitslöhne) und der dritte Teil den Mehrwert (m). Der erste Teil wird als Produktionsgüter wieder in Abteilung I verwendet. Da auch die beiden letztgenannten Teile ihrer Form nach Produktionsgüter sind, kann ihr Wert nur realisiert werden, wenn sie gegen konstantes Kapital der Gruppe II (Konsumgüterproduktion) ausgetauscht werden. Dazu müssen sie aber in der dafür erforderlichen physischen Form und der entsprechenden Menge auf den Markt gebracht werden.

Das Wertgesetz erzwingt auch diese Proportion. Für zu viel erzeugte Produktionsgüter einer bestimmten Art erzwingt es ein Sinken des Preises, für zu wenig erzeugte ermöglicht es ein Steigen. Nach Lenins Meinung müssen also selbst im Kommunismus diese sich aus dem Wertgesetz ergebenden Proportionen eingehalten werden. Er führt dies gar nicht weiter aus, da ihm das Wirken dieser Gesetzmäßigkeit auch im Sozialismus offensichtlich selbstverständlich scheint.

---

51 Nikolaj Bucharin, »Ökonomik der Transformationsperiode«, Berlin 1990, S. 17.

In einer vollendeten kommunistischen Produktionsweise erst wird wegen des erreichten Produktivitätsniveaus diese Wirkung des Wertgesetzes sekundär gegenüber der Notwendigkeit der Anpassung der Gesamtbedürfnisse der Menschen an die natürlichen Möglichkeiten des Planeten Erde. Das dürfte heute kaum mehr jemand bestreiten, der nicht die Entwicklung der Menschheit überhaupt in Zweifel zieht.

Keines von beiden traf für die Lage der Sowjetunion Ende der Vierziger-, Anfang der Fünfzigerjahre zu. Dennoch wurde nichts unternommen, um die Marxschen Hinweise für die Weiterentwicklung der ökonomischen Basis der Übergangsgesellschaft zu berücksichtigen. Man berief sich zwar auf Marx, beanspruchte, die einzig richtige Interpretation seines Erbes zu verwirklichen, missachtete aber gerade hinsichtlich der Grundlage dieser Gesellschaft wesentliche schon von Marx gewonnene Erkenntnisse, die auch Lenin voll anerkannt hatte.

Dabei war die Haltung zur Frage, ob das Wertgesetz auch in einer sozialistischen Warenwirtschaft wirke, lange offen. Mir wurde erzählt, dass in sogenannten »Antifa«-Schulen für österreichische Kriegsgefangene sowjetische Professoren durchaus noch die Interpretation vertraten, dass das Wertgesetz auch im Sozialismus wirke.

Eine öffentliche wissenschaftliche Diskussion zur Klärung dieser Frage scheint es kaum gegeben zu haben. Zu den Justifizierten der späten Dreißigerjahre gehörten neben Bucharin weitere profilierte sowjetische Politökonomen der Zwanzigerjahre, u. a. Kondratjew und Ossinskij. Diese beiden hatten Anfang der Zwanzigerjahre in wichtigen Fragen der politischen Ökonomie der neuen Gesellschaft entgegengesetzte Standpunkte vertreten. Dennoch erlitten sie das gleiche Schicksal.

Dazu kam 1949-50 Nikolaj Wosnessenskij: Als Ökonom der jüngeren Generation war er 1938 mit 34 Jahren an die Spitze des Gosplan, der zentralen Planungsinstanz berufen worden. 1941 wurde er stellvertretender Ministerpräsident und Kandidat des Politbüros. 1943 Vollmitglied der Akademie der Wissenschaften. Er hatte die Schlüsselfunktion bei der Organisierung der sowjetischen Kriegswirtschaft. Sein in dieser Hinsicht informatives Buch »Die Kriegswirtschaft der UdSSR« wurde ihm allerdings zum Verhängnis.

Zuerst fand Stalin selbst es für würdig, mit einem Stalin-Preis ausgezeichnet zu werden, den Autor 1947 als Vollmitglied ins Politbüro aufsteigen zu lassen. Aber 1949 kam die Wende: Wosnessenskij wurde abgesetzt, bei einer ersten Gerichtsverhandlung wegen aus seinem Ministerium angeblich verschwundener Staatsgeheimnisse zwar freigesprochen, aber ein Jahr später dann von einem Militärgericht zum Tod verurteilt und hingerichtet.

Verständlich, dass in einer solchen Atmosphäre niemand es wagte, das entstandene ökonomische System in Frage zu stellen. Als Beispiel für das Niveau, auf dem grundsätzliche Fragen der politischen Ökonomie des Sozialismus zu dieser Zeit behandelt wurden, führe ich hier A. Kurskis »Die Planung der Volkswirtschaft in der UdSSR« an, das 1949 im Verlag für fremdsprachige Literatur, Moskau, in deutscher Sprache herauskam.

Um Disproportionen in der Volkswirtschaft zu verhüten, bestehe das System von Bilanzen und Verteilungsplänen der staatlichen Plankommission laut Kurski:

> »1. aus den Sachbilanzen (materiellen Bilanzen), die die Proportionen der materiellen, stofflichen Elemente der Reproduktion erfassen; 2. aus den Wertbilanzen, die die Proportionen innerhalb der Verteilung der Finanzressourcen erfassen und es gewährleisten, daß zwischen der Verteilung des gesellschaftlichen Produkts in seiner materiellen Form und der Verteilung des gleichen Produkts seinem Wert nach ein bestimmtes Verhältnis besteht; 3. aus den Arbeitskraftbilanzen.«[52]

Das klingt plausibel. Eine Wertbilanz auf der Grundlage des Marxschen Wertbegriffs wäre der entscheidende Hebel gewesen, um Disproportionen zu vermeiden. Aber wenige Absätze später kommt die Ernüchterung: »Zu den Wertbilanzen gehören: 1. die Bilanz der Geldeinnahmen und -ausgaben der Bevölkerung; 2. der Kassenplan der Staatsbank; 3. der Staatshaushalt.«[53]

Das ist natürlich alles andere als eine volkswirtschaftliche Wert-

---

52 A. Kurski »Die Planung der Volkswirtschaft in der UdSSR«, Verlag für fremdsprachige Literatur, Moskau 1949, S. 98.
53 A. a. O., S. 99.

bilanz. Es umfasst nur einige Teilbereiche der volkswirtschaftlichen Geldflüsse. So wichtige wie die Finanzverrechnungen zwischen den Produktionsbetrieben, dem Handel, den Verkehrsleistungen fehlen. Da im Waren- und Leistungsaustausch im Bereich der Produktion nicht Kauf und Verkauf, sondern einzig die von der Planungsstelle erfolgende Zuteilung bestimmend war, ist das nicht verwunderlich.

Geld war dabei nur eine Verrechnungsgröße. Wenn es zu keiner spontanen Preisbildung auf Märkten kommt, dann stellen überdies die in Geld ausgedrückten Summen keineswegs den vom Wert bestimmten Produktionspreis dar. Marx schließt zwar aus der gesamten Preissumme aller realisierten Waren auf deren Gesamtwert – aber eben als Folge der Wirkung von Markt und Konkurrenz. Fehlt diese, dann bleibt auch die Summe aller realisierten, aber vorher willkürlich festgesetzten Preise eine willkürliche Größe und keineswegs der ökonomische Wert.

Die zentralen Planungsinstanzen hatten also keine Richtschnur, an der sie eine echte Wertbilanz im marxistischen Sinn hätten erstellen können. Noch weniger verfügten die einzelnen Wirtschaftssubjekte über einen Maßstab, an dem sie die volkswirtschaftliche Effektivität ihrer eigenen Wirtschaftsaktivitäten hätten messen können. (Das war mit ein Grund für die Zunahme der Entfremdung.) Selbst wenn sich aus den zentral festgelegten Verrechnungsgrößen für Löhne, Rohstoffe, Energie, Abschreibungen und den verrechneten Preisen für das erzeugte Produkt ein »Gewinn« ergab, entsprach dies zumindest der Größe nach nicht den ökonomisch erforderlichen Bedingungen. (Bedingungen, die einen optimalen Beitrag des betreffenden Betriebs zum gesamtgesellschaftlichen Reproduktionsprozess ermöglicht hätten.) Da die Preise immer stärker von den sich aus dem Wirken des Wertgesetzes ergebenden Größen abwichen, musste das auch für alle anderen ökonomischen Größen gelten.

Stalin selbst brachte dies dann expressis verbis zum Ausdruck. In seiner Schrift »Die ökonomischen Probleme des Sozialismus in der UdSSR«[54] erkannte auch er in allgemeinen Worten das

---

54 Verlag für fremdsprachige Literatur, Moskau 1952.

objektive Wirken des Wertgesetzes auch im Sozialismus an. Aber unter sozialistischen Bedingungen könne es weder die Preise für Produktionsmittel, noch die Verteilung der gesellschaftlichen Gesamtarbeitszeit auf die einzelnen Reproduktionssphären bestimmen. Dies müsse vielmehr nach einem »Grundgesetz des Sozialismus« erfolgen. Stalin formuliert dieses wie folgt: »Sicherung maximaler Befriedigung der ständig wachsenden materiellen und kulturellen Bedürfnisse der gesamten Gesellschaft durch ununterbrochenes Wachstum und ununterbrochene Vervollkommnung der sozialistischen Produktion auf der Basis der höchsten Technik.«[55]

Natürlich muss die Wirtschafts*politik* jeder sozialistischen Gesellschaft in allgemeiner Form dieses Ziel anstreben. Aber damit werden diese Grundsätze nicht spontan, objektiv wirkendes Gesetz. Überlegungen, wie Stalin sie anstellte (u. a. auch mit der Voraussage, die Sowjetgesellschaft werde als nächsten Schritt eventuell schon zum direkten Produktenaustausch – also ohne Vermittlung eines Tauschwerts – übergehen), mussten bei Uneingeweihten und vor allem außerhalb der Sowjetunion den Eindruck einer bereits erreichten Stufe der Entwicklung der sozialistischen Reproduktion erwecken, von der die Wirklichkeit weit entfernt war.

Der Reproduktionsprozess jeder hoch differenzierten, arbeitsteilig strukturierten Wirtschaft erfordert milliardenfache Einzelentscheidungen aller Wirtschaftssubjekte vom Hilfsarbeiter bis zum Werksdirektor, Aktionär oder auch Minister. Der Wille des Einzelnen, wieder auf allen Wirkungsebenen, kann ohne weiteres subjektiv vom Ziel bestimmt sein, nach dem »Grundgesetz des Sozialismus« zu handeln, dennoch aber zum entgegengesetzten Ergebnis führen, wenn die objektiven ökonomischen Gesetzmäßigkeiten nicht beachtet werden.

Dieser Zustand bedingte auch, dass die in der sowjetischen politischen Ökonomie durch Jahrzehnte geführte Diskussion über das notwendige raschere Entwicklungstempo der Abteilung A (der

---

55 Stalin, »Die ökonomischen Probleme des Sozialismus in der UdSSR«, Moskau 1952, S. 49.

Herstellung von Produktionsmitteln, Rohstoffen, Energie usw., von Marx Abteilung I genannt) im Vergleich mit dem Entwicklungstempo der Abteilung B (Konsumgüter, von Marx Abteilung II genannt) scholastischen Charakter annehmen musste: Das Fehlen spontan wirkender Regulierungsmechanismen führte dazu, dass ein großer Teil der zur rascheren Entwicklung der Abteilung A aufgewandten Mittel *nicht* zu einer späteren Beschleunigung der Produktivitätsentwicklung der Betriebe auch der Abteilung B führte, wie es abstrakt angenommen wurde.

Um das zu illustrieren, ein Beispiel: Wenn eine bestimmte Maschine, vielfach sogar eine ganze Produktionstechnologie, durch eine andere, produktivere, abgelöst wird, dann tritt unter kapitalistischen Verhältnissen ein starker Preisverfall des alten Maschinentyps ein. Ungeachtet, wie viel gesellschaftliche Arbeit aufgewandt wurde, diese Maschinen bzw. Produktionsaggregate werden durch die Wirkung von Markt und Konkurrenz radikal abgewertet. Das Kapital von Unternehmern, die solche Maschinen und Aggregate erzeugten, in ebensolchem Maß. Es zieht sich daher möglichst frühzeitig aus dieser Produktion zurück und wird in einer auch für die Zukunft profitversprechenden Sparte angelegt oder es wird zu Finanzkapital. Das ist ein Widerspruch, der in jeder ökonomischen Krise wirksam und dann auch ausgeglichen wird.

Im sowjetischen Sozialismus-Modell wurde diese Abwertung lange Zeit nicht sichtbar und daher auch nicht auf die Preise wirksam. Wesentliche technologische Entwicklungen konnten von Betriebsleitungen bis hinauf zu zentralen Planungsinstanzen deshalb lange Zeit ignoriert werden. Die zentral festgelegten Preise sicherten dennoch weiter Betriebsüberschüsse. Da grundlegende Erneuerungen große Mittel für Neuinvestitionen erfordern und später Arbeitskräfte überflüssig machen, war es sogar populär, solche Investitionen möglichst spät vorzunehmen. Der Maschinenbau erzeugte daher alte Maschinen- und Aggregatetypen weiter, auch wenn bei einem internationalen Wert-Vergleich diese schon weitgehend wertlos waren. Der Wert drückt hier die erforderliche Übereinstimmung mit dem – im internationalen Vergleich – optimalen Anteil an gesellschaftlicher

Arbeitszeit aus, die für diese Maschinen aufgewandt wurde. Der Verrechnungspreis mochte zwar nominell gleich bleiben, entfernte sich aber immer weiter nach oben von den sich aus dem Wertgesetz ergebenden Produktionspreisen.

Wurde dies nicht beachtet, dann konnte auch bei einem rascheren Wachsen der Investitionen im Sektor A die am Wert zu messende Produktivität im Sektor B, ja in der Gesamtwirtschaft, sogar zurückgehen! Da der Binnenmarkt abgeschlossen war, wurde das in vielen Fällen ignoriert. Bis die zentralen Planungsbehörden für die Neuentwicklung grünes Licht gaben, waren schon Jahre verloren.

Alle diese Erscheinungen waren zu dieser Zeit allerdings erst in Ansätzen wirksam. Die kumulierende Wirkung trat erst Jahre später in vollem Umfang ein.

Die Rolle des Geldes

Der geschilderte Charakter des Reproduktionsmechanismus führte dazu, dass weder in der Sowjetunion noch in jenen Ländern, die dieses Reproduktionsmodell nach dem Zweiten Weltkrieg übernommen haben, Geld die volle Funktion als allgemeines Wertäquivalent spielen konnte. Das war einer der Gründe dafür, dass ein weiterer wesentlicher Hinweis von Marx bezüglich der Steuerung der ökonomischen Reproduktion in der Übergangsgesellschaft auch bei zunehmender Differenzierung der Wirtschaftsprozesse keine Rolle gespielt hat. Im Dritten Band des »Kapital« urteilt Marx über die Rolle des rund um das Wirken der Währungsbanken entfalteten Kreditsystems so:

> »Endlich unterliegt es keinem Zweifel, daß das Kreditsystem als ein mächtiger Hebel dienen wird während des Übergangs aus der kapitalistischen Produktionsweise in die Produktionsweise der assoziierten Arbeit; jedoch nur als ein Element im Zusammenhang mit anderen großen organischen Umwälzungen der Produktionsweise selbst.«[56]

---

56 Marx/Engels, Werke, Bd. 25, S. 621.

Diese Unterlassung führte zu einer geradezu widersinnigen Entwicklung. Für den Kapitalismus wurde nach dem Zweiten Weltkrieg unter dem Einfluss vor allem der Vorstellungen von John Maynard Keynes die nationale und übernationale Regulierung des ökonomischen Reproduktionsprozesses zur Vermeidung großer Krisen die Regel. Dabei spielte gerade der von Marx erwähnte »Hebel« eine große Rolle zur Erhaltung des Kapitalismus. Das in der Sowjetunion entwickelte Sozialismus-Modell vermochte diesen Hebel nicht zur Entwicklung des ökonomischen Reproduktionsmodells anzuwenden. Ohne als Wertäquivalent funktionierendes Geld konnte es nicht einmal die von Marx geforderte gesamtnationale Buchführung über alle Wirtschaftsvorgänge schaffen. Das musste unvermeidlich dazu führen, dass die zentrale Planung immer wieder in Konflikt mit den ökonomischen Entwicklungsgesetzen kam, dessen Folgen nur mit riesigen materiellen Verlusten ausgeglichen werden konnten.

Noch größer war aber der Schaden im Bewusstsein der Menschen. Zentrale Entscheidungen, die nicht den ökonomischen Entwicklungsgesetzen entsprachen, mussten die Entfremdung zwischen den in der Produktion Tätigen, also der Arbeiterklasse, und der zentralen Bürokratie bzw. den an deren Spitze stehenden Entscheidungsinstanzen ständig verstärken.

Die Auswirkungen dieser Entwicklung wurden erst viel später in ihrem vollen Umfang sichtbar. Bei Kenntnis der vollen Tiefe der marxistischen politischen Ökonomie hätte der Widerspruch selbst aber zumindest von jenen, die Einblick in die nach außen geheim gehaltenen gesamtnationalen Proportionen des ökonomischen Reproduktionsprozesses hatten, schon in dieser Phase der beginnenden Ausweitung des Konsumgüterangebots erkannt werden müssen.

Die weitere Entartung des Gesellschaftssystems

Wie schon angeführt, war die Erstarrung der politischen Ökonomie, also der für eine sozialistische Übergangsgesellschaft wichtigsten Gesellschaftswissenschaft, direkte Folge des immer noch herrschenden

Systems der Repression bis zur Justifizierung selbst führender und fähigster Funktionäre und Wissenschafter. Die Atmosphäre der Angst vor solchen Repressionen drückte auf alle Zweige der Wissenschaft und auch der Kunst und Kultur. Man denke etwa an die Jahre hindurch aufrechterhaltenen »Einwände« gegen die Kybernetik, an die Lage in der Biologie, an die »ideologisch« motivierten Verurteilungen moderner Kunstwerke, darunter solchen gegen die bedeutendsten sowjetischen Komponisten u. v. a.

Wohl war zu dieser Zeit die Spitze des Terrorapparates in eine andere Richtung gewandt, nämlich in die der Bestrafung von Kollaborationsverbrechern, was ihm bei den immer noch der furchtbaren Ereignisse des Kriegs eingedenken Menschen sogar gewisses Ansehen sicherte. (Wer hätte nicht verstanden, dass ein Wlassow hingerichtet wurde, der als sowjetischer General nach der Gefangennahme an die Spitze von auf deutscher Seite kämpfenden ehemaligen Sowjetsoldaten getreten war!)

Aber die Repression funktionierte so wie während der Dreißigerjahre auch gegen Andere, darunter führende Kommunisten. Die Methoden konstruierter Anklagen, erpresster Geständnisse, gefälschter Beweismittel wurden weiter angewandt. Die schon angeführten Beispiele, die Hinrichtung auch des Politbüro-Mitgliedes A. Kusnezow, der »Leningrader Fall« mit seiner Verfolgung einiger tausend kommunistischer Funktionäre und Funktionärinnen, das kurz vor dem Tod Stalins inszenierte – später allerdings dann aufgedeckte – Komplott gegen angesehene Ärzte beweisen dies.

Zwanzig Jahre zuvor waren die ersten Jahre nach dem Sieg der Oktoberrevolution und im Bürgerkrieg von einem Aufschwung der jungen sowjetischen Kunst und Wissenschaft gekennzeichnet gewesen. Der politisch im Sinn der Breitenwirkung auf ganz Europa sicher noch bedeutendere Sieg über den Hitler-Faschismus hat keine vergleichbare Auswirkung gebracht.

Eine grundlegende Veränderung der ökonomischen Basis des Sozialismus-Modells hätte nur von der Person Stalins ausgehen können. Selbst die anderen Mitglieder des Politischen Büros der KPdSU wären angesichts des zu dieser Zeit voll entfalteten Personenkults um Stalin zu einer erfolgreichen Initiative in diese Richtung nicht fähig gewesen, sogar wenn sie gemeinsam vorgegangen wären. (Es ist denkbar, dass Befürchtungen in eben diese Richtung letzter Grund waren, dass Stalin Wosnessenskij und Kusnezow fallen und schließlich zum Tod verurteilen ließ.)

Die internationale Position der Sowjetunion war zu dieser Zeit trotz des voll entfalteten »Kalten Kriegs« eine solche, dass grundlegende Änderungen möglich gewesen wären, ja gerade den »Kalten Kriegern« ihre wirksamsten Argumente entzogen hätten. Doch dazu im nächsten Kapitel.

Die Veränderung der Klassenstruktur

Das erste Jahrzehnt nach dem Ende des Zweiten Weltkriegs brachte mit der Festigung der entstandenen ökonomischen Basis des sowjetischen Sozialismus-Modells auch wichtige Veränderungen der Klassenstruktur und der klassenmäßigen Bedingungen der Machtausübung. Diese waren äußerlich schwer zu erkennen, wirkten aber langfristig.

Die Zahl der Arbeiter und Angestellten wuchs rasch. Dabei wurde aber immer weniger zwischen den produktiv Tätigen (einschließlich sozialer, Gesundheits-, Unterrichts- usw. Dienste) und dem noch rascher wachsenden Heer unproduktiver Verwaltungsangestellter unterschieden.

Schon in seiner »Kritik des Gothaer Programms…« bezeichnet es Marx als kennzeichnend für den Sozialismus, dass der Arbeitsaufwand für gemeinschaftliche Befriedigung von Bedürfnissen (Schulen, Gesundheitswesen) bedeutend anwachsen, der für allgemeine, nicht direkt zur Produktion gehörende Verwaltung sich aber vermindern muss.[57] Hinsichtlich des letzteren ist in diesem Sozialismus-Modell das Gegenteil eingetreten. Dieser Teil der gesellschaftlichen Arbeit wuchs schneller als der direkt in der Produktion eingesetzte! Die sowjetische

---

57 Marx/Engels, Werke, Bd. 19, S. 19.

politische Ökonomie hat sich mit diesem Widerspruch kaum auseinandergesetzt.

Für die offizielle Darstellung war dies eine immer stärker werdende Arbeiterklasse. Dazu kam, dass die Leiden und Erfahrungen des Krieges bei der großen Masse der bäuerlichen Bevölkerung eine Stimmungsänderung bewirkt hatten. Junge Bauern und Bauernsöhne hatten ja wieder die Hauptmasse der kämpfenden Truppe gestellt. Die gemeinsame Erfahrung der Leiden und des Sieges verband sie auf neue Art mit dem Staat, den sie verteidigt und zu einer internationalen Machtposition gebracht hatten, wie er sie nie vorher gehabt hatte.

Die offiziell vertretenen Thesen, dass aus der Diktatur des Proletariats bereits ein Staat des ganzen Volkes hervorgegangen sei, Ausbeuterelemente nur mehr im kriminalisierten Randbereich von Schwarzhandel und Korruption wirkten, stieß im Denken dieser Bauern nicht auf Widerspruch. Sie lebten besser als die Bevölkerung der Städte, die noch für Jahre an den dringendsten Lebensmitteln bittere Not litt. Dass es eine staatliche »Obrigkeit« geben musste, war für russische Bauern seit vielen Generationen eine Selbstverständlichkeit. Ebenso, dass da auch viel Unrecht geschah. »Rußland ist groß und Väterchen Zar ist weit«, hatte es immer schon geheißen.

Trotz anhaltender Entbehrungen der Wiederaufbauperiode brachten diese bitteren Jahre auch keine neuen Ansätze zu »außerordentlichen« Maßnahmen gegen solche Kolchosbauern, die aus ihren zu persönlicher Nutzung bestimmten Landstückchen Überschüsse erzielen konnten. Die kollektive Landwirtschaft blieb allerdings wenig produktiv. Aber niemand kam auf den Gedanken, dies wieder durch verstärkten Druck auf die Bauern ausgleichen zu können.

Dennoch war die offizielle Einschätzung der Entwicklung der gesellschaftlichen Hauptklassen und der Machtausübung nicht in der Wirklichkeit fundiert.

Die schon erwähnte Tendenz der Delegierung der Macht von der Arbeiterklasse an die Kommunistische Partei verstärkte sich. In dieser wiederum hatten die Verluste während des Krieges die Bedeutung der Leitungen noch erhöht. Sicher wurde gerade in den Kriegsjahren die

Partei gleichzeitig durch opferbereite Menschen bedeutend gestärkt, die Orientierung auf Stalin als Personifizierung von Ziel und Inhalt ihres Kampfes war da sogar eine Stärkung, erleichterte es auch, ein festes Bündnis mit der Kolchosbauernschaft sicherzustellen, aber die Partei wurde so zu einem Apparat der Willensvollstreckung einer zentralen »Weisheit«, ohne schöpferisch an der Gestaltung dieses Willens teilnehmen zu können.

Da keine sozial differenzierte Gesellschaft funktionieren kann, ohne eine gesellschaftliche Elite herauszubilden, geschah dies auch in der Sowjetunion. Unter den schon geschilderten Bedingungen. Die Spitzen der Wirtschaftsapparate, Wissenschaftsinstitute, Leitungen im Presse- und Verlagswesen, in Rundfunk und später auch Fernsehen, im Sicherheitsapparat, Gesundheits- und Sozialwesen usw. konnten jetzt ausgebaut werden, ohne dass aus Partei und Arbeiterklasse fachlich nicht ausgebildete Menschen und bürgerliche Spezialisten zusammengespannt werden mussten. Da auf diesem Gebiet zu Lebzeiten Stalins streng (wenn auch oft formal) auf die proletarische Herkunft bei der Ausbildung solcher Fachleute geachtet wurde, bestand lange Zeit ein hohes Maß an Klassenverbundenheit.

Erst im Lauf der Zeit lockerte sich diese. Sogar mit der plausiblen Erklärung, dass in einem Staat des »ganzen Volkes« eine solche Verbundenheit der leitenden Kader mit einer »Arbeiterklasse« nicht mehr begründbar sei. Dafür können aber einmal in den oberen Rängen der Hierarchie Verankerte mehr als andere Bürger für ihre Kinder, Neffen, Enkel usw. tun, dass auch sie in solche Positionen aufrücken.

Das gilt für die höheren Funktionen in Wirtschaft, staatlicher Verwaltung, Medienwesen und zuletzt für die Partei selbst. Da diese Elite die wesentlichen Produktionsmittel nicht eigentumsmäßig in ihrer Hand hatte, ist es sicher falsch von einer »neuen Klasse« zu sprechen, wie dies z. B. Milovan Djilas tat. Eher zutreffend ist die Bezeichnung »Nomenklatura«, wie sie von Michail Woslenskij (in Anlehnung an die entsprechenden Zusammenfassungen von für höhere Funktionen in Frage kommenden Personen bei den zuständigen sowjetischen Kaderabteilungen) geprägt wurde.

Diese Elite begann schon in dieser Zeit, faktisch eine Schlüsselrolle in der Machtausübung zu spielen. Sie erneuerte sich zu einem guten Teil aus den Familien ihrer Angehörigen.

Wie schon erwähnt, gab es unter Stalin allerdings keinerlei Ansatz zur Schaffung eines Familienklans in der Parteiführung. Sein Sohn Yakow ist bekanntlich als Leutnant in deutsche Gefangenschaft geraten und dort grausam ermordet worden. Auch später blieb die Auswahl der leitenden Kader der Partei selbst lange Zeit von diesem Nepotismus ausgenommen. Der US-amerikanische Pulitzer-Preisträger Hedrick Smith schrieb noch 1976 bei der Schilderung der Methoden dieses Nepotismus wörtlich: »Allerdings scheint es ein ungeschriebenes Gesetz zu geben: Die Machthaber können ihren Kindern offenbar nicht den Weg in die obere Parteihierarchie bahnen.«[58]

Tatsächlich hat die mit zunehmender Verbesserung der wirtschaftlichen Lage immer wirksamer werdende breite staatliche Studienförderung ein so breites Reservoir von Begabungen erschlossen, dass lange Zeit die negative Wirkung des um sich greifenden Nepotismus überdeckt wurde. Sicher hat der US-amerikanische Beobachter insofern recht, dass tatsächlich auf die Kaderentscheidungen im höheren Parteiapparat die Wirkung erst allmählich eintrat.

Vielleicht hat gerade das dann 15 Jahre später mit die Haltung der Wirtschafts- und Verwaltungselite bestimmt, sich möglichst rasch von jeder Kontrolle durch die Partei zu befreien.

Kennzeichnend für diese neue Elite insgesamt war aber die Tendenz zur Beharrung. Das sollte sich schon bald nach Stalins Tod folgenschwer auswirken.

---

58 Hedrick Smith, »Die Russen«, Bern und München, 1976, S. 74.

8. Kapitel
Auf dem Weg zur Supermacht

Niemals zuvor haben sich in Europa die Machtverhältnisse in einem so kurzen Zeitraum so radikal verändert wie in den sechs Jahren zwischen 1939 und 1945.

Die Zwischenkriegszeit war bestimmt gewesen von dem Übergewicht der beiden »Westmächte« England und Frankreich – gleichzeitig der größten Kolonialmächte. Ihnen gegenüber stand das geschlagene Deutschland, das allerdings trotz Inflation und Wirtschaftskrise Ende der Zwanzigerjahre wirtschaftlich wieder zur Großmacht von europäischem Rang geworden war. Italien galt als europäische Großmacht, war aber – vor allem wegen des für seine herrschenden Kreise enttäuschenden Ergebnisses seines Kriegseintritts auf Seiten der Alliierten – als erstes den faschistischen Weg zur Vorbereitung einer Revision des europäischen Gleichgewichts gegangen. Deutschland folgte auf diesem Weg, allerdings mit »deutscher Gründlichkeit«.

Die junge Sowjetunion war geächteter Außenseiter. Ein »Cordon sanitaire« von antikommunistischen Staaten sollte sie vom übrigen Europa isolieren. Von diesen wurden mehreren immer deutlicher faschistische Züge aufgezwungen (Ungarn, Polen, Litauen).

1939 hatte Deutschland bereits Österreich und den Westteil der CSR annektiert und die Slowakei in einen Satellitenstaat verwandelt. Italien hatte nicht nur ein Kolonialreich in Afrika errichtet, sondern mit der Annexion Albaniens auch seinen Fuß auf den Balkan gesetzt. In Spanien war mit deutscher und italienischer Hilfe die Demokratie beseitigt.

Europa ging mit Riesenschritten dem Zustand entgegen, der 1942 dazu führte, dass deutsch-faschistische Truppen vom Nordkap bis in die Wüsten Nordafrikas und vom Ärmelkanal bis vor Moskau, Leningrad, der Wolga und dem Kaukasus einen Machtbereich für das deutsche Finanzkapital schufen, den in diesem Umfang nicht einmal Napoleon hatte für Frankreich vereinen können.

Wieder nur drei Jahre später war erneut eine ganz andere Lage entstanden: Die vorher ausgegrenzte Sowjetunion war die eindeutig stärkste Macht Europas. Ihr gegenüber konnten die Westmächte nach dem vollständigen Zusammenbruch Deutschlands nur mit Hilfe der USA West- und Südeuropa sowie die skandinavische Halbinsel vor der direkten Einflussnahme der Sowjetunion bewahren. Sicher spielten dabei Ideologie und das Verhältnis der Klassenkräfte eine wichtige Rolle, aber entscheidend bestimmt hat die reale – vor allem militärische – Macht die weitere Entwicklung. Gesellschaftspolitisch waren z. B. Frankreich und Italien dem Übergang zu einer sozialistischen Gesellschaft näher als Polen oder Rumänien. Aber die realen Machtverhältnisse führten zu einer anderen Entwicklung.

Die Stärke der Sowjetunion übertraf alles, was das frühere Russland je hatte erreichen können. Zum Teil als Folge der sozialistischen Veränderungen, zum Teil durch Mobilisierung auch des russischen Patriotismus, vor allem aber durch die geschickte Strategie während des Zweiten Weltkriegs. Diese grundlegende Veränderung war für das Land selbst wie für die ganze Welt untrennbar mit dem Namen Stalin verbunden. Wie wir gesehen haben, mit der gleichen Berechtigung, mit der zum Teil schon damals – jedenfalls aber seit deren Aufdeckung durch Chrustschow – die Fehler und Verbrechen mit Stalins Namen zu verbinden sind.

Verwendet man für diese Periode der Entwicklung eines sozialistischen Gesellschaftsmodells oder auch »nur« für den Komplex von ideologischen Vorstellungen und Methoden ihrer Durchsetzung den Begriff »Stalinismus«, dann lassen sich beide Seiten nicht voneinander trennen. Dies zu sehen, ist umso wichtiger, als diese neue politische Situation tiefgreifende Auswirkungen auf die weitere Entwicklung der ganzen Welt hatte, die – wieder im Positiven wie im Negativen – weit über den Tod Stalins hinaus wirkten.

Die kommunistische Weltbewegung

Schon während des Krieges hatte das Exekutivkomitee der Komintern, das seinen Sitz in Moskau hatte, seine eigene Auflösung beschlossen.

Das war alles andere als ein taktischer Schachzug gegenüber den kapitalistischen Verbündeten und jenen sozialdemokratischen und bürgerlichen Kräften, mit denen gemeinsam Kommunisten in vielen Ländern gegen den Faschismus kämpften. Es beendete in Wirklichkeit nur einen Zustand, der längst jeden Bezug zur Realität verloren hatte.

Nach den Grundsätzen des »Demokratischen Zentralismus« wären Beschlüsse der Komintern bindend auch für die KPdSU gewesen. In Wirklichkeit aber hatten schon während der Dreißigerjahre die in Moskau (meist in der Emigration) sitzenden nichtrussischen Kominternfunktionäre keinerlei Einflussmöglichkeit auf Entscheidungen der KPdSU, also Stalins. Sie mussten umgekehrt immer wieder bei der sowjetischen Parteileitung intervenieren, um ungerechtfertigte Repressalien von dort in der Emigration lebenden Mitgliedern und Funktionären der jeweiligen Parteien abzuwenden. Meist ohne Erfolg, wie das Schicksal führender Funktionäre z. B. der polnischen, der ungarischen und der jugoslawischen Partei zeigt, die schon damals Opfer der Stalinschen Repression geworden waren. Sogar der Führer der ungarischen Räterepublik, Bela Kun, wurde so ermordet. Deutsche und österreichische Antifaschisten erlitten auch das Schicksal, während der Zeit des deutsch-sowjetischen Nichtangriffspaktes den Hitler-Behörden ausgeliefert zu werden.

Es war klar, dass bei der internationalen Machtposition der sowjetischen Regierung und damit der KPdSU und Stalins für eine so »anachronistische« und überdies rein formale Struktur kein Platz mehr sein konnte. Dazu kam, dass in Osteuropa die dortigen Kommunisten mit Ende des Kriegs auf jeden Fall Regierungsverantwortung übernehmen würden, was ähnliche Komplikationen nur vervielfältigen konnte.

Auch die innere Lage der meisten europäischen Länder hatte sich grundlegend verändert. Dort, wo der aktive antifaschistische Befreiungskampf Massencharakter angenommen hatte, führte dies zu einer Stärkung der Kommunistischen Parteien, in einigen Fällen auch national orientierter Massenbewegungen (wie des Gaullismus in Frankreich). In einigen Staaten Ost- und Mitteleuropas übernahmen Kommunistische Parteien die Haupt- oder Alleinverantwortung für die dortigen Regierungen. In der Mehrzahl unter direkter Mitwirkung der in diesen Ländern stehenden sowjetischen Truppen. In Jugoslawien, Bulgarien und der CSR gestützt auf die Entwicklung der *eigenen* gesellschaftlichen Kräfte. In Griechenland wieder hat nur massives bewaffnetes Eingreifen der dort gelandeten britischen Truppen eine solche Entwicklung gewaltsam verhindert.

Ähnlich wirkte die Rolle kommunistisch geführter bewaffneter antijapanischer Bewegungen in Ost- und Südostasien. Mit der Kapitulation Japans nahm deren Bedeutung in mehreren von Japan besetzt gewesenen Ländern rasch zu. Die zeitweilige Rückkehr von Truppen der früheren Kolonialmächte (z. B. nach Vietnam, Malaysia, Indonesien) konnte die Entwicklung nicht aufhalten, die 1949 mit dem Sieg der von Mao-Zedong geführten Kommunisten in China einen Höhepunkt erreichte. Diese Entwicklung wirkte dann auch auf jene damaligen Kolonialgebiete, die nicht von Japan besetzt oder gefährdet worden waren, vor allem auf Indien und die Kolonien in Afrika.

Die kommunistische Weltbewegung wurde damit eine viel breiter wirkende Kraft als je zur Zeit der Komintern. Die Verantwortung der einzelnen Parteien für die Entwicklung ihrer Länder wurde ungleich größer, die Bedingungen ihres Kampfes unterschiedlicher und komplizierter. Der Marxismus-Leninismus als gemeinsame Ideologie konnte – in der durch die Erstarrung in der Sowjetwissenschaft entstandenen Stagnation seines Inhalts selbst – da nicht genügen. Lebendige Auseinandersetzung mit anderen Ideologien war notwendig.

Die Frage der Sozialdemokratie gewann rasch wieder an Bedeutung. Als Antwort auf den bis zum rassistischen Genozid gesteigerten deutsch-faschistischen Nationalismus wuchs aus dem patriotischen Widerstand in vielen Ländern neuer Nationalismus. So kam es z. B. zur Wiederbelebung des Panslawismus mit einer zentralen Vereinigung, die ihren Sitz in Belgrad nahm, aber während des Konflikts mit Jugoslawien wieder in der Versenkung verschwand.

Eine neue Form des Erfahrungsaustauschs und der Koordinierung musste gefunden werden. Die regierenden Kommunistischen Parteien Ost- und Mitteleuropas und die größten Parteien Westeuropas gründeten daher 1947 ein gemeinsames »Informationsbüro«, das eine Zeitschrift herausgab. Wäre dies auf dem Boden einer echten Diskussionsatmosphäre geschehen, wie es Jahrzehnte vorher für die Arbeiterbewegung noch selbstverständlich gewesen war, dann hätte eine solche Einrichtung größte Bedeutung erlangen können. Sofort stellte sich aber heraus, dass das Informbüro (nicht nur bei der Auswahl der Gründungsmitglieder) Ausdruck einer Hierarchie zwischen den der Weltbewegung angehörenden Parteien werden sollte. Vor allem die zu Regierungsparteien gewordenen kommunistischen Parteien traten mit dem Anspruch einer bestimmten Sonderstellung auf.

Dem entsprach durchaus, dass schon auf der ersten Beratung die Vertreter der jugoslawischen Kommunisten mit heftiger Kritik an den Parteien Frankreichs und Italiens auftraten, warum diese nicht auch in ihren Ländern die Arbeiterklasse zur Übernahme der Macht geführt hätten. So absurd diese Kritik angesichts der Präsenz starker US-amerikanischer Truppen in Europa, aber auch der Rolle britischer Truppen (z. B. kurz vorher noch in Griechenland) war, sie löste schon auf der zweiten Beratung eine heftige Kritik der französischen und der italienischen an der jugoslawischen Partei aus, der Nationalismus, Unterschätzung der Rolle der Arbeiterklasse, ein falsches Verhältnis zur breiten Organisation des antifaschistischen Befreiungskampfes und anderes vorgeworfen wurde. Im wesentlichen war diese Kritik berechtigt. Sie wurde, von der jugoslawischen Partei zurückgewiesen, auf der dritten Kominformtagung daher erneuert und – überspitzt – in einem ausführlichen Dokument festgehalten. Der sogenannte »Kominform-Konflikt« hatte begonnen.

Heute ist unbestreitbar, dass tiefere Gründe und Absichten vor allem der Sowjetführung und Stalins für diesen Konflikt maßgebend waren. Trotz der in den osteuropäischen Staaten unterschiedlichen Bedingungen ging Stalin davon aus, dass die ökonomische Basis des dort aufzubauenden Sozialismus-Modells im wesentlichen der sowjetischen entsprechen müsse. Die dort regierenden Parteien hatten daher das sowjetische Modell weitgehend zu übernehmen. Auf einer anderen ökonomischen Struktur aufgebaute Gesellschaftssysteme konnten nicht sozialistisch sein.

Tito war im Lauf des antifaschistischen Volkskriegs zum Nationalhelden geworden, wie es in keinem anderen osteuropäischen Land einen vergleichbaren gab. Er war nicht bereit, sich bedingungslos Stalin unterzuordnen, noch weniger einem Gremium, dessen Linie von Parteien beeinflusst wurde, die – nach Auffassung der jugoslawischen Partei – selbst durch schwere Fehler die sozialistische Revolution »versäumt« hatten.

Die jugoslawische Partei ergriff zwar einige Maßnahmen, die ein Einlenken des Kominform ermöglicht hätten, aber die Zurückweisung der Kritik hielt sie aufrecht. Daher behauptete die nächste Resolution bereits eine Veränderung des Charakters der inneren Struktur Jugoslawiens in Richtung eines faschistischen Systems. Sie forderte zum Sturz Titos auf.

Die Sowjetunion und die anderen unter ihrem Einfluss stehenden Staaten begannen eine massive »ideologische« Kampagne gegen den sogenannten »Titoismus«, verbunden auch mit politischen und wirtschaftlichen Boykottmaßnahmen gegen Jugoslawien, die dem Wiederaufbau in diesem Land großen Schaden zufügten.

Jugoslawien antwortete mit dem Versuch, ein alternatives Sozialismus-Modell zu entwickeln. In den Mittelpunkt wurde der einzelne Betrieb gestellt, der ins assoziierte Eigentum der dort Tätigen überging. Diese sollten demokratisch (über gewählte Organe der Arbeiterselbstverwaltung und von diesen eingesetzte Direktoren) geführt werden und theoretisch dabei selbst über den von ihnen geschaffenen Mehrwert verfügen können.

Auf den ersten Blick scheint ein solches Sozialismus-Modell eine Vertiefung des inneren revolutionären Prozesses zu signalisieren, wie er auch von Teilen der sowjetischen Partei gefordert worden war. Es wurde auch als »syndikalistisch« gekennzeichnet. Hinsichtlich der Methoden der Machtausübung unterschied es sich allerdings kaum vom sowjetischen Modell. Dass dabei im gesellschaftspolitischen Überbau ähnliche Repression angewandt wurde wie unter Stalin in der Sowjetunion – hier allerdings gegen »Kominformisten« – muss der Vollständigkeit halber angeführt werden.

Dieses Modell widersprach auf andere Weise den Marxschen

Vorstellungen als das sowjetische. Allerdings mussten bei ihm die inneren Widersprüche rascher sichtbar werden. Da während der ganzen Zeit des Konflikts und der gegenseitigen Polemiken von niemand auf diese Tatsache verwiesen wurde (zumindest ist mir keine solche Kritik bekannt), muss ich darauf kurz eingehen.

Marx entwickelt im Dritten Band des »Kapital« ausführlich den gesellschaftlichen Charakter der Wert- und Mehrwertschöpfung. Erst im gesamtgesellschaftlichen Reproduktionsprozess stellt sich heraus, wie weit im einzelnen Betrieb überhaupt Wert und Mehrwert geschaffen wird. Es wäre seltene Ausnahme, wenn ein aus der Betriebsabrechnung sich ergebender Überschuss genau mit dem dort geschaffenen Mehrwert übereinstimmen würde.

In seinen »Theorien über den Mehrwert« schreibt Marx in einer Widerlegung von Ansichten James Mills[59] zu Versuchen, den in einem Unternehmen erzielten Profit mit dem dort geschaffenen Mehrwert gleichzusetzen bzw. ersteren aus letzterem zu errechnen:

> »Das Phänomen ist sehr einfach, sobald das Verhältnis von Mehrwert und Profit und ferner die Ausgleichung der Profite zur allgemeinen Profitrate begriffen ist. Soll es aber ohne alle Vermittlung aus dem Gesetz des Werts begriffen werden, also der Profit, den ein besondres Kapital in einem besondren Trade (Gewerbszweig) macht, aus dem in den von ihm produzierten Waren enthaltenen Mehrwert ... erklärt werden, so ist dies ein Problem, viel unmöglicher als die Quadratur des Zirkels, die algebraisch gefunden werden kann.«[60]

Die demokratische Entscheidung über die Verteilung des Mehrwerts erfolgte also über Größen, die man gar nicht kannte. Bei der ökonomischen Entmachtung aller zentralen Instanzen wurde es diesen erschwert, wenn nicht unmöglich gemacht, entsprechend der tatsächlichen, gesamtgesellschaftlichen Wertbildung, den Reproduktionsablauf zu korrigieren. Versuche in diese Richtung wurden als »Etatismus« verteufelt. Das musste zum ständigen Entstehen bedeutender Disproportionen führen. Solange Tito lebte, war sein Ein-

---

59 James Mill, 1773-1836, englischer bürgerlicher Ökonom, Philosoph und Historiker.

60 Marx/Engels, Werke, Bd. 26/3 S. 83.

fluss so stark, dass die politische Einheit des Staates nicht gefährdet war. Die wirtschaftliche Struktur wurde aber wiederholt verändert. Schließlich ging aus dem Widerspruch zwischen der »Selbstverwaltung« an der Basis und einer gesamtjugoslawisch-»etatistischen« Zentraladministration die Bürokratie der dazwischen liegenden Republik-Instanzen als stärkste Kraft hervor. (Damit war allerdings auch schon der ökonomische Rahmen für den späteren Zerfall des Staates vorgegeben.)

Zwei Faktoren bewirkten, dass Jugoslawien dennoch die durch sein Selbstverwaltungsmodell immer wieder entstehenden Widersprüche so lange Zeit aushielt. Das war erstens das Interesse der USA-Regierung an der politischen Schwächung der sowjetischen internationalen Position. Dieses Interesse hat dazu geführt, dass in der Zeit von 1948 bis 1964 Jugoslawien etwa 30 Mrd. Dollar US-Hilfe erhalten hat.[61] Zweitens schließlich fand Jugoslawien mit dem raschen Übergang zur Freizügigkeit seiner Bürger auch hinsichtlich einer ständigen Arbeit im Ausland einen Weg, sowohl das Problem der durch die Disproportionen entstehenden relativen Überbevölkerung zu lösen als auch durch die Überweisungen von bald vielen Hunderttausenden jugoslawischen Gastarbeitern an die Angehörigen in der Heimat die Devisenlage zu verbessern.

Das alles hat allerdings nicht verhindert, dass Jugoslawien schon während der Siebzigerjahre mit einer Auslandverschuldung von etwa 20 Mrd. Dollar zu den am stärksten verschuldeten Ländern gehörte.

Die Anti-»Titoismus«-Kampagne

Die unmittelbare Wirkung der Kampagne gegen den »Titoismus« zeigte sich in Jugoslawien kaum – dafür aber umso stärker in den anderen osteuropäischen Ländern, in denen Kommunisten die Führung übernommen hatten.

---

61 Siehe »Die Presse«, 7.3.1989.

Jene Form des Stalinschen Terrors gegen Kommunisten, die in der zweiten Hälfte der Dreißigerjahre innerhalb der KPdSU jede offene Diskussion über theoretische und taktische Fragen des weiteren Entwicklungswegs des gewählten Sozialismus-Modells erstickt hatte, wurde jetzt – entsprechend modifiziert – in den ursprünglich bedeutende Unterschiede aufweisenden osteuropäischen Ländern angewandt. Alle mussten ihre ökonomische Basis auf ein straff organisiertes zentralistisches Planungsmodell umstellen. Auch dort, wo dafür keine ökonomische Notwendigkeit bestand, wurde der Vorrang auf den Ausbau einer eigenen Schwerindustrie gelegt, in den meisten betroffenen Ländern eine ausgesprochene Fehlentwicklung. Die Kleinlandwirtschaft wurde – auch mit Mitteln des Drucks, wie z. B. in Polen – auf genossenschaftliche Großproduktion umgestellt. Wo Funktionäre der dortigen Kommunistischen Parteien andere Wege gehen wollten, wurden sie des »Titoismus« bezichtigt, der Zusammenarbeit mit westlichen Geheimdiensten (zuerst vor allem dem britischen). Während des Kriegs in der Emigration im Westen gewesen zu sein, galt schon als verdächtig.

Durch direktes Eingreifen von Spitzenfunktionären des sowjetischen Staatssicherheits-Apparats wurden in einigen Ländern sogar führende Kommunisten »entlarvt« wie Laszlo Rajk in Ungarn und Rudolf Slansky in der CSSR. Ihre Hinrichtung erweckte besonderes Aufsehen, war aber nur die Spitze eines Eisberges. In Bulgarien wurde Traitscho Kostoff Opfer dieser Kampagne, in Polen wurde Wladislaw Gomulka »nur« eingesperrt, so dass er 1956 wieder an die Spitze der Partei zurückgerufen werden konnte.

Dabei waren einige der nach 1945 auf den Weg der sozialistischen Entwicklung geführten Länder ökonomisch höher entwickelt, als Russland es gewesen war, und ihr gesellschaftliches Leben war überdies durch andere historische Traditionen geprägt als das Russlands. Das galt z. B. besonders für die Tschechoslowakei.

Ob diese Wirkung der Anti-»Titoismus«-Kampagne von Anfang an die Absicht des geschickten Taktikers Stalin gewesen war oder ob er einfach die entstandene Lage ausgenutzt hat, ihr Ergebnis war, dass das sowjetische Sozialismus-Modell mit nur geringfügigen Variationen in ganz Osteuropa durchgesetzt wurde.

Damit konnte – wenn auch mit großen Reibungsverlusten und Verlust von möglichem Entwicklungspotential – eine wirtschaftliche Grundlage für ein »antiimperialistisches Lager« geschaffen werden. Warum diese Wirtschaftsgrundlage zu keinem Zeitpunkt – auch später nicht – annähernd den materiellen ökonomischen Möglichkeiten adäquat funktioniert hat, ist eine Frage, auf die noch eingegangen werden wird. Politisch hat es unmittelbar zu einer Stärkung der Position der Sowjetunion geführt.

Selbst große und politisch so erfahrene kommunistische Parteien wie die französische und die italienische gingen diesen Weg anfangs mit. Dies lässt sich – dem heutigen Wissensstand entsprechend – nur schwer verstehen. Wer wie der Autor auch damals schon aktiv als Kommunist wirkte, kann das sehr wohl. Vieles schien in der damaligen zugespitzten Situation des »Kalten Kriegs« durchaus möglich. Geheimdienstaktionen, psychologische Kriegsführung wurden von beiden Seiten angewandt. Für diese Haltung der fast »unbedingten« Solidarität mit den bestehenden Staaten der Arbeitermacht hat die strategische Überlegung die Hauptrolle gespielt, das sowjetische Sozialismus-Modell werde nach Überwindung der Aufbauschwierigkeiten durch sein Beispiel eine weitere bedeutende Erleichterung für den Kampf aller kommunistischen Parteien und antikapitalistischen revolutionären Bewegungen in der ganzen Welt bringen. Dieser Perspektive zuliebe wurde vieles (zu vieles, wie man heute weiß) verdrängt, das auch damals schon hätte bedenklich erscheinen müssen.

Die Wirkung auf den Kapitalismus

Diese Erwartungen schienen umso begründeter, als gerade im ersten Jahrzehnt nach dem Zweiten Weltkrieg auch im unter Herrschaft des Kapitals verbliebenen Teil der Welt spürbare Veränderungen zum Besseren erfolgten. Zum Unterschied von den Veränderungen in Osteuropa waren diese nicht so sehr Folge der militärischen Stärkung der Sowjetunion nach dem Zusammenbruch des bis dahin reaktionärsten und aggressivsten kapitalistischen Blocks, sondern vor allem Fernwirkung der gesellschaftspolitischen Alternative zum Kapitalismus, die das sowjetische Sozialismus-Modell zu dieser Zeit für Freunde wie Gegner unbestritten darstellte.

Diese Veränderungen hatten vor allem in drei Richtungen besondere Bedeutung. Erstens hinsichtlich der Struktur des kapitalistischen Reproduktionsprozesses selbst. Eine große Krise wie in der Zwischenkriegszeit konnten sich die entscheidenden Kräfte des Finanzkapitals angesichts der Existenz einer alternativen Gesellschaftsform nicht mehr leisten. Mit dem Abkommen von Bretton Woods, der Gründung des internationalen Währungsfonds, nationalen Wirtschaftsregulierungen in den wichtigsten Staaten, solchen übernationalen Maßnahmen wie dem Marshallplan wurden wesentliche Grundsätze des Manchester-Kapitalismus aufgegeben. Das änderte nicht das Wesen des Kapitalismus, aber es ermöglichte ihm eine weitere Entfaltung der gesellschaftlichen Produktivkräfte, mehrere Jahrzehnte hindurch ohne größere Wirtschaftskrisen in den hochentwickelten kapitalistischen Ländern.

Das zweite Gebiet, auf dem die Fernwirkung des sowjetischen Sozialismus-Modells unbestreitbar war, betrifft die ökonomischen, sozialen und demokratischen Rechte der Arbeiterklasse in den kapitalistischen Industriestaaten. Nach 1945 setzte in diesen Ländern eine allgemeine Steigerung des Lebensstandards, der Reallöhne und sozialen Rechte der Arbeiterklasse ein, die in der Geschichte beispiellos war. Auch die demokratischen Rechte konnten ausgeweitet werden. Faschistische Enklaven hielten sich in Europa nur in Spanien und Portugal noch für eine längere Zeit. Überall wuchs der Einfluss der Gewerkschaftsbewegungen. Sicher wurde all das der Arbeiterklasse nicht »geschenkt«. Es musste hart erkämpft werden. Aber dass diese Kämpfe für lange Zeit insgesamt Erfolge brachten, hing direkt mit dem Bestehen und den Erfolgen des sowjetischen Sozialismus-Modells zusammen. Spätestens als bei dem Zusammenbruch dieses Modells überall im Westen die »Revanche« des Kapitals zur Wiederbeseitigung dieser Rechte einsetzte, wurde dieser Zusammenhang unübersehbar.

Das dritte Gebiet war der Zusammenbruch des Kolonialsystems. Die Massenwirksamkeit des sowjetischen Modells auf die kapitalistischen Industriestaaten war während der ganzen Zeit von dessen Bestehen durch die Tatsache begrenzt, dass in diesen der reale Lebensstandard der Arbeiterklasse im Durchschnitt höher war als der in den realsozialistischen Staaten, ja sogar rascher als dort weiter anstieg. Dies fiel hinsichtlich der Kolonialgebiete weg. Die Lage der dort entstehenden Arbeiterklasse war so schlecht, dass dieser die Lage selbst in den rückständigsten Gebieten der damaligen Sowjetunion direkt erstrebenswert schien. Die in den Kolonien der europäischen Großmächte immer wirksam gewesenen kolonialen Befreiungsbewegungen erhielten dadurch zusätzlich zu ihrer nationalen und oft auch religiösen Motivation die immer stärker wirksame soziale Zielsetzung.

Dazu kam die veränderte politische Lage. Zur militärischen Niederlage des deutsch-japanischen Blocks kam der Sieg des von Kommunisten geführten Befreiungskampfes in China. Besonders dieser schwächte die Möglichkeiten der Kolonialmächte, ihre Positionen zu behaupten. Sie mussten einen strategischen Rückzug antreten, der innerhalb von nur zwei Jahrzehnten zur Umwandlung fast aller vorherigen Kolonialgebiete in formell souveräne Staaten führte.

Das bedeutete nicht, dass diese Staaten dadurch in eine Position der Gleichberechtigung mit den kapitalistischen Industriestaaten gelangt wären. Ökonomisch blieben sie abhängig vom Finanzkapital der früheren Kolonialmächte, obwohl auch hier bedeutende Verschiebungen – vor allem zu Lasten des englischen und französischen und zugunsten des US-amerikanischen, später auch des deutschen und des japanischen Finanzkapitals – eintraten.

Diese Veränderungen als Folge der Existenz und der Erfolge des sowjetischen Sozialismus-Modells wurden vom internationalen Finanzkapital und den Regierungen der führenden kapitalistischen Mächte mit z. T. neuartigen Strategien beantwortet. Erst einige Zeit später stellte sich heraus, wie erfolgreich diese langfristig gewesen sind.

Gleichzeitig wurde die alte imperialistische Strategie – jetzt mit konzentrierter Zielrichtung auf die Sowjetunion und die anderen sozialistischen Länder in Form des »Kalten Kriegs« – fortgesetzt. Diese ließen sich dadurch langfristig in ein ökonomisch selbstmörderisches Wettrüsten hineinziehen. Wichtige Aspekte notwendiger ökonomischer Gegenstrategien blieben außer Acht. Bei der Rüstung konnte die Sowjetunion mit den USA zwar strategisch gleichziehen, aber die Kosten dafür waren für das ökonomische Potential des »sozialistischen Lagers« zu hoch.

Stalins These von 1952, der Imperialismus habe die Fähigkeit zur Weiterentwicklung der menschlichen Produktivkräfte verloren, wurde so zum geistigen Faulbett, auf dem man in aller Ruhe den schlussendlichen Triumph des Sozialismus »abwarten« konnte.

9. Kapitel
Das Tauwetter

Der Tod Stalins am 5. März 1953 veränderte die Lage an der Spitze der Sowjetunion und der KPdSU. Der Personenkult um Stalin hatte dazu geführt, dass überzeugte Kommunisten – in allen Teilen der Welt – den dadurch eingetretenen Verlust für schwer ersetzbar hielten. Ebenso übrigens auch die ärgsten Gegner. Der drei Monate später in der DDR versuchte Massenaufstand konnte nur deshalb von einem sozialen Konflikt so sehr eskalieren, weil die politisch im Hintergrund wirkenden Kräfte nach dem Tod Stalins eine so tiefgehende Destabilisierung der Sowjetmacht erwarteten, dass die DDR aus deren Einflussbereich würde herausgebrochen werden können.

Diejenigen, die nach Stalins Tod die kollektive Führung der KPdSU bildeten, waren daher schon aus diesem Grund gezwungen, grundsätzlich gegen den Personenkult Stellung zu nehmen. Nur dadurch konnten die Partei, die Sowjetöffentlichkeit, ja die ganze Welt davon überzeugt werden, dass die KPdSU mit dem Tod Stalins nicht ohne Führung dastand und weiter handlungsfähig war. Es erschienen schon 1953 in der theoretischen Zeitschrift der KPdSU, »Kommunist«, allgemein abgefasste Artikel gegen den Personenkult, anfangs sogar mit Stalin-Zitaten untermauert.

Darüber hinaus machten zwei Faktoren grundlegende Veränderungen im politischen Überbau der Gesellschaft unmittelbar notwendig. Das waren erstens die Position und die Pläne L. P. Berijas und zweitens die Tatsache, dass führende Leute an der Spitze der KPdSU das System der ungerechtfertigten Repressionen mehr oder weniger kannten. Nicht nur, weil sie – teils in der Zwangslage der Verhältnisse zu Lebzeiten Stalins – selbst daran beteiligt waren, sondern auch, weil in ihrem nächsten Verwandtenkreis Opfer dieser Repressionen waren. Das galt etwa für die Frau Molotows oder für die Schwiegertochter Chrustschows.

Die Frage Berija war deshalb so gefährlich, weil das Gewicht der Parteiinstanzen gegenüber dem der Regierung und vor allem des Sicherheitsapparates in den letzten Lebensjahren Stalins stark abgenommen hatte. Den Sicherheitsapparat hatte aber Berija in der Hand. Wie weit Pläne Berijas 1953 schon gediehen waren, die ganze Macht an sich zu reißen, ist schwer zu beurteilen, da der Prozess gegen ihn geheim geführt wurde. Gegeben hat es sie sicher.

Schon bei der Lösung dieses Problems und der Wiedergewinnung der führenden Rolle der Parteiinstanzen zeigten sich die Initiative und die taktische Fähigkeit Chrustschows. Durch die Gewinnung des populärsten sowjetischen Generals, nämlich Shukow, konnte er die reale militärische Macht Berijas paralysieren. Anfang Juli wurde Berija während einer Sitzung des ZK- und des Ministerrats-Präsidiums verhaftet. Im Dezember des gleichen Jahres wurde er nach einer Sondergerichtsverhandlung wegen des Versuchs eines Staatsstreichs erschossen.

Mit der Entmachtung Berijas setzte eine Welle von Forderungen auf Freilassung und Rehabilitierung zu Unrecht Verfolgter ein. Am erfolgreichsten waren in dieser ersten Phase schon 1953 führende Parteifunktionäre. Dadurch waren auch sie die ersten, die aus den Erzählungen der Überlebenden einen authentischen Einblick in die verbrecherischen Methoden der Verfolgung, Verurteilung und des Strafvollzugs im sowjetischen Gerichtswesen, in Gefängnissen und Straflagern bekamen.

Das führte zur Beschleunigung weiterer Rehabilitierungen. Verlässliche Zahlen gibt es selbst heute noch nicht, doch Schätzungen der 1953 zu Unrecht noch in Haft oder in Straflagern Befindlichen gehen bis zu einer Million Personen.[62] Obwohl 1954 die Zahl der Rehabilitierten

---

62 Roy Medwedjew gibt für 1954 die Zahl von »einer Million unschuldig verurteilter Sowjetbürger in Lagern und in der Verbannung« an. Siehe Roy Medwedjew, »Chrustschow, eine politische Biographie«, Stuttgart 1984, S. 124; Im August 1992 veröffentlichte die Archiv-Verwaltung des (schon) russischen Sicherheitsministeriums folgende Angaben: Zwischen 1917 und 1990 seien in der UdSSR 3.853.900 Menschen eines Verbrechens gegen den Staat oder ähnlicher Vergehen beschuldigt worden. 827.995 seien wegen solcher Verbrechen zum Erschießen verurteilt worden. (Natürlich sind in diesen Zahlen

und Freigelassenen schon in viele Tausende ging, konnte das Problem offensichtlich auf diese (der breiten Öffentlichkeit gegenüber) »stille« Weise nicht gelöst werden, da dies Jahrzehnte gedauert hätte.

Dazu kam noch etwas: Viele der Rehabilitierten und wieder in die Partei Aufgenommenen schwiegen zwar, da sie jene ringsum noch in Amt und Würden sahen, die an ihrem schrecklichen Schicksal schuld oder zumindest mitschuldig waren. Manche aber redeten. Vor allem auch mit Angehörigen und Freunden solcher, die – obwohl unschuldig – im Lager oder im Gefängnis geblieben waren. Da und dort wurde in Parteiversammlungen die Frage aufgerollt. Auch nach dem Schicksal so mancher vor Jahren plötzlich »verschwundener« Kommunisten und Kommunistinnen wurde gefragt. Das Tragischste war ja, dass Hunderttausenden keine Rehabilitierung mehr helfen konnte, da sie – mit oder ohne Gerichtsverfahren – längst tot waren.

Aber eine weitere Beschleunigung der Rehabilitierungen führte zu einem echten politischen Problem: Es entstand ein wachsender Konflikt zwischen den Opfern und den an ihrem Leidensweg Schuldigen oder Mitschuldigen. Zwar waren mit Berija einige der am stärksten mit persönlicher Schuld an Repressionen Belasteten verurteilt worden. Aber die Riesenzahl der Opfer ist nur erklärbar, wenn Hunderttausende aktiv an ihrer Verfolgung teilgenommen und Millionen durch Schweigen wider besseres Wissen dies ermöglicht hatten. Den heimkehrenden Opfern waren viele der Mitschuldigen bekannt. Aber gegen sie wurde auch nach den Rehabilitierungen nichts unternommen. Es konnte gar nichts unternommen werden. Bis in Spitzenpositionen von Staat und Partei, Malenkow, Chrustschow selbst nicht ausgenommen, war diese Verstrickung nachweisbar. Malenkow etwa hatte 1949 an der politischen Aktion gegen tausende Funktionäre der Leningrader Parteiorganisation teilgenommen, die mit der Erschießung von zahlreichen verdienten Kommunisten endete.

---

auch die vielen Fälle unzweifelhaft berechtigter Verurteilungen enthalten.) Aufschlussreicher ist: Schon zwischen 1954 und 1962 wurden 737.000 Sowjetbürger rehabilitiert. Zwischen 1987 und 1990 weitere 1.043.750. Da viele nur mehr posthum rehabilitiert werden konnten, bestätigt dies in etwa die Angaben Medwedjews. (Siehe u. a. »Der Standard«, 5.8.1992).

Eine Beschleunigung der Rehabilitierungen, um sie innerhalb höchstens weniger Jahre zum Abschluss zu bringen, konnte ohne breite innerparteiliche, schließlich auch öffentliche und internationale Diskussion der Frage, wie es zu einer so grauenhaften Entartung hatte kommen können, nicht erfolgen.

Eine offene Diskussion musste die Partei und die gesellschaftliche Elite des Landes spalten, im Volk aber eine der Hauptsäulen zerstören, auf der seit dem Sieg über Hitler die sozialistische Staatsmacht ruhte, das war eben der Personenkult um Stalin.

Chrustschow lavierte. Richtig war seine Überzeugung, dass die offene Diskussion unvermeidlich war. Sein Handikap war, dass er selbst nicht verstanden hat, dass die Entartung im gesellschaftspolitischen Überbau in untrennbarem wechselseitig wirkendem Zusammenhang stand mit schwersten Deformationen auch der ökonomischen Basis dieses Sozialismus-Modells.

Ohne auch diese langfristig noch stärker wirkenden Entartungen zu analysieren, beim Namen zu nennen und Auswege zu ihrer Überwindung zu zeigen, konnten die besten Kräfte der Partei und die Massen der Arbeiterklasse und des Volkes nicht im Kampf um ein neues Ziel zusammengeschlossen werden. Alles musste vergangenheitsorientiert bleiben. Das konnte nur zu fruchtlosen gegenseitigen Vorwürfen, Beschuldigungen, Aufrechnung von Fehlern und Verdiensten führen.

Das galt auch international. Als eine der ersten Aktionen versuchte Chrustschow den Bruch mit Tito rückgängig zu machen. Da dies ohne gründliche Analyse dessen erfolgte, was an der Kominform-Haltung falsch gewesen war, hielt sich Tito sehr zurück. Schließlich war die Struktur der Machtausübung in Jugoslawien trotz des Konflikts in vieler Hinsicht eine Kopie der sowjetischen. Sogar einschließlich des Personenkults, hier um Tito.

Die meisten Parteien der kommunistischen Weltbewegung wurden schon bei der Umorientierung gegenüber Tito misstrauisch hinsichtlich der neuen Haltung der KPdSU. Die Masse der Kommunisten wollte und konnte nicht glauben, dass bisher Unanfechtbares plötzlich falsch gewesen sein sollte.

Dass in dieser Phase (1955) die Sowjetregierung dem Abschluss des österreichischen Staatsvertrages zustimmte und damit die Bereitschaft signalisierte, im Interesse der Beendigung des Kalten Krieges auch Konzessionen zu machen, fand dagegen allgemein Zustimmung. Auch innerhalb der sowjetischen Führung hatte nur Molotow gegen den Abzug der Sowjettruppen aus Österreich Bedenken.

Der 20. Parteitag

Die Lage innerhalb der KPdSU war die Hauptursache dafür, dass die Rehabilitierungen immer schleppender vor sich gingen. Im ganzen Jahr 1955 wurden nur 10.000 noch lebende Personen rehabilitiert und nach Hause entlassen.[63]

Mitte des Jahres begannen die Vorbereitungen für den ersten Parteitag nach Stalins Tod, den 20. Parteitag. Chrustschow drängte darauf, auf diesem Parteitag auch die »Folgen des Personenkults um Stalin« zu behandeln. Er erreichte schließlich die Zustimmung, dass er in einem gesonderten Vortrag in der geschlossenen Sitzung, die im allgemeinen nur der Diskussion der personellen Vorschläge für die Neuwahl der Leitung gewidmet war, dieses Problem behandeln konnte.

Mit dieser Fixierung des Themenrahmens auf den »Personenkult um Stalin« war die Beschränkung auf Erscheinungen im gesellschaftspolitischen Überbau und dabei wieder auf negative Eigenschaften Stalins vorgegeben. Auch wenn Chrustschow selbst heftig gegen die Prägung des Begriffs »Stalinismus« auftrat, verstärkte diese Beschränkung notwendigerweise den Eindruck der Berechtigung einer solchen Bezeichnung.

Die Folgen der »Geheimrede« – deren Inhalt mit offensichtlicher Zustimmung Chrustschows im Ausland bald publik war – sind bekannt. Innerhalb des Landes kam es endlich zu einer breiten Welle von Rehabilitierungen. Damit aber auch zu einer Verschärfung der Diskussionen um die Person Stalins. Die emotionale Bindung von

---

63 Siehe Roy Medwedjew, »Chrustschow...«, S. 123.

Dutzenden Millionen Menschen, die in dem mit Stalin an der Spitze geführten »vaterländischen« Krieg Angehörige verloren, selbst unsagbares Leid erlebt hatten, war zu stark. Das Geschehene wurde als Preis für den schließlich doch erkämpften Sieg bezeichnet. Da man dieser Stimmung mit immer stärkerer Betonung des Unmaßes an Verbrechen entgegenwirken wollte, anstatt die gesellschaftspolitischen und ökonomischen Folgen für das sowjetische Sozialismus-Modell zu analysieren, konnte kein Ausweg gefunden, sondern die Spaltung der Gesellschaft, im besonderen auch der führenden Elite, bei dieser Art der Diskussion nur vertieft werden.

Es ist bemerkenswert, dass auf dem 20. Parteitag in den öffentlichen Sitzungen nur Anastas Mikojan auch auf die falschen Ansichten verwies, die Stalin in den »Ökonomischen Problemen des Sozialismus« (damals erst vier Jahre zuvor) vertreten hatte. Er war es auch, der auf die wissenschaftliche Unhaltbarkeit von Stalins »Kurzer Geschichte der KPdSU« verwies, in der ein ganzer Abschnitt nur die »Ergebnisse« der Schauprozesse der Dreißigerjahre zur angeblichen »historischen Wahrheit« aufzuwerten suchte.

Dabei hatte in der praktischen Politik schon seit 1953 eine Reihe von Maßnahmen eine Verbesserung des ökonomischen Mechanismus erreichen sollen. Achillesferse war nach wie vor die Landwirtschaft. Die Ankaufspreise sowohl bei den Kollektivwirtschaften als auch bei den Hofland-Wirtschaften wurden erhöht. Die Pachtsteuer für letztere wurde gesenkt. Schließlich war der Zustand erreicht, dass die Ankaufspreise für Getreide höher waren, als die Konsumenten für Brot zu zahlen hatten. Trotz der dazu erforderlichen riesigen Subventionen, trotz der zur Verfügung stehenden Flächen konnte die Landwirtschaft nur immer schlechter das Land versorgen.

Noch zu Lebzeiten Stalins hatte man durch ein landesweites Meliorationsprogramm, Aufforstung von Waldschutzstreifen in der gesamten europäischen Steppenregion eine grundlegende Verbesserung zu erreichen versucht. Aber das konnte erst in Jahrzehnten wirksam werden. Chrustschows durch mehrere Jahre verfolgtes »Steckenpferd« der Ausweitung des Mais-Anbaus erwies sich in vielen Regionen als Fehlorientierung.

Eine gewisse Verbesserung trat erst ein, als – wieder mit großem Einsatz zentraler Mittel und Möglichkeiten – die »Neulanderschließung« vor allem in Nordkasachstan, aber auch in Südrussland in Angriff genommen wurde. Der Erfolg konnte aber nur vorübergehend sein. Grundlage war ja nicht eine Erhöhung der wirtschaftlichen Leistungskraft durch Intensivierung der bestehenden Kapazitäten, sondern ein massiver Rückgriff auf bisher nicht genutzte natürliche Möglichkeiten. Es war ein Musterbeispiel extensiver Produktionserweiterung. Solange es solche Möglichkeiten noch gab, waren die politische Führung und die Wissenschaft nicht gezwungen, die wahren Ursachen der nicht abnehmenden wirtschaftlichen Schwierigkeiten zu erforschen und auszuschalten.

Die Kritik an Stalin war daher zwar scharf, aber nicht tiefschürfend genug. Niemand in der Parteiführung stellte die Phase des »Bürgerkriegs im Dorf« in Frage. Ebenso wenig die Ablösung der NEP durch eine zentrale staatliche Zuteilungswirtschaft ohne ausreichende Beachtung der sich aus ökonomischen Gesetzmäßigkeiten – also dem Wertgesetz – ergebenden Proportionen. Selbst große Bereiche der Massenrepression gegen Kommunisten und führende Militärs blieben »ausgespart«.

Wie sehr auch Chrustschow selbst von der Richtigkeit des in der Sowjetunion entstandenen Sozialismus-Modells und damit von wichtigen Thesen in Stalins »Ökonomischen Problemen...« überzeugt war, bewies wiederholt sein öffentliches, auch internationales Auftreten. So verkündete er vor der Generalversammlung der UNO, der Sozialismus werde den Kapitalismus begraben. Und gegen Ende der Fünfzigerjahre rechnete er – mit Angabe sogar von Jahreszahlen – vor, wann die Sowjetunion die USA hinsichtlich der Produktion pro Kopf der Bevölkerung überholen werde.

Besonders drastisch wird das im 1961 veröffentlichten Entwurf des neuen Parteiprogramms der KPdSU zum Ausdruck gebracht. Dort wird wörtlich vorausgesagt:

> »Am Ende des zweiten Jahrzehnts (1971-1980) wird die materielle und technische Grundlage des Kommunismus errichtet sein und der Bevölkerung ein Übermaß materieller und kultureller Segnungen garantieren.

> Die sowjetische Gesellschaft wird fast das Stadium erreicht haben, in dem das Verteilungsprinzip ›Jedem nach seinen Bedürfnissen‹ möglich wird... Auf diese Weise wird in der UdSSR im wesentlichen eine kommunistische Gesellschaft hergestellt sein.«[64]

Dazu erübrigt sich jeder Kommentar.

Aus den schon angeführten Gründen brachten die Enthüllungen auf dem 20. Parteitag in der KPdSU keineswegs den von manchen erwarteten neuen Aufschwung. Die tiefe Kluft innerhalb der Partei wuchs. In der führenden Schicht des Landes begannen sich deutlich und immer stärker jene Kräfte zu sammeln, die durch die Aufdeckung der Verbrechen unter Stalin um ihre eigenen Positionen bangen mussten. Das waren aber die Mehrheit – und vor allem die Einflussreichen. Sie brauchten deshalb keinen offenen Kampf zu führen, den sie nicht mehr hätten gewinnen können.

Ein einziges Mal wurde von den früheren engsten Mitarbeitern Stalins, Molotow, Malenkow und Kaganowitsch, der Versuch zur Ablösung Chrustschows unternommen. Aber der scheiterte, da im ZK dessen Anhänger eine klare Mehrheit hatten und dort einen im Politbüro bereits gefassten Beschluss wieder zu Fall brachten. Chrustschow gewann dadurch mehrere Jahre Zeit, sein Programm in die Tat umzusetzen.

Die internationale Auswirkung

In den unter kommunistischer Führung stehenden Ländern Mittel- und Osteuropas war die Auswirkung des 20. Parteitags dagegen fatal für die dortige Staatsmacht.

Die Verbrechen, die hier im Namen des Sozialismus begangen worden waren, weckten zusätzliche antirussische nationalistische Emotionen. In Polen setzte eine Massenbewegung zur Wiederauflösung der unter Druck geschaffenen Kollektivwirtschaften ein. Keine

---

64 Siehe den stenographischen Bericht des 22. Parteitags der KPdSU, Bd. 2, Moskau 1961, russ.

politische Kraft konnte sich dieser Bewegung entgegenstellen. Die polnischen Kommunisten waren zutiefst erschüttert, als sie erfahren mussten, dass die Beschuldigungen gegen eine ganze Führungsgeneration, die unter Stalin ermordet worden war, falsch gewesen sind. Der aus der polnischen Widerstandsbewegung kommende, aber seit mehreren Jahren eingekerkerte Gomulka wurde – mit deutlich widerwilliger Zustimmung der nach Warschau entsandten sowjetischen Delegation – an die Spitze der Partei gestellt. Er konnte dort das Ärgste verhindern. Polen, das zu dieser Zeit immer noch unter dem ungeheuren internationalen Druck der Nichtanerkennung seiner Westgrenze durch die rasch wiedererstarkende BRD leben musste, konnte aus allgemein anerkannten nationalen Gründen einen Bruch mit der Sowjetunion nicht riskieren. Darin stimmte selbst die hier besonders einflussreiche katholische Kirche mit den Kommunisten überein.

Nicht so glatt ging es in Ungarn. Hier ging die Bewegung rasch über die Frage der Rehabilitierung der zu Unrecht Verurteilten und in vielen Fällen Ermordeten hinaus. Zwar gab es hier keine Massenbewegung zur Auflösung der Kollektivwirtschaften, aber von antikommunistischen Kräften wurde die Unzufriedenheit des Volkes zu blutigen Angriffen auf Kommunisten und Sicherheitsorgane zugespitzt. Stützen konnten sich solche Angriffe auf zu vielen Tausenden aus dem Ausland über die, lange Zeit offenen, Grenzen zurückgekehrte antikommunistische Emigranten.

Imre Nagy, wenige Jahre vorher verfolgt, wurde wieder als Regierungschef eingesetzt. Aber auch er konnte (und wollte) nicht verhindern, dass das Parlament den Beschluss fasste, aus dem Warschauer Pakt auszutreten und das Land für neutral zu erklären. Das wurde von sowjetischer Seite, mit entscheidender Beteiligung Chrustschows, als Anlass zur militärischen Niederschlagung des Aufstandes genommen, was nach tagelangen blutigen Kämpfen vor allem in Budapest erfolgte.

Janos Kadar, der ebenfalls in der Stalin-Zeit verfolgt worden war, bildete unter großen Schwierigkeiten eine neue Regierung. Es gehört zu den tragischen Folgen der herrschenden Unsicherheit, dass gerade diese Regierung, die später viel unternommen hat, um einige der Folgen der Erstarrung des sowjetischen Modells wenigstens für Ungarn zu überwinden, sich gleich in dieser ersten Zeit ihrer Tätigkeit mit dem Todesurteil über Imre Nagy belastet hat.

Für die kommunistischen Parteien in den kapitalistischen Ländern brachte diese auf die Verbrechen der Stalin-Zeit eingeschränkte Aufdeckung der Fehlentwicklung besondere Schwierigkeiten. Da erst mehrere Monate nach dem 20. Parteitag in einem Beschluss des ZK der KPdSU öffentlich über diese Verbrechen geschrieben wurde, war die Verwirrung noch größer.

Als ernsteste kritische Stimme muss von dieser Seite die von Palmiro Togliatti angesehen werden, der darauf aufmerksam machte, dass die bloße Erklärung durch den um Stalin entstandenen Personenkult ungenügend sei. Auch Togliatti konnte – so wie niemand außerhalb des engsten Führungskreises der KPdSU – nicht jenes Wissen um die Entwicklung und die wirkliche Lage der bestehenden sozialistischen Produktionsweise haben, um die volle Tiefe deren innerer Widersprüche erkennen zu können.

Die optimistischen Einschätzungen der Lage und Perspektive des bestehenden sozialistischen Systems, wie sie auch Chrustschow immer wieder öffentlich vertrat, verstärkten den Eindruck, dass schon dieses Sozialismus-Modell dem Kapitalismus grundsätzlich überlegen sei. Einige Tatsachen schienen dies zu bestätigen: So wurde gerade um diese Zeit sichtbar, dass auf dem Gebiet der Raketentechnologie und Weltraumforschung die Sowjetunion die USA überholt hatte, obwohl letztere sich durch Jahre auch auf die hochentwickelte deutsche Forschung und deren Spitzentechniker hatten stützen können.

Auf der 1960 durchgeführten internationalen Beratung der kommunistischen Parteien wurde die Weltlage so eingeschätzt, dass die Menschheit nunmehr in die »Epoche des Übergangs vom Kapitalismus zum Sozialismus« eingetreten sei. Dass dies eine Fortsetzung der Fehleinschätzung Stalins von 1952 war, dürfte damals niemand bewusst gewesen sein. Richtig war: Die Erringung sozialistischer Gesellschaftsverhältnisse war für einen großen Teil der Menschheit unmittelbares Kampfziel geworden. Kuba bewies, wie aktuell das war. Aber deshalb eine »Epoche des Übergangs zum Sozialismus« zu deklarieren, lenkte von der Gefahr auch einer anderen Entwicklung ab, wie sie drei Jahrzehnte später dann eingetreten ist.

Die Distanzierung der KP Chinas

Das gilt auch für die um diese Zeit erstmals öffentlich sichtbare Distanzierung Mao-Zedong und damit der KP Chinas von der von Chrustschow eingeschlagenen Linie.

Dem Gewicht der chinesischen Partei entsprechend druckte auch die »Prawda« einen langen Artikel »Über die historische Erfahrung der Diktatur des Proletariats« aus »Renminribao«, dem Zentralorgan der KP Chinas ab. Vermutlich Mao-Zedong selbst versuchte darin zu beweisen, dass Stalins Leistungen bedeutender als seine Fehler gewesen seien. Eine Argumentationslinie, die bis heute verwendet wird, aber genauso wenig zum Verstehen der wirklichen Fehlentwicklung führt wie die gängige Verteufelung Stalins.

Wie später auszuführen sein wird, entsprach die Haltung Mao-Zedong dem Wunsch nach ungehinderter Fortsetzung ganz ähnlicher Methoden, die – wenn auch zum Teil mit Zielrichtung gegen Anhänger Stalins und der früheren Komintern – schon seit über einem Jahrzehnt angewandt worden waren. Dazu kam die Absicht Mao-Zedong und seiner führenden Gruppe, durch Ablehnung der »Entstalinisierung« selbst in der internationalen Bewegung den Platz Stalins einnehmen zu können.

Neue Etappe im Kalten Krieg

Der seit 1957 sichtbar gewordene Vorsprung der Sowjetunion in der Raketentechnik hatte vor allem militärstrategische Bedeutung. Mit der Verfügung über Interkontinentalraketen, die im Kriegsfall von sowjetischem Territorium aus auch die USA hätten erreichen können, konnte die Sowjetunion den Vorteil der USA ausgleichen, die in Grenznähe zur Sowjetunion ihre strategischen Bomber stationiert hatten.

Die Bedrohung blieb trotzdem real. Dank ihres insgesamt größeren industriellen Potentials konnten die USA innerhalb weniger Jahre den Raketenrückstand aufholen. Es setzte der Wettstreit hinsichtlich der Zahl und der Vernichtungskapazität atomarer Sprengköpfe und deren Träger ein. Solange, bis die Zerstörungskraft insgesamt gereicht hätte, ein Mehrfaches der Weltbevölkerung zu vernichten.

Es wäre heute hanebüchen zu sagen, die Sowjetregierung hätte sich diesen technologischen Rüstungswettlauf nicht aufzwingen lassen dürfen, da ja die Geschichte seither bewiesen habe, dass keine US-Administration es wagen konnte, ihre politischen Ziele durch den Einsatz auch von Atomwaffen durchzusetzen. Letzteres stimmt wahrscheinlich nur, weil die USA z. B. in Vietnam Atomwaffen deshalb nicht einsetzen konnten, da sie in einem solchen Fall den Einsatz von gleichartigen Waffen gegen US-Territorium nicht hätten ausschließen können.

Insgesamt führten die USA und ihre Verbündeten in dieser Zeit den »Kalten Krieg« gegen das sozialistische System stärker mit ökonomischen und politischen Waffen, wobei auch die militärische Hochrüstung überwiegend das ökonomische Ziel des »Totrüstens« des sozialistischen Systems hatte.

Dazu kam, dass die Globalisierung dieses Systems ökonomisch immer größere Anforderungen an die Sowjetunion stellte. Schon die europäischen sozialistischen Staaten bauten ihre Wirtschaft im wesentlichen auf den Bezug billiger Rohstoffe und Energie aus der Sowjetunion auf. Eine Zeit lang wurde China direkt unterstützt. Später vor allem Vietnam, Kuba, eine Reihe afrikanischer Länder, die sich aus der Abhängigkeit vom Imperialismus befreien wollten.

Das alles stellte wachsende Anforderungen an eine Wirtschaft, die immer deutlicher mit eigenen Stagnationstendenzen zu kämpfen hatte.

Warum Chrustschow scheiterte

Die Hilflosigkeit Chrustschows den sich zuspitzenden wirtschaftlichen Problemen gegenüber war dann auch der Grund für seine Ablösung. Ende der Fünfzigerjahre wurde immer deutlicher: Die Bürokratie einer zentraladministrativ gelenkten Planwirtschaft konnte diesem Sozialismus-Modell nicht den notwendigen Impuls zu einer radikalen Hebung der gesellschaftlichen Arbeitsproduktivität geben. Das Wertgesetz durfte aber seine wichtigste Funktion im ökonomischen Reproduktionsprozess – nämlich den des spontan wirkenden Stimulans' zur Produktivitätssteigerung – nicht spielen. In dieser Hinsicht war auch Chrustschow nicht bereit, von Stalin abzugehen. Also beschränkten sich alle seine Maßnahmen auf Symptomkuren. Er verlegte immer mehr Entscheidungskompetenzen von zentralen in Republik-, Gebiets- und städtische Instanzen. Aber das veränderte weder das Wesen noch die bürokratische Schwerfälligkeit der wirtschaftlichen Entscheidungen. Es vergrößerte nur die Wirtschaftsbürokratie.

Als weiterer Schritt kam die Aufteilung des Landes in annähernd gleich große Wirtschaftsbezirke. Schließlich verkündete Chrustschow sogar die Absicht, die Partei in eine Industrie- und eine Landwirtschaftspartei aufzuspalten. Das hätte eine noch stärkere Einbindung des Parteiapparats in die bestehende Wirtschafts- und Verwaltungsbürokratie, eine noch stärkere Verschmelzung der das Land führenden Schicht bedeutet.

Seine immer deutlicher zutage tretende Sprunghaftigkeit angesichts der ausbleibenden durchschlagenden Erfolge ließ das Ansehen Chrustschows sinken. Für seine Parteigänger bei der Abrechnung mit dem Erbe Stalins war er schließlich zu inkonsequent, was sich etwa in seinem widersprüchlichen Verhalten zu Alexander Solshenyzin zeigte. Gerade das bestärkte aber wieder jenen – sicher größeren – Teil der herrschenden Schicht, der die ganze Frage der Verbrechen der Stalin-Zeit am liebsten wieder »unter den Teppich gekehrt« hätte. Das geschah dann auch weitgehend. Als ich 1987 zu den 70-Jahrfeiern nach Moskau kam, erzählte mir der mir zugeteilte Dolmetscher, ein Sprachstudent Mitte der Zwanziger, wie sehr ihn die Aufrollung der Verbrechen Stalins durch Gorbatschow erschüttert habe. Er habe vorher in seiner ganzen Studienzeit nie etwas darüber zu hören bekommen... Seit der Ablösung Chrustschows waren eben schon wieder 23 Jahre vergangen.

Diese Ablösung Chrustschows war 1964 durch die Mehrheit jüngerer Funktionäre erfolgt, die selbst kaum mehr mit der Stalin-Zeit in Verbindung gebracht werden konnten, da sie damals erst weniger bedeutende Funktionen in der Partei bekleidet hatten. Breshnjew, Susslow, Kossygin, Gromyko usw. zählten dazu. Dass auch Gromyko hier erwähnt werden muss, hängt damit zusammen, dass Chrustschow auch in seinem internationalen Auftreten seinen auf fast alle Partner wirkenden bäuerlich-natürlichen Charme mehr und mehr durch Sprunghaftigkeit, manchmal auch Grobheit, entwertete.

10. Kapitel
Die Periode der Stagnation

Als Gorbatschow bei Beginn der Perestrojka die vorhergehende Entwicklung der Sowjetunion als Periode der Stagnation bezeichnete, stieß dies auf Zweifel. Zumindest während der Sechzigerjahre hatten die Zuwachsraten der Sowjetwirtschaft (mit Ausnahme der Landwirtschaft) noch mit die Weltspitze gehalten. Geht man aber von den Problemen der inneren Dynamik dieses sozialistischen Reproduktionssystems aus, dann muss man sogar die Jahre von Chrustschows Experimenten mit in diese Kennzeichnung einbeziehen.

Es geht ja nicht nur um die Steigerung der Produktion von Stahl, Erdöl, Kohle, Elektroenergie, Stoffen, Schuhen, Wohnungen, sondern um die Effizienz des gesamten Wirtschaftssystems. Wie arg es um die bestellt war, zeigte sich schließlich in den zunehmend kritischer werdenden Tönen sogar in den Rechenschaftsberichten auf den Parteitagen. Die üblichen Erfolgsbilanzen wurden mehr und mehr begleitet von Kritik am fehlenden oder nur ungenügenden Übergang von extensivem zu *intensivem* Wirtschaftswachstum.

Das war das Kernproblem. Weder Chrustschow noch Breschnew und die führenden Funktionäre um sie herum erkannten, dass im Rahmen des seit dem Abgehen von der NEP immer fester etablierten Lenkungssystems der Sowjetwirtschaft dieses Problem nicht gelöst werden *konnte*.

Worum ging es dabei? Ich habe schon darauf verwiesen, dass mit der Verbreiterung des Warenangebots und der zunehmenden Komplexität der Industrieerzeugnisse auch der Abteilung I (die ja nicht als Waren aufscheinen durften) die Zahl jener Positionen, die von zentralen Planungsinstanzen zugeteilt werden mussten, bis in Millionenhöhe angewachsen war. Sie musste als Folge des technologischen Fortschritts immer schneller weiterwachsen. Wie schnell, lässt sich daraus schließen, dass das Güterangebot auch der Sowjetwirtschaft bis Mitte der Achtzigerjahre auf 25 Millionen Positionen angewachsen war.

Das war aber nur die eine Seite des Problems. Die andere Seite war die ebenfalls rasch wachsende Zahl jener Betriebe, die zur Durchführung ihrer Planverpflichtungen diese Zuteilungen erhalten mussten. (Von den schließlich über 250 Mio. Konsumenten, die hinsichtlich der angebotenen Waren auch allmählich differenziertere Wünsche entwickelten, rede ich dabei noch nicht. Ebenso wenig von den Bedürfnissen des Exports.)

Anfang 1957 gab es in der Sowjetunion über 200.000 Industriebetriebe und etwa 100.000 Baustellen. Dazu kamen im produzierenden Bereich 85.000 Kolchose und 5.000 Sowchose sowie die vielen Handelsorganisationen. Geht man für die Industriebetriebe von durchschnittlich je 40 verbindlichen Plankennziffern pro Betrieb aus, dann waren das schon zu dieser Zeit allein für die Industriebetriebe 8 Millionen zu errechnende Kennziffern. Gar nicht zu reden von den sich daraus ergebenden notwendigen Beschlüssen hinsichtlich der zur Sicherung dieser Planauflagen notwendigen Güterströme, Arbeitskraftreserven, Kommunikationseinrichtungen usw. Hier waren also viele Milliarden einzelne Material-Wege festzulegen, damit die »Blutzirkulation« einer so komplex gewordenen Wirtschaft in Gang gehalten werden konnte.

Das alles erfolgte bei der vorherrschenden Auffassung über die ökonomische Basis dieses Sozialismus-Modells entsprechend den Entscheidungen zentraler Planungsinstanzen. Die Verlagerung dieser Planungsinstanzen in die Wirtschaftsbezirke und Republiken, wie sie Chrustschow vornahm, führte nur teilweise zu einer Erleichterung. Dort wo die Wirtschaftskreisläufe (z. B. durch notwendige Zulieferung von Rohstoffen, Energie, Hilfsmaterial aus und durch Auslieferung der Produkte in andere Wirtschaftsbezirke) die Grenzen der Wirtschaftsbezirke überschritten, musste die zentrale Planungsbürokratie – neben der jetzt in jedem Wirtschaftsbezirk aufgebauten regionalen Planungsbürokratie – aufrecht erhalten bleiben. Auch für die Wirtschaftsbeziehungen mit dem Ausland musste die zentrale Planung bestimmend bleiben. Insgesamt ergab dies sogar eine Ausweitung der Bürokratie.

Dieses System *musste* immer schwerfälliger werden. Jede Veränderung im Produktionsprogramm eines Betriebes erforderte einen

»Vorlauf« von hunderten Entscheidungen bürokratischer Instanzen auf verschiedenen Ebenen. Nicht nur die Produktänderung selbst, sondern die Zuteilung der dafür erforderlichen Rohstoffe und Vormaterialien, der Maschinen und Energie, der Arbeitskräfte usw. erfolgte durch bürokratische Planungsinstanzen.

Von einer bestimmten Entwicklungsstufe an konnte das System nur mehr dadurch Erfolge aufweisen, dass seine Prinzipien von tüchtigen Betriebsleitungen durchbrochen wurden. Diese verstanden es, »stille Reserven« im Betrieb aufzubauen, mit denen sie Veränderungen in begrenztem Rahmen in direkter Zusammenarbeit mit anderen Betrieben durchführten, ohne die bürokratischen Planungsstellen einzuschalten. Natürlich schuf dies gleichzeitig Möglichkeiten zur persönlichen Bereicherung der beteiligten Wirtschaftsfunktionäre. Dies umso mehr, als sie sich dabei nicht nur außerhalb der Planung, sondern auch außerhalb jeder Kontrolle bewegten. Die Zunahme der »Schattenwirtschaft« parallel zur zunehmenden ökonomischen Differenzierung der sowjetischen Wirtschaft entsprach also durchaus einer ökonomischen Logik.

Diese zuerst an der Grenze zur Illegalität angesiedelten Methoden mussten schließlich nicht nur toleriert, sondern auch legalisiert werden. Während der Achtzigerjahre wurde es zur Regel, dass Betriebe der Abteilung I, vor allem aber aus dem streng abgesonderten Rüstungsbereich, aus diesen »Reserven« zusätzlich Produkte für den Konsum herstellten, die sie als Waren verkaufen konnten, wofür sie dann sogar prämiert wurden.

Vorsicht vor Utopien

Die moderne, auf arbeitsteilige Großproduktion und Austausch der Produkte aufgebaute Wirtschaft ist ein außerordentlich komplizierter Organismus. Im Kapitalismus ist das Gewinnstreben der Wirtschaftssubjekte (Einzelpersonen, Wirtschaftsgesellschaften usw.) bestimmendes Motiv für jede von diesen Subjekten veranlasste oder/und durchgeführte Bewegung in dem milliardenfach sich verschlingenden

Blutkreislauf des Waren- und Geldverkehrs, für jede Information im komplizierten Nervensystem der Kommunikation zwischen diesen Wirtschaftssubjekten.

Das führt zwar unvermeidlich auch zu periodisch auftretenden Disproportionen des Gesamt-Reproduktionsprozesses, die in Krisen ihren Ausgleich finden, aber insgesamt sichert es dessen Funktionieren. Da es nicht nur – auch exorbitante – Gewinne erzielen lässt, sondern gleichzeitig zwingt, mit möglichst geringem Aufwand zu produzieren, ist es Garant für das Vorherrschen der Tendenz zu möglichst rascher Steigerung der Produktivität. Sogar die Gewinne wirken in diese Richtung, soweit sie zur Vergrößerung der Effektivität investiert werden.

Von einer bestimmten Entwicklungsstufe an vermochte das zentraladministrative Planungssystem mit seinem überwuchernden Bürokratismus dies immer weniger. Solange es den Ausweg in Formen extensiver Wirtschaftsausweitung gab (ungenutzte Naturreserven, Arbeitskraft), war trotzdem ein Wirtschaftswachstum möglich. Als diese Reserven sich ihrer Erschöpfung näherten, trat insgesamt die Phase der Stagnation ein, auch wenn es im einzelnen noch (sogar spektakuläre) Produktionsausweitungen gab. Nach der Neulanderschließung war die unter großer Kraftanstrengung erfolgende Erschließung des west- und nordsibirischen Erdöls (und Erdgases) die letzte erfolgreiche Großaktion extensiver Produktionsausweitung der damaligen Sowjetunion. Ein noch gigantischerer Plan wurde zwar jahrzehntelang diskutiert, aber vom 26. Parteitag der KPdSU im Jahr 1981 endgültig abgelehnt: Die Umleitung großer Wassermassen der nordsibirischen Ströme zur Bewässerung Zentralasiens.

Da der Übergang zu Formen intensiver Wirtschaftsentwicklung nicht gelungen ist, brachen mit der ökonomischen Basis schließlich die Staatlichkeit und das ganze gesellschaftliche System zusammen.

Von linken Autoren wird bei der kritischen Analyse dieses Zusammenbruchs häufig die Ansicht vertreten, dieses System habe den Grundfehler begangen, sich hinsichtlich seiner Wirtschaftsentwicklung mit dem Kapitalismus – und überdies bei Anwendung von dessen Kriterien – messen zu wollen.

Diese Autoren weichen damit der Beantwortung einer Grundfrage der menschlichen Entwicklung aus, der Frage, wie 400 Millionen Menschen *ohne* ein halbwegs funktionierendes ökonomisches Reproduktionssystem überhaupt hätten existieren können. Denn darauf läuft es ja hinaus, wenn z. B. Robert Kurz »Naturalbeziehungen ernst genommen, als eigene Perspektive betrachtet und als systematischen Reproduktionskreislauf eigener Art weiterentwickelt« sehen will. Seiner Meinung nach könnte dies »ein System sein, das innerhalb seiner eigenen Kreisläufe überhaupt nicht mehr in Geldkategorien nach den Äquivalenzkriterien des Warentausches verfährt, sondern in naturalen Größen nach sinnlichen Bedürfnis- und ökologischen Verträglichkeitskriterien.«[65]

Das ist einfach eine Flucht vor der Schwierigkeit, die vor *jeder* erfolgreichen sozialistischen Revolution stehen wird: Sie wird in jedem Fall den Menschen, die sie getragen und durchgeführt haben, auch und vor allem auf ökonomischem Gebiet mehr und Besseres bieten müssen, als der Kapitalismus dies konnte.

Hier muss daran erinnert werden, dass die Idee eines solchen »Produktenaustauschs« ohne Beachtung von Wertkriterien 1952 schon von Stalin vertreten wurde. In seinen »Ökonomischen Problemen des Sozialismus in der UdSSR« sieht er diesen schon als konkrete Perspektive der Weiterentwicklung des sowjetischen Sozialismus-Modells an:

> »Wir haben noch kein entwickeltes System des Produktenaustausches, doch gibt es Keime des Produktenaustausches in Form der ›Warenabgeltung‹ von landwirtschaftlichen Produkten... Aber man muß es beharrlich einführen,... indem man Schritt für Schritt die Wirkungssphäre der Warenzirkulation einengt und die Wirkungssphäre des Produktenaustausches ausdehnt.«[66]

Dieser Weg war sicherstes Mittel, den Stimulans zur spontanen Erhöhung der Produktivität auch dort, wo er noch wirkte, abzubauen. Wenn die Produzenten in einem Kolchos z. B. Textilien als Austausch gegen

---

65 Siehe Robert Kurz, »Potemkins Rückkehr«, Berlin 1993, S. 235.

66 Siehe Stalin, »Die ökonomischen Probleme des Sozialismus in der UdSSR«, Verlag f. fremdspr. Literatur, Moskau 1952, S. 112/113.

von ihnen produzierte Schafwolle *ohne* festes quantitatives Verhältnis bekommen können, fällt der Anreiz weg, durch möglichst geringen Arbeitsaufwand eine möglichst große Menge Wolle zu produzieren und zu liefern. Ein solcher Weg wird erst möglich, wenn die Menschen über solche Produktivkräfte verfügen, dass sie auf den wichtigsten Gebieten mit geringer Mühe Überflüsse produzieren können. Davon war die Sowjetunion 1952 und ist die Menschheit auch heute noch weit entfernt. Mehr noch: Verzichtet sie auf den Einsatz des spontan wirkenden Massenstimulans zur Produktivitätssteigerung, der im Wirken des Wertgesetzes liegt, dann wird sie sich diesem Zustand nicht annähern, sondern sich von ihm weiter entfernen.

Diese Flucht in eine Utopie ist daher gefährlich für die Perspektive auch jeder zukünftig entstehenden sozialistischen Gesellschaftsform.

Folgen der Stagnation

Bevor ich auf die Versuche der Nach-Chrustschow-Periode zur Durchbrechung dieser Stagnation eingehe, muss ich auf deren gesellschaftliche Folgen verweisen. Diese waren die Hauptursache für das Scheitern Chrustschows und auch aller nachfolgenden Versuche zu Reformen der ökonomischen Basis und des gesellschaftspolitischen Überbaus des sowjetischen Gesellschaftsmodells.

Ich habe schon auf die zahlenmäßige Ausweitung der bürokratischen Apparate verwiesen, die bei Differenzierung der Produktion direkt aus dieser ökonomischen Struktur entspringt. Dazu kommt, dass diese zahlenmäßige Ausweitung – relativ und manchmal auch absolut – zu immer geringerer Effektivität führen *muss*. Die zunehmende Zahl solcher Verwaltungsinstanzen und ihrer Angestellten musste zu einer Verlängerung der Entscheidungszeiträume führen. Mit dem ökonomischen Fortschritt nahm die Zahl notwendiger Entscheidungen rasch zu. Immer mehr neue Warenarten und -muster mussten in Produktion genommen werden, neue Produktionstechnologien und -methoden (und mit ihnen die dafür erforderlichen Maschinen, Aggregate, Halbfabrikate) mussten entwickelt und eingeführt werden.

Mit der Beschleunigung dieser Entwicklung als Folge und in Verbindung mit der wissenschaftlich-technischen Revolution erhielt die Zeit als Kostenfaktor immer größeres Gewicht: Nicht mehr nur als quantitative Abgrenzung wertschöpfender gesellschaftlicher Arbeit, die zur Herstellung aufgewendet werden muss, sondern jetzt auch dadurch, dass ein Zurückbleiben bei der Einführung technologisch bereits möglicher, weniger Arbeitszeit erfordernder Herstellungsmethoden zu einem Wertverlust im Gesamtreproduktionsprozess führen musste.

Immer mehr Zeit verstrich, bis solche Entscheidungen zwischen den Instanzen vom Betrieb an über Stadt-, Wirtschaftsbezirks-, Republik- und Unionsbehörden und Planungsstellen abgestimmt waren. Selbst wenn die Entscheidung dann (von der Ausgangslage her betrachtet) richtig war, trat der Wertverlust durch die verlorene Zeit ein. Dazu kam, dass die Umsetzung (Baumaßnahmen, Maschinenanschaffung bzw. -veränderung usw.) weitere Zeit erforderte. Gemessen an der internationalen durchschnittlichen Produktivitätsentwicklung erfolgte in immer mehr Fällen die Neuaufnahme solcher Produktionen zu spät. Daher die fatale Wechselwirkung, dass immer mehr Angestellte in diesem Bereich zu immer langsamerer Effektivitätsentwicklung der sowjetischen Volkswirtschaft geführt haben.

Auch diese Angestellten wurden offiziell zur Arbeiterklasse gezählt. Daher wuchs die Zahl der Arbeiterklasse. Aber ein immer größerer Teil dieser Arbeiterklasse trug nicht mehr zur Erhöhung der gesellschaftlichen Produktivität bei. Dieser Bremsklotz wurde immer schwerer.

Das hatte nicht nur ökonomische, sondern auch gesellschaftliche Folgen. Im allgemeinen verdienten diese Verwaltungsangestellten wenig. Jene, die durch persönliche Entscheidungen Betrieben ermöglichen konnten, rascher etwas zu erreichen (und damit auch höhere persönliche Prämien für deren Belegschaft, vor allem auch die Leitungen), konnten durch Geschenkannahme (deren Umfang immer größer wurde) ihre Lage verbessern. Aber auch die Masse jener, die solche Möglichkeiten nicht hatten, war meist damit zufrieden, dass sie für geringfügige Routinearbeiten regelmäßig ein Gehalt bekam. Das war bequem und nur wenige wollten daran etwas geändert wissen.

Diese Schicht bildete die Massenbasis für die Ablehnung jeder ernsteren Veränderung dieses Sozialismus-Modells. Die Spitzen dieser Verwaltungsbürokratie wurden mehr und mehr durch die Möglichkeit, sich raschere Entscheidungen »abkaufen« zu lassen, korrumpiert. Es verstärkte sich der Filz zwischen Wirtschaftsmanagement und den Spitzen der staatlichen Planungs- und Verwaltungsbürokratie. Da die Spitzenfunktionen in beiden Bereichen in letzter Instanz von den Kaderabteilungen der Partei vorgeschlagen wurden, war auch deren allmähliche Einbeziehung in diesen Filz nur eine Frage der Zeit. Die ökonomischen Verhältnisse verfestigten diese »Nomenklatura«, die immer eindeutiger das Land regierte. Heute weiß man aus der historischen Erfahrung, dass schließlich sogar der Sturz der Sowjetordnung und die Selbstentmachtung der KPdSU diese herrschende Schicht *nicht* von der Machtausübung verdrängen konnten.

Das Scheitern Chrustschows wird oft auf eine Reaktion jenes Teils des Parteiapparats zurückgeführt, der sich durch dessen »Entstalinisierung« bedroht gefühlt habe. Dies ist nur ein Teil und nicht einmal der wesentliche der historischen Wahrheit. Wichtiger war, dass Chrustschows Sprunghaftigkeit schließlich *allen* Richtungen in der Partei zu gefährlich schien: Jenen, die schon damals dadurch Gefahren für den in Ansätzen existierenden Sozialismus befürchteten, aber auch jenen, die dieser Sprunghaftigkeit zutrauten, schließlich auch das gewohnte Funktionieren dieses eingespielten Lenkungsmechanismus – vor allem der damit für sie selbst verbundenen Bequemlichkeiten – in Frage zu stellen. Das galt nicht nur für Verwaltung und Wirtschaftslenkung, sondern auch für den kulturellen und andere Lebensbereiche.

Zieht man die persönlichen Charaktereigenschaften beider ins Kalkül, dann war bei Chrustschow sogar noch eher als 25 Jahre später bei Gorbatschow anzunehmen, dass er schließlich auch grundlegende Umgestaltungen des Funktionsmechanismus der ökonomischen Basis dieses Sozialismus-Modells eingeleitet hätte. Mit dem Plan zur Zweiteilung der gesamten Partei in je eine für Industrie und für Landwirtschaft hatte er aber in ein Wespennest gestochen: Die Nutznießer des bereits bestehenden Leitungsfilzes fürchteten für ihre »eingespielten«

Möglichkeiten. Aber auch wer die weitere Perspektive des Sozialismus im Auge hatte, konnte nicht für eine solche Spaltung sein, die unter anderem Teile der Parteibürokratie noch enger mit den wirtschaftlichen Entscheidungen, also auch der damit gegebenen Korruptionsmöglichkeit verbunden hätte.

Die Kossygin-Reform

Bei der Ablösung Chrustschows wurde die Funktion des Generalsekretärs der Partei wieder von der des Ministerpräsidenten getrennt. Leonid Breshnew wurde Erster Sekretär, Andrej Kossygin Ministerpräsident. Da schon zur Zeit Chrustschows eine tiefergehende grundsätzliche Diskussion über die ökonomischen Probleme in Gang gekommen war, konnte schon 1965 in der Sowjetunion eine Reform der Wirtschaftsplanung und -lenkung durchgeführt werden.

Die Notwendigkeit einer solchen ergab sich aus der ökonomischen Realität: Nach sowjetischen Angaben stieg die Wirtschaftsleistung in den Jahren 1956-60 mit einer Jahresrate von durchschnittlich 8,2 %, zwischen 1961 und 1965 nur mehr mit einer solchen von 6 %. Der auf einem Sonderparteitag beschlossene Siebenjahrplan 1958-1965 wurde damit nicht erfüllt.

Bekanntester Ökonom dieser Reformdiskussion war Ewsej G. Libermann. Die Vorschläge Libermanns forderten die Wiedereinführung von Kapitalzins, um die Betriebe zu zwingen, den Kapitaleinsatz effizienter zu machen. Die Gewinne der Betriebe sollten als wichtigste Indikatoren der Leistung betrachtet, dafür aber die Verantwortung der Betriebsleiter erhöht werden.

Die Diskussion knüpfte erstmals an Erfahrungen der NEP an. Selbst ihre konsequentesten Wortführer gingen aber nicht bis zur Forderung nach umfassender Einführung echter, vom Wertgesetz gesteuerter Marktbeziehungen. Niemand sprach offen aus, dass auch im Sozialismus das Wirken des Wertgesetzes zur Kenntnis genommen, dabei aber im Sinn sozialistischer Zielsetzung ausgenutzt, seine Auswirkungen reguliert hätten werden müssen. Allerdings muss dabei auch daran erinnert werden: Die kommunistische Bewegung in wie außerhalb der Sowjetunion hätte damals so weitgehende Schlussfolgerungen wahrscheinlich nicht akzeptiert, sondern als Einflug von »Sozialdemokratismus« abgetan und bekämpft.

Mit dem Namen Kossygin verbunden ist die im Herbst 1965 erfolgte Wirtschaftsreform, sicher die bedeutendste seit dem Abgehen von der NEP. Die Zahl der Kennziffern, die den Betrieben verbindlich vorgegeben wurden, verringerten sich von früher 38 bis 40 auf nur mehr acht bis neun.[67] Die Betriebe erhielten mehr Rechte und innerhalb dieser die Belegschaften mehr Mitbestimmungsmöglichkeit. Gleichzeitig wurde die zentrale Planung wieder gestärkt, in ihr Ansätze von Methoden der mathematischen Ökonomie und Kybernetik eingeführt.

Für den Erfolg oder Misserfolg des einzelnen Betriebes sollten Gewinn und Rentabilität bestimmend sein, vor allem daran sollte die Planerfüllung gemessen und damit die Zubilligung von Prämien verbunden werden. Man wollte endlich von der »Tonnen«-Ideologie wegkommen und echtes Leistungsdenken fördern.

Von dieser Reform wurde eine Überwindung der Stagnation (die zu dieser Zeit immer noch nicht in stagnierenden absoluten Zahlen der Wirtschaftsentwicklung zum Ausdruck kam, sondern in der Unfähigkeit eines breiten Übergangs zu *intensiver* Wirtschaftsausweitung) erhofft. Aber nach einigen bescheidenen Anfangserfolgen wurde diese Hoffnung enttäuscht.

Das konnte auch nicht anders sein. Die jetzt in den Mittelpunkt gerückte Gewinnerzielung und Rentabilität war ja nicht Ergebnis von durch das Wirken des Wertgesetzes herausgebildeten Preisen. Das war bei dieser Form der Verbindung von Betriebsautonomie und zentraler Planung unmöglich. Der größte Teil der Bezüge der einzelnen Betriebe und der Lieferung ihrer Produkte erfolgte weiter

---

67 Die neuen Vorgaben betrafen: Absatz, zahlenmäßiger Produktionsausstoß, Lohnfonds, Gewinn, Rentabilität (Verhältnis von Gewinn zu fixem und Umlaufkapital), Zahlungen an den Staat, Investitionszuschüsse des Staates, Einführung technologischer Innovationen, Plan für materiell-technische Versorgung.

auf der Grundlage zentraler Zuteilung. Verträge mit Partnerfirmen, die die Betriebe jetzt selbständig abschließen durften, konnten schon deshalb nur Randbereiche erfassen, da sie andernfalls die zentral geplanten Proportionen der wirtschaftlichen Gesamtreproduktion gestört hätten.

Die Gewinne sollten durch rationelleren Einsatz der Arbeitskräfte und der materiellen Produktivkräfte gesteigert werden. Aber in keinem Bereich (außer im Außenhandel, der durch eigene staatliche Monopolfirmen abgewickelt wurde, den bäuerlichen Nebenwirtschaften und geringfügigen Dienstleistungen) konnte über Konkurrenz und Markt das Wertgesetz als spontaner Stimulans zur Erhöhung der Produktivität wirken. Die Preise für Produktionsmittel blieben auch weiter nur Verrechnungsgrößen. Wenn staatliche Planungsauflagen die Gewinnmöglichkeiten der Betriebe beeinträchtigten, konnten diese – und taten es immer stärker – dafür finanziellen Ausgleich fordern.

Die Preise für Konsumgüter blieben streng festgelegt. Einen gewissen Spielraum erhielten Betriebe nur für neu eingeführte Waren und Modelle. Für solche konnten sie – für eine bestimmte Einführungszeit – frei kalkulierte Preise verlangen.

Damit die – oft über Monopolpositionen verfügenden – Betriebe nicht Preise willkürlich hinaufsetzen konnten, wurden die Organe der Preiskontrolle aufgewertet.

Bald zeigte sich auch nach dieser Reform: Da das Wertgesetz weiter nicht wirken »durfte« – aber objektiv natürlich wirkte –, konnte und wurde die Gewinnerzielung der Betriebe immer stärker durch Initiative und Beziehungen in der Grauzone des bereits bestehenden Filzes von Wirtschaftsmanagement und staatlicher Bürokratie beeinflusst. Betriebsleitungen mit guten Beziehungen konnten leichter und mehr finanziellen Ausgleich für verlustbringende Erfüllung von Planauflagen herausholen. Beziehungen zu den Preisbehörden wurden besonders wichtig: Die Erhöhung von Rentabilität und Gewinnerzielung konnte dadurch immer stärker durch Zubilligung von Preiserhöhungen oder Ausnahmegenehmigungen für freie Preisbildung als durch echte Rationalisierung und Produktivitätssteigerung im materiellen Produktionsprozess erreicht werden. Das erwies sich nach wenigen Jahren als neues Einbruchstor für die um sich greifende Korruption.

Die durch die Kossygin-Reform wieder aufgewertete Rolle der Fachministerien gegenüber den Wirtschaftsbezirken zeigte keine Wirkung, da auch sie das eigentliche Problem nicht lösen konnte.

Die Grenzen zentraler Planungsmodelle

Der Versuch der Kossygin-Reform, durch Verwissenschaftlichung unter Anwendung auch von der bürgerlichen politischen Ökonomie entwickelter Methoden das zentrale Planungsinstrumentarium auf eine qualitativ neue Stufe zu heben, blieb nicht nur in Ansätzen stecken, er war auch aus einem anderen Grund zum Scheitern verurteilt. Es ging in letzter Instanz um die Frage, ob die aus dem Wirken des Wertgesetzes sich spontan – mit Krisen, Erschütterungen, massenhafter Not der Menschen – ergebende optimale Aufteilung der gesellschaftlichen Gesamtarbeitszeit auf die einzelnen Wirtschaftsbereiche und Sparten überhaupt errechnet und administrativ durchgesetzt werden konnte. Der Gedanke, dies könnte möglich sein, ist verlockend. Er war es noch mehr zu einer Zeit, als man den eben entwickelten Großcomputern und ihren scheinbar unerschöpflichen Programmierungsmöglichkeiten die Lösung nahezu jeder Aufgabe zutraute.

Inzwischen hat sich herausgestellt, dass es sehr wohl Aufgaben gibt, die auch die leistungsfähigsten Computer – zumindest derzeit – nicht bewältigen können. So z. B. das Problem der Schaffung künstlicher Intelligenz. Die menschliche Intelligenz beruht neben natürlichen Veranlagungen der einzelnen Menschen jeweils auf einem so umfangreichen Schatz vielseitigster Erfahrungen, daraus abgeleiteter Kombinationen und (zum überwiegenden Teil im Unterbewusstsein gespeicherten) uns jeweils als selbstverständlich scheinenden Schlussfolgerungen, dass bisher alle Versuche gescheitert sind, dies in seiner ganzen Komplexität in Computer-Programmen zu speichern. Computer-Fachleute neigen heute vielfach zu der Ansicht, dass auch in absehbarer Zukunft diese Aufgabe nicht wird gelöst werden können.

Die Wirkung des Wertgesetzes auf die ökonomische Reproduktion großer Volkswirtschaften und gar der ganzen Welt ist in ihrer Komplexität durchaus mit einer solchen Aufgabe vergleichbar. Einige der Faktoren, die die Entstehung des Wertes wie seiner Größe bestimmen bzw. beeinflussen, können nur schwer mathematisch erfasst werden, manche praktisch überhaupt nicht.

Ob ein Produkt Wert darstellt, hängt ja zuerst davon ab, ob es gebraucht wird. Selbst durchaus brauchbare Güter können wertlos sein, wenn sie am Geschmack der Käufer »vorbei« produziert worden sind.

Markt- und Meinungsforschung sind nach wie vor ungenau. Ihre Erkenntnisse können – manchmal durch Modetendenzen oder mediale Kampagnen – in kurzer Zeit schon wieder überholt sein. Andere Komponenten der Wertbestimmung verändern sich als Folge von Ereignissen, die weit außerhalb der Informationsmöglichkeit der planenden Stelle ablaufen. Wer hätte etwa 1965 und die darauffolgenden Jahre die 1973 eintretende Wertrevolution der wichtigsten Energierohstoffe Erdöl und Erdgas voraussehen können? Diese hat dann schlagartig zur Entwertung von auf niedrige Erdölpreise ausgelegten Produktionseinrichtungen und Konsumgütermodellen (z. B. Pkw-Modelle) geführt.

Veränderungen von Produktionsbedingungen und Herstellungskosten nicht nur für die betreffende Ware, sondern auch aller dazu erforderlichen Rohstoffe und Vormaterialien sind immer nur grob abschätzbar. Veränderungen auf diesem Gebiet können außerordentlich vielgestaltig sein. Sogar Veränderungen der Haupttransportwege wirken auf sie. Alle diese Veränderungen folgen umso rascher aufeinander, je rascher sich – jetzt im Zug der wissenschaftlich-technischen Revolution – die Technologie und die Produktionsmethoden verändern.

Da vom Grad der Neuinvestition erzielter Gewinne die Entwicklung der Produktivität abhängt, beeinflussen selbst Umfang und Tempo der Neuinvestitionen indirekt auch die Entwicklung der Schaffung von Wertquantität.

Trotz Monopolbildung, Subventionen usw. ist im Kapitalismus

der durch das Wertgesetz bestimmte Marktmechanismus ständig wirkendes Korrektiv für alle Abweichungen von den optimalen Proportionen einer erweiterten Reproduktion. Selbst wenn es sich nur in Form härtester Krisen durchsetzt, sorgt das Wertgesetz dafür, dass diese Proportionen eingehalten werden.

Auch die Kossygin-Reform vermochte nicht, ein auch nur annähernd ähnlich wirksames Feedback bei Abweichungen von der optimalen Verteilung der gesellschaftlichen Gesamtarbeitszeit zu schaffen. Das musste – mit der weltweiten Einführung der wissenschaftlich-technischen Revolution in den Reproduktionsprozess – zu immer rascher wachsenden Disproportionen führen, da bei ohne Berücksichtigung der Wirkung des Wertgesetzes festgesetzten Preisen auch Gewinne und Rentabilität nicht der ökonomischen Realität entsprachen. Die Verhältnisse wurden eher noch komplizierter, der bürokratische Apparat noch umfangreicher.

Das Geheimnis des weiteren Wachstums

Zumindest in der Sowjetunion blieben während der 60er und 70er Jahre die Zahlen des Wirtschaftswachstums mit Ausnahme der Landwirtschaft weiter an der Weltspitze. Dieses Wachstum erfolgte aber immer stärker konzentriert auf wenig innovative Produktionszweige. Dadurch entsprach es auch immer weniger den Bedürfnissen einer sich allseitig und durch Intensivierung entwickelnden Wirtschaft. Neben militärstrategischen Bedürfnissen scheint oft Prestigedenken hinsichtlich der von der Sowjetunion einzunehmenden Spitzenposition im Weltmaßstab eine große Rolle gespielt zu haben. So wurde die Sowjetunion in dieser Periode bei einer Reihe von Grundprodukten weltgrößter Produzent. Das galt für Rohstahl, Kohle, Erdöl, Werkzeugmaschinen und mehrere andere Produkte.

Gleichzeitig war das Land immer weniger im Stande, gestützt auf diese Grundlage eine ähnlich leistungsfähige Produktion hochwertiger, manchmal auch einfacher Massenbedarfsgüter aufzubauen. Die Sowjetunion erzeugte mehr Stahl als irgendein anderes Land, musste aber für die Massenproduktion von Pkw in großen Mengen einfache Karosseriebleche aus dem Ausland einführen. Ebenso Bleche für den Schiffbau. Das gleiche galt für die Einfuhr von Riesenmengen für die Erdöl- und Erdgasgewinnung und deren Transport erforderlicher Rohre. Wo die Massenproduktion solcher Produkte aufgenommen wurde, blieb die Qualität meist hinter dem Weltstandard zurück.

Klaus Segbers veröffentlichte 1989 eine Zusammenstellung der durchschnittlichen jährlichen Wachstumsraten der nichtmilitärischen Industrieproduktion der Sowjetunion zwischen 1951 und 1972 nach einzelnen Gruppen aufgegliedert. Daran lässt sich die unterschiedliche Tendenz deutlich erkennen. Ebenso aber, wie insgesamt das Ergebnis der Kossygin-Reform schon nach wenigen Jahren wieder an Dynamik verloren hat.[68]

Tabelle: Jährlicher Zuwachs nach Wirtschaftsbereichen (in Prozent)

Jahr(e)	Zivile Industrieproduktion	Produktionsgüter	Konsumgüter
1951-55	10,7	10,4	10,5
1956-60	8,9	12,0	7,0
1961-65	6,9	9,3	4,5
1966-70	6,8	7,9	6,4
1971	6,2	9,5	3,8
1972	5,0	7,7	1,5

Insgesamt mussten also immer höhere Steigerungsraten für Produktionsgüter erreicht werden, um die immer bescheidener werdenden Zuwächse bei Konsumgütern erreichen zu können.

Eine Ausnahme machte die Rüstungsindustrie, wo durch fast militärische Disziplin ein Standard gehalten werden konnte, der weit über dem Landesdurchschnitt lag.

---

68 Siehe Klaus Segbers, »Der sowjetische Systemwandel«, Frankfurt a. M. 1989, S. 56.

Die aus Geheimhaltungsgründen erfolgende Abschottung dieses Bereichs von der übrigen Wirtschaft hatte eine andere sehr negative Folge, die durch das Fehlen der finanziellen Interessiertheit der Betriebe noch verstärkt wurde: Technologische Durchbrüche vor allem auf dem Gebiet der Mikroelektronik, wie sie für die moderne Rüstungsindustrie auch der Sowjetunion bestimmend waren, wurden für die Zivilwirtschaft praktisch nicht genutzt. In den USA wurden die riesigen staatlichen Zuschüsse an die Transnationalen Konzerne zum Aufholen des Raketenrückstandes und in der Weltraumforschung von diesen gleichzeitig – als höchst lukrativer Nebeneffekt – zum Ausbau eines breiten Angebots von mikroelektronisch gesteuerten Massenkonsumgütern genutzt. Diese Auswirkung fehlte in der Sowjetunion vollständig. Mikroelektronik wurde aber zur Grundlage dafür, dass heute in den entwickelten kapitalistischen Industriestaaten Kinder schon im Alter von 10 oder weniger Jahren in Form von Spielwaren, Hausgeräten, Unterhaltungselektronik, Kleincomputern usw. den Umgang mit dieser Technologie als selbstverständlich empfinden.

Diese jungen Menschen stehen über kurz oder lang im Berufsleben und stellen die wichtigste gesellschaftliche Produktivkraft dar.

Mehr als jede schulische Ausbildung formt die im Spiel und in der Familie erworbene Gewöhnung an die Mikroelektronik ihre Arbeitskultur.

Dieses Manko war im sowjetischen Sozialismus-Modell ein wesentlicher Faktor der herrschenden Stagnation. Es wurde von den Verantwortlichen lange nicht erkannt. Als es sich ihnen unübersehbar aufdrängte, konnten sie es auf der Basis des herrschenden Wirtschaftsmechanismus nicht beseitigen.

11. Kapitel
CSSR 1968 –
Die verlorene Chance

Die Widersprüche, die aus dem zentral-administrativ gesteuerten Sozialismus-Modell bei wachsender Differenzierung der Wirtschaft entstehen mussten, zeigten sich naturgemäß umso früher, je stärker differenziert, d. h. je höher entwickelt die Wirtschaft eines Landes war. Es war daher objektiv begründet, dass jene Länder Mittel- und Osteuropas, die beim Übergang zu diesem bürokratisch-sozialistischen Reproduktionsmodell schon höher entwickelt waren als Russland, diese Widersprüche rascher zu spüren begannen. Es waren dies vor allem die DDR, die CSSR, Polen und Ungarn, aus den gleichen objektiven Ursachen aber nicht Rumänien, Bulgarien und Albanien, deren Entwicklungsniveau eher noch hinter jenem Russlands gewesen war.

Schon 1956 hatte diese Tatsache in Polen und Ungarn mit eine Rolle gespielt, auch wenn sich die Konflikte dort überwiegend im politischen Bereich entwickelten. Deutlicher wurde das in der politischen Krise 1968 in der CSSR. Diese hatte tiefere Ursachen als den meisten der in der CSSR wie in der UdSSR damals handelnden politischen Kräfte bewusst war. Die im Mittelpunkt stehende Frage nach dem Stellenwert von Demokratie und Humanismus im sozialistischen Gesellschaftsmodell eskalierte in einem Land, das zum Zeitpunkt der revolutionären Umwälzung 1948 im Vergleich zu den anderen damals sozialistischen Ländern den höchsten Entwicklungsstand seiner gesellschaftlichen Produktivkräfte aufgewiesen hat. Dazu kam die geographische Lage der CSSR im Herzen Europas und an der Grenze zur kapitalistischen Welt.

Der Widerspruch kam in Auseinandersetzungen im wesentlichen innerhalb der KPC zum Ausdruck, in der sich 1968 jene Richtung durchsetzte, die für ein anderes Sozialismus-Modell, einen »Sozialismus mit menschlichem Antlitz« eintrat. Das war ein grundlegender Unterschied zu den Ereignissen in Ungarn 1956, wo dem Sozialismus feindliche Kräfte von Anfang an im Vordergrund standen, ja einen Frontalangriff auf den Sozialismus überhaupt versuchten.

Schon dieser Unterschied hatte objektive Ursachen, die in den historischen und gesellschaftlichen Bedingungen des Landes lagen. Das Land war einschließlich seiner Arbeiterbewegung von demokratischen Traditionen bis zurück zu den Hussiten beeinflusst. Seine Kommunistische Partei war aus einer demokratischen Abstimmung der früheren Sozialdemokratischen Partei hervorgegangen. 1948 hatte es ohne militärische Einwirkung von außen die Umwälzung der Machtverhältnisse erreicht. Kurz darauf war es mit der Einführung eines ökonomischen wie gesellschaftspolitischen Sozialismus-Modells konfrontiert worden, das weitgehend durch die Entwicklungsbedingungen in Russland bestimmt war, unter Einfluss Stalins feudal-byzantinische Züge angenommen hatte und vor allem dadurch schließlich die Fähigkeit verloren hat, sich aus eigenen Kräften weiterentwickeln zu können.

Dramatisch sichtbar war das bei der Justifizierung von Rudolf Slansky und anderen führenden Kommunisten geworden. Die tiefe Verbundenheit der tschechoslowakischen Arbeiterbewegung mit dem ersten sozialistischen Land und die national motivierten Gefühle der meisten Tschechen und Slowaken dem größten slawischen Volk gegenüber hatten diesen Widerspruch nicht schon früher aufbrechen lassen.

Der bestimmende Hintergrund der Krise lag in der gesellschaftlichen Basis selbst. Das in der Sowjetunion zu dieser Zeit noch relativ stabile ökonomische Sozialismus-Modell, wo verbindliche zentrale Weisungen das Wirken objektiver ökonomischer Gesetzmäßigkeiten ersetzten, musste die Weiterentwicklung einer schon so hoch differenzierten Wirtschaft wie der tschechoslowakischen hemmen.

Die Tendenz zur Bürokratisierung hatte zu dieser Zeit angesichts der riesigen natürlichen Möglichkeiten der Sowjetunion dort noch nicht in die Phase der sichtbaren Stagnation geführt. Extensive Erweiterung der Produktion war dort noch möglich.

Anders in einem so hochentwickelten Land wie der CSSR, das keine Möglichkeiten zu extensiver Wirtschaftsausweitung mehr hatte. Hier war das sowjetische Sozialismus-Modell in den Sechzigerjahren an seinen Grenzen angelangt, da eine weitere Entwicklung der

Produktivkräfte nur mehr durch intensive Produktionsausweitung möglich gewesen wäre. Für diese war das sowjetische Modell aber nicht geeignet. Initiativen, die immer von zentralen Planungsstellen auszugehen hatten, konnten den fehlenden Stimulus objektiv wirkender ökonomischer Interessen an der Basis als Hebel der weiteren Entwicklung nicht ersetzen.

Die wissenschaftlich-technische Revolution

Dies geschah zudem »Aug' in Aug'« mit Ländern wie Österreich und der BRD, wo schon über ein Jahrzehnt die dynamischste Konjunktur in Gang war, die diese Länder im 20. Jahrhundert gekannt hatten. Überdies erfolgten in den entwickeltsten kapitalistischen Ländern in den Sechzigerjahren erste Schritte zur Einführung der Ergebnisse der wissenschaftlich-technischen Revolution in den ökonomischen Reproduktionsprozess.

Die Diskussion in der CSSR über die Bedeutung dieser Entwicklung für den Sozialismus schon vor 1968 war zwar weniger spektakulär, kam aber dem die weitere Entwicklung bestimmenden Problem näher als jene Diskussionen, die sich auf die Entstellungen im gesellschaftspolitischen Überbau beschränkten.

Eine Arbeitsgruppe des ZK der KPC unter Leitung des ZK-Mitglieds Radovan Richta hatte sich schon einige Jahre lang mit den Problemen der wissenschaftlich-technischen Revolution unter den Bedingungen des Sozialismus beschäftigt. Sie veröffentlichte am 10., 11. und 12. Juli 1968 in »Rude Pravo« eine Diskussionsgrundlage. Darin wurde festgestellt:

> »Die zehnjährige künstliche Verlängerung der extensiven Entwicklung in unserem Land statt einer Ausrichtung auf die wissenschaftlich-technische Revolution, hat zu einer ernsten Verzögerung der technischen Entwicklung geführt, zu einer ungeheuren Vergeudung menschlicher Kräfte in einfacher, mechanischer Arbeit, zu einer katastrophalen Lage der Dienstleistungen und des Lebensmilieus.«[69]

---

69   Zitiert nach »Weg und Ziel«, Nr. 1/1968, S. 532.

Aber auch dieses Papier zeigt Züge der Inkonsequenz:

> »Wir betrachten es als unsere Pflicht, darauf hinzuweisen, daß das demokratische Modell des Sozialismus dem Industrialisierungsprozeß nicht aufgepfropft werden kann; ein solcher Prozeß müßte scheitern,« heißt es weiter.[70]

Doch gerade die Hebung des Industrialisierungsprozesses zu einer neuen, durch die wissenschaftlich-technische Revolution geforderten Qualität, wäre die zu lösende Aufgabe gewesen. Sie à priori als zum Scheitern verurteilt zu erklären, musste in Ausweglosigkeit führen.

Diese Ausweglosigkeit zeigt sich deutlich in folgender Passage:

> »Im ›Industrialisierungsmodell‹ des Sozialismus ist bereits die bürokratische, antisozialistische Deformation enthalten, und es wäre daher ein aussichtsloses Beginnen, dieses Modell durch Scheinreformen ›verbessern‹ zu wollen, ohne sein Wesen zu verändern.«[71]

Das kann schwer anders interpretiert werden, als dass es ein anderes Industrialisierungsmodell des Sozialismus als das bürokratisch-administrative nicht geben kann und dass die geforderte Veränderung seines Wesens es dann zu einem nichtsozialistischen machen würde.

Auch die ökonomische Diskussion hatte also eine entscheidende Schwäche. Sie stellte zwar faktisch das Modell in Frage, erklärte dabei aber dieses Modell zum einzig denkbaren sozialistischen. Das entsprach der auch nach dem Tod Stalins und den Enthüllungen Chrustschows in der Sowjetunion wie in der ganzen kommunistischen Bewegung weiterwirkenden Tabuisierung der zur Zeit Stalins entstandenen ökonomischen Basis des sowjetischen Sozialismus-Modells als der einzig authentisch-»marxistischen«. Sie unterließ es so, durch die Entwicklung glaubwürdiger alternativer Vorstellungen einer neuen ökonomischen Basis eines solchen »Sozialismus mit menschlichem Antlitz« die unverzichtbaren Voraussetzungen zur Überwindung des auch für die anderen sozialistischen Länder nicht mehr geeigneten Sozialismus-Modells zu schaffen. (Das ist keine Wertung, da damals die wissenschaftlichen Kräfte keines einzelnen Landes diese Aufgabe hätten bewältigen können.)

---

70   A. a. O., S. 533.
71   A. a. O., S. 532.

Das führte von Anfang an zum Verschwimmen der Grenzen zwischen jenen, die einen besseren Sozialismus wollten, und jenen, die hinter diesem Schlagwort nur den Wunsch verbargen, zum Kapitalismus zurückzukehren. Dies umso mehr, als von kompetentester Seite die Existenz solcher Kräfte entschieden bestritten wurde. Ota Sik, damals Leiter des ökonomischen Instituts der tschechoslowakischen Akademie der Wissenschaften und hauptverantwortlich für die praktische Durchführung der Wirtschaftsreform, erklärte in einem Interview im tschechoslowakischen Rundfunk dezidiert: »Es gibt im Land keine ernstzunehmenden Kräfte mehr, die die sozialistische Entwicklung bedrohen, die Menschen sind dem Sozialismus in höchstem Maß und aus tiefster Seele ergeben...«.[72]

Auch dieses Ableugnen selbst der Existenz restaurativer Kräfte, die zurück zum Kapitalismus wollten, wurde zwei Jahrzehnte später in der Sowjetunion bis zur letzten Konsequenz wiederholt.

Schwerpunkt der Krise in der CSSR blieb der gesellschaftliche Überbau, besonders der Bereich der Kultur. Das bestimmte weitgehend die konkreten Zielvorstellungen. Allerdings: Allgemein demokratische und humanistische Ideale können – oft im gleichen Wortlaut – auch von Menschen vertreten werden, die nicht einen Sozialismus mit menschlichem Antlitz, sondern überhaupt keinen Sozialismus wollen. Gerade das hat die Geschichte des Scheiterns dieses Gesellschaftsmodells seither vielfach und tragisch bewiesen.

Man kann heute die Entwicklung von 1968 in der CSSR nicht betrachten, ohne die Erfahrung zu berücksichtigen, die die Menschen dort, aber auch anderswo als Folge der Verwischung dieses wesentlichen Unterschieds durch Wortführer der Veränderungen in Ost- und Ostmitteleuropa machen mussten.

Man muss die seither gemachten Erfahrungen aber auch bei der Beurteilung jener politischen Kräfte beachten, die damals dort beanspruchten, die »Arbeitermacht« zu repräsentieren, die durch die Militärintervention verteidigt wurde. Die Gefahr der Preisgabe dieser

---

72 »Prawda«, »Bratislava«, 29. Februar 1968«, zitiert nach »Weg und Ziel«, Nr. 4/1968, S. 198.

Arbeitermacht war das Hauptmotiv, dass Kommunisten im Westen vielfach die Militärintervention als angeblich »bittere Notwendigkeit« hinnahmen und an der Solidarität mit der Sowjetunion festhielten. Heute kann niemand bestreiten, dass die »Elite« bei der Ausübung dieser Macht schon damals in Zersetzung übergegangen war, und zwar so sehr, dass nur zwei Jahrzehnte später in allen damaligen RGW-Ländern der größere Teil dieser »Elite« sich nahtlos in eine Neobourgeoisie verwandelt hat.

Es ist daher nicht richtig, die Wortführer des »Prager Frühlings« samt und sonders als Verräter am Sozialismus hinzustellen und die Militärintervention dadurch zu rechtfertigen. Ebenso wenig aber auch, selbst heute noch eine genaue Prüfung zu unterlassen, wer hinter dem Banner von Demokratie und Humanismus ein besseres Sozialismus-Modell anstrebte und wer dahinter nur den Wunsch nach Rückkehr zum Kapitalismus verbarg.

Wer nur den Maßstab »demokratisch und humanistisch« oder »totalitär« – oder auch abstrakt »gut« oder »böse« – anlegt, muss heute in Schwierigkeiten kommen: Ist es, um nur ein Beispiel unter vielen anzuführen, Beweis von Demokratie, wenn – entgegen dem Willen der Mehrheit in beiden Landesteilen – die Föderation der Tschechen und Slowaken auseinandergebrochen wurde? Ist es humanistisch, wenn es wieder Arbeitslose gibt, der Lebensstandard der Arbeitenden innerhalb weniger Jahre drastisch zurückgegangen ist? Ist es ein Beweis von Humanismus, wenn dann für eine Arbeitskraft in Tschechien, in Hartwährung umgerechnet, monatlich 400 DM gezahlt werden mussten, während eine solche selbst in Südkorea schon 1.300 DM kostete? Vom Schicksal der Menschen in den anderen Ländern Ost- und Ostmitteleuropas rede ich hier gar nicht.

Die Militärintervention der anderen sozialistischen Staaten im August 1968 in der CSSR erfolgte, weil die Führung der entscheidenden sozialistischen Macht, der Sowjetunion, damals nicht mehr fähig war, die Notwendigkeit einer grundlegenden Umgestaltung ihres Sozialismus-Modells (wofür ja der Begriff »Perestrojka« stand) zu erkennen.

Wenn auch noch nicht so deutlich sichtbar, bestanden die

Bedingungen, die Veränderungen erforderten, auch in den anderen sozialistischen Staaten. Für die Entscheidung der Sowjetführung zur Intervention maßgebend war die Befürchtung einer Beispielwirkung auf andere sozialistische Staaten und das pragmatische Interesse an der Aufrechterhaltung des machtpolitischen Gleichgewichts in Europa. Letzteres hat sich insofern als berechtigt erwiesen, als alle Voraussagen einer Gefährdung des Friedens rasch durch die Fortschritte der Entspannung nach 1968 in Europa widerlegt wurden.

Tragisch waren die Folgen für die CSSR. Ein Teil der KPC lehnte ernste Reformen nicht nur als Bedrohung eigener persönlicher Vorteile ab; viele taten es auch deshalb, weil diese eine Gefahr für den Sozialismus darstellen konnten. Sie wurden schon vor der Militärintervention durch die führenden Kräfte der KPdSU unterstützt. Ein Teil der Reformwilligen wiederum begann sich – auch wegen der Aussichtslosigkeit der Durchsetzung von Reformen gegen den Willen der KPdSU – auf das Bündnis auch mit Kräften zu orientieren, die den Sozialismus beseitigen wollten. Auch das wäre nur mit ausländischer Hilfe möglich gewesen. Also orientierte sich schließlich auch ein Teil reformwilliger Kommunisten auf das weitere Bündnis mit der Sowjetunion. Erst das machte die militärische Intervention – zum Unterschied von Ungarn 1956 ohne Blutvergießen – überhaupt möglich. Die Tragik der Situation blieb auch nach der Intervention: Hunderttausende politisch aktive Menschen, die den Sozialismus wollten, dafür schwerste Opfer gebracht hatten, standen einander nahezu unversöhnlich gegenüber. Die einen hatten einen besseren Sozialismus gewollt, waren aber in ein Bündnis mit und in immer stärkere ideologische Abhängigkeit von Gegnern des Sozialismus geraten. Die anderen verteidigten ein Sozialismus-Modell, das wesentlichen Ansprüchen des Sozialismus nicht entsprach und schließlich nur durch ausländische militärische Intervention am Leben erhalten wurde. Viele resignierten, weil sie keinen der beiden Wege gehen wollten.

Das Scheitern dieser Chance zu einer grundlegenden Erneuerung des osteuropäischen Sozialismus antizipierte damit auch schon die Tragik des Scheiterns des zwei Jahrzehnte später erfolgenden Perestrojka-Versuchs.

Für die internationale kommunistische Bewegung hatte die Krise in der CSSR größte Bedeutung. Einige Parteien brachen aus diesem Anlass mit dem vorher allgemein beachteten Grundsatz, Analysen der inneren Entwicklung der sozialistischen Länder, vor allem ihrer ökonomischen Basis, primär als Aufgabe der Parteien dieser Länder und ihrer marxistischen Wissenschafter zu betrachten. (Dass damals keine Angaben über die wertmäßigen Proportionen des ökonomischen Reproduktionsprozesses der sozialistischen Länder öffentlich zugänglich waren, hätte eine selbständige Analyse der dortigen politischen Ökonomie erschwert, aber ihre Notwendigkeit eigentlich besonders unterstreichen müssen.)

In einigen kommunistischen Parteien gab es aus diesem Anlass ernste Ansätze zu kritischer Auseinandersetzung mit den Entwicklungen des realen Sozialismus. Vertreter dieser Richtung akzeptierten die Bezeichnung »Eurokommunisten«, was allerdings für etliche nur eine Durchgangsphase zur Übernahme sozialdemokratischer Positionen wurde.

Der Widerhall in Osteuropa

Außer in Polen, wo es 1970 zu einer größeren Streikbewegung kam, lässt sich in keinem anderen sozialistischen Land Europas eine direkte Auswirkung der CSSR-Krise auf breitere Bevölkerungskreise nachweisen. Innerhalb der Parteiführungen wie auch unter führenden Wissenschaftern und Künstlern muss diese militärische Intervention zu Erschütterungen und ernsten Überlegungen geführt haben.

Es ist zu wenig erforscht, in welchem Maß und bis zu welchen Konsequenzen hinsichtlich des scheinbar fest etablierten Reproduktionsmodells solche Diskussionen in den einzelnen Parteiführungen abliefen. Mir steht weder die technische Möglichkeit noch die Zeit zum Studium der vielen diesbezüglichen, inzwischen zugänglichen Quellen zur Verfügung. Aber dieses Studium wird erfolgen müssen. Da das Nichtfunktionieren auch des kapitalistischen Reproduktionsmodells im Weltmaßstab immer offensichtlicher wird, muss alles nur mögliche getan werden, damit die nächsten Versuche zur Schaffung eines alternativen Gesellschaftssystems wenigstens vermeidbare Fehler nicht wiederholen.

Tatsache ist jedenfalls, dass seit Mitte der Sechzigerjahre noch unter der Leitung von Walter Ulbricht in der DDR der Übergang zu einem am Gewinn der Wirtschaftseinheiten orientierten Reproduktionssystem eingeleitet wurde. Da auch dabei die Höhe des Gewinns nicht aus der durch das Wirken des Wertgesetzes bestimmten inneren Produktivitätsentwicklung bestimmt war, konnte es aber keine grundlegende Verbesserung bringen.

Nach der Ablösung von Walter Ulbricht wurde 1971 diese Reform wieder weitgehend rückgängig gemacht. In Verbindung damit wurden auch die bis dahin in der DDR noch tätig gewesenen (und teilweise sehr erfolgreichen) halbprivaten Firmen liquidiert. Diese hatten damals noch bis zu 100 Beschäftigte und konnten durch Ausnutzung der Fachkenntnisse kooperationswilliger Unternehmerpersönlichkeiten einen wichtigen Beitrag zur Gewährleistung und Hebung der Produktionskultur leisten.

Bewährt hat sich in der DDR auch die Organisation in Form von Kombinaten, die wegen ihrer Größe sowohl in den inneren Kreisläufen wie gegenüber den anderen Wirtschaftssubjekten und den bürokratischen Instanzen ökonomische Gesichtspunkte durchsetzen konnten.

Hier wäre zu prüfen, wie begründet das Argument war, Ulbricht habe abgelöst werden müssen, weil er den Sozialismus als eine langdauernde, relativ selbständige, sowohl gegenüber dem Kapitalismus wie dem Kommunismus klar abzugrenzende Periode der historischen Entwicklung betrachtete. Eine solche Auffassung stand natürlich in grundsätzlichem Widerspruch zu der in der Sowjetunion offiziell vertretenen Meinung, der Beginn des »Übergangs zum Kommunismus« stehe unmittelbar bevor. Sie entsprach aber viel eher der Wirklichkeit. Ihre Missachtung lag manchen Unterlassungen bei der Weiterentwicklung der ökonomischen Struktur dieser Länder zugrunde.

Am interessantesten, weil auch öffentlich breit dargelegt, war der 1969 erfolgte Reformvorstoß von Deszö Nyers, damals Sekretär des ZK und Mitglied des Politbüros der Ungarischen Sozialistischen Arbeiterpartei (USAP). Ich bin in meinem Buch »Neubeginnen mit Marx« (PapyRossa

Verlag, Köln 1993) auf diesen Vorstoß ausführlich eingegangen. Nyers schlug vor allem eine Reform des RGW vor. Innerhalb desselben sollte der Warenverkehr (auch für Produktionsmittel) nach echten Wertäquivalenten erfolgen und mit einem konvertiblen Rubel als Leitwährung abgewickelt werden. Das wäre nur möglich gewesen, wenn alle RGW-Staaten, vor allem aber die Sowjetunion, in ihrem Innern eine Reform in diese Richtung durchgeführt hätten. Das unterblieb. Ungarn war viel zu sehr vom Außenhandel abhängig, um erfolgreich allein echte Reformen durchführen zu können. Es geriet bei Versuchen in diese Richtung nur immer stärker in Abhängigkeit vom internationalen Finanzkapital und wurde bald zu einem der höchstverschuldeten Länder.

Die schon erwähnten Streiks 1970 in Polen führten dort zu personellen Veränderungen an der Spitze der Polnischen Vereinigten Arbeiterpartei (PVAP). Gomulka wurde von Edvard Gierek abgelöst. Auch dessen Konzept bestand nicht in struktureller Veränderung des von der Sowjetunion übernommenen Konzepts der sozialistischen Basis des Landes, bei dem nur die private Kleinlandwirtschaft eine Sonderstellung einnahm. Der Grundgedanke war hier, durch Hereinziehung von ausländischen Finanzkrediten, gestützt auf die großen natürlichen Möglichkeiten des Landes die Wirtschaftsleistung innerhalb eines Jahrzehnts zumindest zu verdoppeln, ein »zweites Polen« aufzubauen. Das sollte eine grundlegende Verbesserung der Lage der Bevölkerung ermöglichen.

Das war in Wirklichkeit ein Versuch, eine neue Welle extensiver Wirtschaftsentwicklung einzuleiten. Aber neue Betriebe auf der Basis niedriger Produktivität konnten an sich schon auf dem Weltmarkt nur schwer konkurrieren. Als die Betriebe dann ihre Produktion aufnahmen und exportieren wollten, stießen sie auf die durch die Weltwirtschaftskrise 1974/75 verschärfte Konkurrenz. Sie konnten aus diesen, zu Weltmarktpreisen gerechnet nur mehr zu gedrückten Preisen möglichen, Verkäufen nicht einmal die dem Finanzkapital zu zahlenden Zinsen für die Investitionskredite erwirtschaften. In der zweiten Hälfte der Siebzigerjahre setzte dann auf den Weltkapitalmärkten die Hochzinsperiode ein und Polen geriet in eine Schuldenkrise, die durchaus mit der unterentwickelter Länder vergleichbar war.

In der KPdSU hätte eventuell ein während der ersten Hälfte der Siebzigerjahre beabsichtigtes ZK-Plenum zu Fragen der wissenschaftlich-technischen Revolution der Boden für die grundsätzliche Diskussion notwendiger Veränderung der ökonomischen Basis dieses Sozialismus-Modells werden können. Ob bei dem gegebenen Niveau der sowjetischen politischen Ökonomie und der sowjetischen Parteiführung ein zukunftsweisender Ausweg hätte gefunden werden können, muss offen bleiben. Dieses Plenum wurde schließlich gar nicht durchgeführt. So wich man einer grundsätzlichen Beratung der zum brennendsten theoretischen Problem des damaligen Sozialismus gewordenen Frage der ökonomischen Basis dieses Modells aus.

Nur ein gründliches Studium aller inzwischen zugänglichen Quellen kann eine endgültige Einschätzung dieser Diskussionen innerhalb der Parteiführungen der damals sozialistischen Länder ermöglichen, vor allem die Gründe zeigen, warum sie zu keinem Ergebnis führten.

Von außen sichtbar ist aber schon jetzt: Alle grundlegenden Veränderungen unterblieben. Die herrschende Schicht war bereits fest genug etabliert, solche zu verhindern.

Dabei muss ich nochmals daran erinnern: Vor allem im Apparat der KPdSU ging es noch überwiegend um die Sorge, jede Veränderung des eingespielten ökonomischen Apparats müsse unvermeidlich zur Gefährdung des Sozialismus führen. Die gesamte politische Erziehung dieser Kader ging davon aus, dass Sozialismus nur auf der Grundlage eben dieses Modells möglich sei. Dazu kam die zugespitzte internationale Situation. Das Beispiel der CSSR schien zu bestätigen, dass bei jedem Versuch zu einer grundlegenden Änderung die Reformkräfte ins Schlepptau antisozialistischer Kreise kommen mussten.

Sicher spielten aber auch im Parteiapparat, wenn auch in geringerem Maß als bei den Spitzen der Wirtschafts- und Verwaltungsbürokratie, Befürchtungen eines Verlustes gewohnter Privilegien eine Rolle, auch wenn diese in ihrem Umfang nicht mit Privilegien der herrschenden Schicht im Kapitalismus verglichen werden können.

Hinsichtlich der ihnen gemeinsamen Tendenz zur Verteidigung des Bestehenden ist die Bezeichnung als »konservativ« durchaus berechtigt. Allerdings ist auch bei der angeführten Motivation für ihre Haltung jede Gleichsetzung mit konservativen Kräften im Kontext mit der allgemeinmenschlichen Entwicklung unrichtig. Sie verteidigten einen Gesellschaftszustand, der trotz Erstarrung und Fehlentwicklungen im Ansatz sozialistisch war. Auch wenn zukünftige sozialistische Entwicklungen anders verlaufen werden, so stellten damals die bestehenden sozialistischen Staaten eine Alternative zum Kapitalismus dar, die in eine sozialistische Zukunft gewiesen hat.

Demokratie als Entwicklungsbedingung

Bevor ich auf die inneren und äußeren Momente der Verschärfung der Lage zu Beginn der Achtzigerjahre eingehe, muss ich die grundsätzliche Bedeutung der Frage der Demokratie für die Entstehung und Weiterentwicklung jedes Sozialismus-Modells eingehender behandeln. Dabei geht es nicht um moralische Wertung und schon gar nicht um die Verwendung des Begriffs als Schlagwort flacher Agitation. Zu untersuchen ist aber unbedingt, wie Zunahme oder Beschränkung der Möglichkeit des Volkes, selbst auf die Entscheidungen über sein Schicksal Einfluss zu nehmen, sich auf Entstehen und Entwicklung im besonderen einer Gesellschaft von sozialistischem Typ auswirken.

Revolutionen sind bekanntlich jenes demokratische Recht jedes Volkes, das ihm von niemand genommen werden kann. Selbst wenn sie gewaltsam erfolgen, sind sie höchster Ausdruck der Demokratie. Auch die aus der Oktoberrevolution spontan entstandene Sowjet-(=Räte-)Demokratie war wegen der direkten Wahl und jederzeit möglichen Abwahl der Deputierten, wegen der echten Ehrenamtlichkeit ihrer Tätigkeit und der viel direkteren Kontrolle zweifellos demokratischer als alle damals bestehenden, in parlamentarischer Routine erstarrten bürgerlichen Demokratien. Der – formal erst 1937 aufgehobene – Ausschluss von wenigen Prozent früher wirtschaftlich Bevorzugter vom Wahlrecht tat dem keinen Abbruch. In allen vorherigen Formen der Demokratie war und ist die formale Gleichheit ja gerade deshalb eine reale Ungleichheit, weil eben diese paar Prozent der wirtschaftlich Übermächtigen dank ihren materiellen Möglichkeiten auf Ergebnisse von Wahlen und andere Entscheidungen mehr Einfluss haben als die große Mehrheit der wirtschaftlich Schwachen.

Für Marx und Engels war von ihren Frühschriften wie dem »Manifest der kommunistischen Partei« bis zu ihrer Einschätzung der Pariser Commune im »Bürgerkrieg in Frankreich« die untrennbare Verbindung von Demokratie mit ihren Sozialismus-Vorstellungen kennzeichnend. Dass dabei in der Situation aufs äußerste zugespitzter Klassenkämpfe nicht formale Kriterien angelegt werden können, war ihnen wie später auch Lenin klar.

Es geht darum, dass die bisher Ausgebeuteten, die die Mehrheit der Bevölkerung stellen, die Ausübung der Macht als die *ihrer* Macht betrachten konnten. Dafür genügte es nicht, dass eine Partei, auch wenn sie die Lage noch so richtig analysierte, diese Macht *für* die Mehrheit des Volkes nutzte. Die Mehrheit des Volkes selbst musste die Machtausübenden als Ausüber *ihrer* Macht betrachten, die sie, wenn sie dies wünschte, auch wieder abwählen konnte.

Das war in der damaligen Sowjetunion – wie schon erwähnt – seit Ende der Zwanziger- oder den frühen Dreißigerjahren nicht mehr der Fall. Mit der Eröffnung des Bürgerkriegs im Dorf war die durch das Bündnis der Arbeiterklasse mit der Mittelbauernschaft gebildete tragende Mehrheit der Machtausübung zerbrochen worden. Die Erfolge beim Aufbau der Industrie, der Sieg im »vaterländischen Krieg«, die internationale Rolle der Sowjetunion und das Nachwirken »Obrigkeits«-gewohnten Denkens und byzantinistischer Traditionen ließen das Volk jahrzehntelang eine Form der Machtausübung hinnehmen, die – bestenfalls – als »paternalistisch« bezeichnet werden kann. Die wirkliche Entscheidungskompetenz ging von der Mehrheit des Volkes auf die Arbeiterklasse, in dieser wiederum auf die Partei und innerhalb dieser auf die Führung der Partei über. Seit ab der zweiten Hälfte der Dreißigerjahre auch die Führung der Partei unter den Druck der Stalinschen Repressionen geriet, wurde der Wille Stalins zur letzten Entscheidungsinstanz.

Politisch schien eine solche Form, die zur Zeit Stalins sogar bis zur absolutistischen Alleinherrschaft eines Mannes erstarrt war, mehr oder weniger zu funktionieren. Als System wurde sie auch nicht in Frage gestellt, als durch Chrustschow erstmals von der Führung der KPdSU aus die Verbrechen der Stalin-Periode aufgedeckt wurden. Nur trat jetzt das kollektive Politische Büro an die Stelle Stalins. Nicht mehr grausamste Formen der Repression bis zu Kerker und Mord, sondern subtilere Formen wie wirtschaftliche Benachteiligung, Verbannung und Ausbürgerung, in vielen Fällen immer noch Kerker und Arbeitslager wurden vorherrschende Methoden gegen »Dissidenten«, also Andersdenkende.

Dies hatte eine Auswirkung auf die gesamte gesellschaftliche Entwicklung, die lange nicht erkannt wurde und von vielen selbst heute noch nicht erkannt wird: Auf allen gesellschaftlichen Gebieten hing ein Vorwärtskommen des Einzelnen mehr von der Einschätzung der nächsthöheren Entscheidungsinstanzen als von objektiven Kriterien ab. Bei Wahlen waren die Kandidatenvorschläge (und damit fast immer auch schon die Wahl) von dieser Einschätzung bestimmt.

Dass bei politischen Entscheidungen die Meinung der Mehrheit ausschlaggebend ist und in der Minderheit gebliebene Meinungen sich nicht durchsetzen können, ist normal. Wenn Andersdenkende aber gesellschaftlich ausgegrenzt werden, dann muss das schließlich zur Einengung des gesellschaftlichen Denkens insgesamt führen. Daher musste dieses System vor allem auf den so wichtigen Gebieten der Wissenschaft und der politischen Führung zu einer negativen Kaderauswahl führen. Dies umso mehr als in diesem System – sicher auch als Folge historischer Traditionen – die individuellen Freiheitsrechte der Einzelpersönlichkeit einen viel zu geringen Stellenwert besaßen.

Wo der Mut zur Entwicklung kühner und oft nonkonformistischer, ja »ketzerischer« Gedanken in der Wissenschaft durch Liebedienerei und »nach dem Mund Reden« vor etablierten wissenschaftlichen Kapazitäten ersetzt wird, führt das zur Lähmung des wissenschaftlichen Fortschritts. Ähnliches gilt für politische Spitzenfunktionen:

Eine ganze Reihe selbst der höchsten Funktionäre kommunistischer Parteien dieser Länder waren schließlich innerlich so weit von den Idealen entfernt, die sie in Worten bis zuletzt vertreten hatten, dass sie dann z. T. in ebenso einflussreichen Funktionen an der Restaurierung des Kapitalismus in ihren Ländern mitwirkten.

Demokratie und persönliche Freiheitsrechte sind nicht nur eine allgemeine humanistische Errungenschaft, nicht einmal nur eine gleich wichtige Voraussetzung für die Entwicklung einer sozialistischen Gesellschaft wie die Vergesellschaftung der wichtigen Produktionsmittel. Sie sind deren Lebenselement, ohne das eine sozialistische Entwicklung schließlich unmöglich wird.

Wären die Gesellschaften in Ostmittel- und Osteuropa nicht durch eine seit Jahrzehnten sich verstärkende Entfremdung der Herrschenden von dem Volk, dessen Herrschaft sie vollziehen sollten, gekennzeichnet gewesen, dann wäre ein so rascher und vor allem widerspruchsloser Zusammenbruch der tatsächlich vorhanden gewesenen sozialistischen Errungenschaften nicht möglich gewesen.

12. Kapitel
Die Perestrojka

Natürlich entsprang auch der Versuch zu einer grundlegenden Wende in der Sowjetunion nicht einfach dem »guten« oder »bösen« Willen einiger führender Funktionäre der KPdSU zuerst mit Andropow und dann mit Gorbatschow an der Spitze. Subjektivismus bei der Suche nach Ursachen vor allem für das katastrophale Ergebnis ist genauso fehl am Platz wie bei der Suche nach den Gründen der früheren Entartung. Jetzt nur einem »Gorbatschowismus« die Schuld zuzuschieben, kann daher zu keinem Ergebnis führen. Außer zu der Gegenfrage, wer daran schuld ist, dass solche Leute an die Spitze der KPdSU gelangen konnten.

Die von mir im vorigen Kapitel umrissene Antwort auf diese Frage muss noch in einer Hinsicht ergänzt werden: Zwar waren sicher alle Wortführer der Perestrojka-Politik auch selbst Produkt der Erziehung und Kaderauswahl der vorangegangenen Periode eines erstarrten und entarteten Sozialismus-Modells, von der persönlichen politischen Verantwortung für ihre Handlungen und Unterlassungen entbindet sie das nicht.

Erschreckend bleibt für jeden fortschrittlich Denkenden das Szenario, das sich mir aufdrängte, als ich in Vorbereitung dieser Arbeit Reden und Schriften Gorbatschows von 1985 bis 1987 nochmals durchlas. Das war die Zeit, da offenbar er selbst – obwohl jetzt an der Spitze stehend – auch noch keine Ahnung von der Tiefe der Systemkrise des sowjetischen Sozialismusmodells hatte, die er infolgedessen durch seine Maßnahmen noch bedeutend verschärfte. Wäre die Sowjetunion nicht kurz darauf auseinandergebrochen, dann stünde dieser Mann wegen seines taktischen Geschicks auch heute noch an deren Spitze, würde lange Reden halten und Bücher schreiben, die ihn als »hervorragenden« Marxisten erscheinen ließen, hätte großes Ansehen in der internationalen Arbeiterbewegung. Mit einer »marxistischen« Partei an der Spitze, die solches als natürlichen Lauf der Dinge beim Ringen um die kommunistische Zukunft der Menschheit gelten ließ, wäre diese Zukunft sowieso nie erreichbar gewesen.

Innerhalb der Partei und der herrschenden Schicht des Landes war diese Mischung von taktischem Geschick und »marxistischer« Phraseologie längere Zeit erfolgreich. Beim einfachen Volk aber spätestens seit etwa 1989 nicht mehr. Der Ansehensverlust Gorbatschows ab 1988 signalisiert: Selbst bei den an demokratischen Traditionen sicher nicht gerade reichen Völkern der damaligen Sowjetunion ließ sich auf Dauer die Demokratie – als wirklicher Willensausdruck des Volkes – nicht durch gefinkelte Mätzchen »übers Ohr hauen«. Die Mehrzahl der Menschen flüchtete allerdings in Resignation, und mit der Zerschlagung der Sowjetunion vor allem durch Boris Jelzin trat das Gegenteil von dem ein, was nur wenige Monate vorher in den wichtigsten Sowjetrepubliken eine ganz große Mehrheit der Menschen noch gefordert hatte: Im März 1991 fand in neuen der fünfzehn Sowjetrepubliken ein Referendum statt, bei dem zwischen 70 und 95 Prozent der Teilnehmer *für* den Weiterbestand der UdSSR stimmten.

Das war nur ein Signal, wie diese »Demokraten« ihrerseits mit der Demokratie umgehen wollten. Kanonenfeuer auf ein Parlament hat zwar auf dem Papier zu einer persönlichen Machtposition Jelzins innerhalb Russlands geführt, wie sie nur mit der Stalins vergleichbar war, aber schon wenige Wochen später blieben seine Anhänger bei der Wahl in die von ihm geschaffene Duma in deutlicher Minderheit. Sicher ist, dass – wenn auch nach einem noch schweren Weg – der Wille der Menschen auch in Russland stärker sein wird.

Ich gehöre zu jenen, die zutiefst bedauern, dass die Perestrojka des Sozialismus nicht gelungen ist, ihre Protagonisten für die in Angriff genommene Aufgabe – wie man bei uns sagt – »um eine Schuhnummer zu klein« waren und gescheitert sind. Dennoch halte ich Ansichten für falsch, schon der Versuch wäre falsch gewesen, ja vielleicht sogar in der Absicht erfolgt, den Sozialismus auf einen Weg zu drängen, der sein Scheitern herbeiführen musste.

Wäre dies wirklich schon der selbst proklamierte »entfaltete Sozialismus« gewesen, in dem die Menschen bewusste Herren ihres Schicksals sein werden, dann hätte keine noch so einflussreiche Gruppe ihn so leicht zum Scheitern bringen können.

Verschärfung der Widersprüche

Das Hauptproblem waren die diesem administrativ-zentralistisch regulierten Sozialismus-Modell immanenten Widersprüche der ökonomischen Basis. Ab Mitte der Siebzigerjahre hatten sich in der Sowjetunion und den anderen RGW-Staaten diese inneren ökonomischen Widersprüche verschärft. Vielleicht ist die Behauptung Gorbatschows ungenau, die Budgeteinnahmen der Sowjetunion hätten in den letzten zwei Jahrzehnten Null betragen, wenn man die Gewinne aus dem Alkoholverkauf an die Bevölkerung und dem Erdöl- und Gasexport außer Betracht lässt.[73] Über genaue Zahlen hatte offenbar schon Breshnew nicht verfügt. Genauso wenig Gorbatschow. Leonid Abalkin, der längere Zeit hindurch einflussreichste Ökonom der Perestrojka-Mannschaft, deckte auf, dass seit Mitte der Achtzigerjahre zunehmend mehr Mittel aus dem Staatsbudget an die Betriebe gegeben werden mussten, als Gewinne aus den Betrieben dem Budget zuflossen.[74] Das drückt die Auswegslosigkeit am besten aus.

Wahrscheinlich wird nie geklärt werden können, ob es während der späten 70er und der frühen 80er Jahre in der Sowjetunion real noch ein Wirtschaftswachstum gab. Errechnet wurden noch wenige Prozent Wachstum jährlich. Die 1973 einsetzende radikale Erhöhung der Weltmarktpreise für Erdöl und Erdgas, bei deren Gewinnung die Sowjetunion an der Weltspitze stand, hat deren Wirtschaftsbilanz sicher verbessert. Aber inzwischen war in der kapitalistischen Welt als Folge der Krise 1974/75 und der Beschleunigung der wissenschaftlich-technischen Revolution eine Abwertung der fixen Kapitale erfolgt, deren Übertragung auf sowjetische Verhältnisse Abschreibungen in

---

73 »Prawda«, 19. Februar 1988.
74 »Woprossy Ekonomiky«, 6/1989, S. 3.

solchem Umfang erfordert hätte, dass sie zu einem Negativwachstum hätten führen müssen. Eine solche Beachtung des Weltmarktwertes wäre unbedingt notwendig gewesen, wenn man die sowjetische Wirtschaftsentwicklung nach objektiven Kriterien einschätzen wollte (ausführlicher dazu später).

Auch die politische Lage im Weltmaßstab war seit Mitte der Siebzigerjahre in grundlegendem Umbruch. Die kapitalistische Führungsmacht hatte erfolglos aus Vietnam wieder abziehen müssen. Die USA hatten also erstmals einen großen Krieg verloren, da sie ihn ohne Einsatz von Kernwaffen nicht gewinnen konnten, Kernwaffen aber wegen der Zerstörungsgefahr auch für das eigene Land nicht einsetzen durften. In Europa kam es zum KSZE-Abschluss. In den 15 Jahren von 1975 bis 1990 gab es – erstmals seit 1945 – zwei umfassende Weltwirtschaftskrisen, das offene Aufbrechen der Schuldenkrise der unterentwickelten Länder und schließlich während der Achtzigerjahre eine deutliche Verschiebung der wirtschaftlichen Dynamik von den USA zu Japan und Deutschland. Das musste unvermeidlich die Rolle der USA als kapitalistische Führungsmacht in Frage stellen.

Eine Neueinschätzung der Grundlagen für die weitere politische Strategie durch die Führung der KPdSU wäre schon Mitte der Siebzigerjahre unbedingt erforderlich gewesen. Auf jeden Fall hätten dabei die Probleme des ökonomischen Systemwettbewerbs höchste Priorität erhalten müssen. Beides geschah nicht.

Manchmal wird diese sichtbare Verschärfung der inneren Schwierigkeiten des Kapitalismus – die ja bekanntlich nach dem Zusammenbruch des sowjetischen Sozialismus-Modells zu der seit dem Zweiten Weltkrieg größten Wirtschaftskrise eskalierten – angeführt, um die Unausweichlichkeit wesentlicher Veränderungen dieses Sozialismus-Modells anzuzweifeln.

Dies lässt außer Acht, dass zu gleicher Zeit auch die inneren Probleme dieses Sozialismus-Modells rasch eskalierten. Aus den nachträglichen Veröffentlichungen weiß man, dass in Verbindung mit der Polen-Krise 1980/81 ein bewaffneter Konflikt zwischen der Sowjetunion und Polen durchaus im Bereich des Möglichen war. Ebenso lässt sich beweisen, dass ein großer Teil der von der Sowjetunion in diesen Jahren unter großen Opfern aufgewandten Rüstungsausgaben auch militärisch sinnlos waren, da sie die – einzig rationale – Zielsetzung, eine Bedrohung auch von US-Zielen für den Fall eines US-amerikanischen Nuklear-Erstschlags nicht mehr vergrößern konnten.

Dagegen ist die oft behauptete Schädlichkeit der direkten militärischen Intervention in Afghanistan im Licht der späteren historischen Entwicklung nur schwer zu beweisen. Natürlich wäre die Vermeidung eines solchen äußersten Schrittes besser gewesen. Aber die in diesem Land vom Ausland her gestützten Kräfte des islamischen Fundamentalismus wie das Hineinwirken des mit den USA verbündeten Pakistan sind eine historische Realität. Die Bedrohung zumindest der Tadschikischen Sowjetrepublik war schon damals real. Dass nach dem Abzug der Sowjettruppen in Afghanistan selbst der Krieg weiterging und dann Waffen und ganze Truppenverbände aus Afghanistan den Bürgerkrieg reaktionärer Kräfte in Tadschikistan unterstützt, wenn nicht überhaupt erst ausgelöst haben, lässt sich heute kaum bestreiten.

Wäre der Versuch zu einer Perestrojka des Sozialismus-Modells 1985 nicht unternommen worden, dann hätten sich nicht nur die inneren Stagnationstendenzen weiter verstärkt, sondern der Versuch zu ihrer Überwindung hätte später unter noch schwierigeren internationalen Bedingungen unternommen werden müssen.

Die Vorbereitungsphase

Allgemein wird der Beginn der Vorbereitungsphase der Perestrojka mit der Wahl Jurij Andropows zum Generalsekretär der KPdSU im Herbst 1982 angesetzt. Sicher ist, dass in Beratergremien der Parteiführung schon Jahre zuvor ansatzweise Vorstellungen notwendiger Veränderungen diskutiert und erarbeitet wurden. Aus eigener Erfahrung ist mir das für die Konsultantengruppe bei der internationalen Abteilung des ZK bekannt.

Solange Breshnew lebte und den Posten des Generalsekretärs innehatte, von dem allein aus so grundlegende Änderungen in Angriff genommen werden konnten, blieb es bei Diskussionen und »Sandkasten«-

Spielen. Diese hatten allerdings die Auswirkung, dass die Erkenntnis der Notwendigkeit weitgehender Veränderungen auch in der engeren Parteiführung eine – wenn auch instabile – Mehrheit erlangte. Das war die Voraussetzung der Wahl Jurij Andropows zum Generalsekretär.

Dessen erste Maßnahmen brachten spürbare Erfolge. Dabei beschränkten sie sich auf Durchsetzung von besserer Arbeitsdisziplin und Genauigkeit, mehr Offenheit und Ehrlichkeit intern und der Öffentlichkeit gegenüber und vor allem größerer Beachtung der Gesetze. Um den notwendigen Durchbruch zu sichern, hätten den ersten Schritten weitere, tieferreichende Veränderungen folgen müssen. Bevor sich diese Frage stellte, starb Andropow im Februar 1984. Selbst seine Maßnahmen hatten in der engeren Parteiführung wieder die Gegenströmung verstärkt. Als Nachfolger wurde der schon schwerkranke Tschernenko gewählt, wobei ihm als Stellvertreter bereits Michail Gorbatschow zur Seite gestellt wurde. Erst nach dem kurz darauf erfolgten Tod Tschernenkos wurde 1985 mit Michail Gorbatschow jener Mann Generalsekretär der KPdSU, in dem alle damals den Fortsetzer des von Andropow eingeschlagenen Wegs sahen.

Die durch Andropow herbeigeführte neue Atmosphäre ließ in sowjetischen Fachpublikationen bis dahin unvorstellbare Gedanken zu Wort kommen. Eines der wichtigsten Beispiele war der 1984 veröffentlichte Artikel von Jewgenij Ambarzumow, in dem dieser erstmals die NEP Lenins wieder als grundsätzlich denkbare Form der Wirtschaftssteuerung im Sozialismus bewertete, wenn er auch nicht direkt eine Wiedereinführung des Wirtschaftsmechanismus der NEP vorschlug.[75]

Im April 1983 hatte Tatjana Zaslavskaja auf einem Symposium in Moskau Ergebnisse ihrer jahrelangen Forschungen im Wirtschaftsforschungsinstitut in Novosibirsk vorgetragen. Auf der Basis der Erforschung unterschiedlicher Interessenlagen bestimmter Bevölkerungsgruppen entwickelte sie die Notwendigkeit grundlegender Veränderungen des Wirtschaftsmechanismus. Ihr damaliger Institutsleiter, Abel Aganbegjan, wurde später einer der wichtigsten Ökonomen der Perestrojka-Periode.

---

75 Siehe »Woprossy Istorii«, 1984/4, S. 15-29.

Aber diese Diskussionen der Vorbereitungsphase haben nicht zu einem klaren Einblick in den tatsächlich schon erreichten Umfang der Schwierigkeiten geführt. Die Beteiligten konnten kein klares Konzept der Umgestaltung der ökonomischen Basis dieses Sozialismus-Modells entwickeln – schon gar nicht die Parteiführung. Auch deren änderungswilliger Teil hatte 1985 in die Tiefe der Krisenentwicklung nicht mehr Einblick als vorher Breshnew. Gorbatschow redete anfangs im äußersten Fall von einer »Vorkrisensituation«. Alles deutet darauf, dass seine Erklärung am 23.4.1985 vor dem ZK, er habe »eine genaue Vorstellung von der Konzeption des Umbaus des Wirtschaftsmechanismus,«[76] schlichtweg falsch war. Gerade in dieser Hinsicht hatte er keine Vorstellung.

Tatsächlich hat der von Gorbatschow eingeschlagene Weg nicht zu einem besseren Sozialismus-Modell geführt. Nach ersten Erfolgen trat etwa 1988/89 eine deutliche Wendung ein, die bis 1991 zum Zusammenbruch der ökonomischen Grundlage und schließlich zum Auseinanderbrechen der Sowjetunion überhaupt geführt hat.[77]

Die Etappen der Perestrojka

Im allgemeinen unterscheiden Autoren zwei Etappen der Perestrojka. Die nach dem Auseinanderbrechen der Sowjetunion folgende Entwicklung in den Ländern der sogenannten GUS (Gemeinschaft unabhängiger Staaten) bleibt dabei außer Betracht. Die erste Etappe wird ab der Wahl Gorbatschows bis etwa 1989/90 gerechnet. Sie war von dem Bestreben gekennzeichnet, das Land und seine gesellschaftlichen Zustände in Richtung von besserer Verwirklichung sozialistischer Grundsätze zu reformieren.

Ich kann jenen Autoren nicht zustimmen, die die Entwicklung der Perestrojka so darstellen, dass Gorbatschows Führung in den ersten

---

76 M.S Gorbatschow, »Ausgewählte Reden und Schriften«, Moskau 1987 S. 15.
77 Ausführlicher über die ökonomischen Hintergründe der Perestrojka siehe auch Hans Kalt, »Neubeginnen mit Marx«, Köln, 1993, S. 163ff.

Jahren einen Umbau der Wirtschaft in die Wege geleitet habe.[78] Erst als dies keine Ergebnisse brachte, habe sie erkannt, dass nur mit der Lösung der Fragen von Demokratie und Bürgerrechten auch die ökonomischen Maßnahmen zu Erfolgen führen könnten. Das Gegenteil ist richtig: Das Nichterkennen der Notwendigkeit grundlegender Veränderungen der ökonomischen Basis des Gesellschaftssystems und das daraus folgende Fehlen entsprechender Konzepte war von Anfang bis zum Ende die entscheidende Schwäche der Perestrojka.

Erst im Frühjahr 1987 (!) z.B. wurde von Gawril Popow der Begriff des »administrativen Systems« für das bestehende Sozialismus-Modell geprägt, der sich rasch (meist zum »administrativen Kommando-System« erweitert) einbürgerte. Aber das bedeutete noch kein Erkennen, wie dieses System zu einem besseren Sozialismus-Modell umgebaut werden konnte. Viele, die diese Bezeichnung verwendeten, wollten dies auch gar nicht. Dabei hatte man schon zwei Jahre zuvor mit diesem Umbau begonnen! Was würde mit einem Architekten geschehen, der zuerst den Rohbau eines Hauses aufstellen lässt und sich dann erst Gedanken über den Bauplan zu machen beginnt?

Verständlich, wenn auch nicht zu entschuldigen ist da, dass immer mehr »Architekten« dieser Perestrojka, Ökonomen, in der Hast, versäumte Zeit aufzuholen, in Panik gerieten. Leute, die sich damals noch ehrlich als Marxisten verstanden, begannen ungeprüft und unkritisch Brocken aus der bürgerlichen Politökonomie – teils aus deren Gerümpelkammer – zu übernehmen und als modernste Rezepte anzupreisen.

Jetzt ließ selbst der Bezug auf die Periode der NEP als eine Art Vorbild den bei Lenin wesentlichen Aspekt außer Acht, nämlich die Methoden der zentralen Steuerung der Entwicklung im Sinn des Aufbaus des Sozialismus. Das führte dazu, dass die Partei – nachdem sie erst das Machtmonopol verloren hatte – dem Volk kein glaubhaftes Konzept eines besseren Sozialismus-Modells vorlegen konnte.

Die Perestrojka brachte bzw. versprach grundlegende Ver-

---

78 Siehe z.B. Klaus Segbers, »Der Sowjetische Systemwandel«, Frankfurt a.M. 1989; oder Bernhard Schulze, »Die UdSSR vor dem Untergang?«, Berlin 1991.

besserungen bei den persönlichen Freiheitsrechten, den demokratischen Mitbestimmungsrechten und dem Freiheitsbereich in Kultur und Wissenschaft. Die dringende Notwendigkeit solcher Schritte löste zuerst breite Zustimmung und einen Aufschwung aus, der sich auch in einer Belebung der Wirtschaftsentwicklung ausdrückte.

Für die Illusionen der Führung Gorbatschows in dieser ersten Phase der Perestrojka auf dem Gebiet der Wirtschaftsbasis seien als Beispiele nur das im März 1986 vom 27. Parteitag der KPdSU beschlossene neue Parteiprogramm und die damit verbundenen sozialpolitischen Zielsetzungen angeführt. Das Programm erklärte neuerlich die Oktoberrevolution zum »Wendepunkt der Weltgeschichte, die den unumkehrbaren Prozess der Ablösung des Kapitalismus durch die neue, kommunistische ökonomische Formation einleitete«. Es stellte für die Sowjetunion als Ziel den »allmählichen Übergang zum Kommunismus«. Das Sozialprogramm sah vor, bis zum Jahr 2000 das Nationaleinkommen zu verdoppeln und die Arbeitsproduktivität bis auf das Zweieinhalbfache zu erhöhen. Jede Familie in der Sowjetunion sollte bis dahin eine eigene komfortable Wohnung oder ein Eigenheim haben.

Erst *nach* diesem Parteitag forderte Abalkin erstmals direkt, die Ware-Geld-Beziehungen und das Wertgesetz zur Wirtschaftssteuerung durch Planung auszunutzen, sie zur Grundlage »stabiler Normative« zu machen. Erst von da an finden sich auch positive Auseinandersetzungen mit unter Einfluss von Deszö Nyers in Ungarn schon seit 1969 entwickelten Vorstellungen, auch für Produktionsmittel Großhandel zuzulassen, da ohne einen solchen Ware-Geld-Beziehungen gar nicht funktionieren konnten.

Diese Diskussion kam zu spät. Sie konnte auf die 1987 und 1988 zum Beschluss vorgelegten Änderungen kaum Einfluss haben. Wenn doch, dann wegen ihrer Unausgegorenheit einen verwirrenden. Die statistischen Angaben über die Wirtschaftsentwicklung büßten in dieser Übergangsperiode an Verlässlichkeit ein. Da keine besseren zur Verfügung stehen, muss ich sie dennoch heranziehen. Aus ihnen ergibt sich ein kennzeichnendes Bild: 1986 brachte gegenüber 1985 noch ein etwas stärkeres Wirtschaftswachstum (Zuwachs des Nationaleinkommens 4,1% gegenüber 3,1%), 1987 ging die Zuwachsrate auf

2,3 % zurück, 1988 gab es wieder eine gewisse Beschleunigung, bevor 1989 der Rückgang begann, der sich bis zum ökonomischen Kollaps fortsetzte.

1990 wurde offenkundig, dass als Folge der zunehmenden Schwierigkeiten im ökonomischen Bereich die sozialistischen Errungenschaften selbst aufs äußerste gefährdet waren. Wegen der eingetretenen politischen Situation war ein Ausweg in ein besseres Sozialismus-Modell sogar schon unmöglich geworden. Auch wenn sich die KPdSU im Juni/Juli 1990 als Folge des taktischen Geschicks von Gorbatschow auf ihrem 28. Parteitag noch auf ein Aktionsprogramm »Für einen humanistischen und demokratischen Sozialismus« einigen konnte, so hatte das bei dem Ansehensverlust der Partei nur noch begrenzten agitatorischen Wert. Die Partei hatte schon am 7. Februar 1990 beschlossen, aus der Sowjetverfassung ihren Führungsanspruch selbst zu streichen. Formell scheint dies eine Selbstentmachtung. Tatsächlich war es nur die Anerkennung der Tatsache, dass die Partei das Vertrauen selbst der Kernschichten der Arbeiterklasse verloren hatte.

Dies hatte sich im Verlauf der großen Streiks von 1989 erwiesen. Wie drückend die Versorgungslage schon geworden war, zeigte sich z. B. daran, dass eine zentrale Forderung der Bergarbeiter die ausreichende Versorgung wenigstens mit Seife und Waschmitteln war, um sich nach der Arbeit waschen zu können. Außer materiellen Zugeständnissen von nur vorübergehender Wirkung konnten die Bergarbeiter nichts erreichen. Die Führung konnte kurzfristig nicht einmal die Produktion und Zulieferung solcher mit eigenen Mitteln des Landes leicht in beliebiger Menge herstellbarer Waren organisieren!

Dass die Bergarbeiter nicht schon damals ins Schlepptau antisozialistischer Gesellschaftskonzepte gerieten (wie ein Jahrzehnt zuvor die Solidarnosc in Polen), geht nur darauf zurück, dass auch niemand außerhalb der Partei in der damaligen Sowjetunion ein glaubhaftes Konzept der Weiterentwicklung vorlegen konnte. Als Ergebnis dieser Kämpfe 1989 wurden allerdings die Parteiorgane aus vielen Großbetrieben hinausgedrängt. Sie hatten nichts mehr zu sagen, wurden in manchen Betrieben sogar am Betreten des Werksgeländes gehindert.

Dies widerspiegelte sich in einer Sitzung des Obersten Sowjets im November 1989. Mit nur drei Stimmen blieb ein Antrag in der Minderheit, die Frage der Streichung des Führungsanspruchs der KPdSU schon auf die Tagesordnung der 2. Sitzung des Kongresses der Volksdeputierten zu setzen, die am 12. Dezember 1989 begann.

Der ZK-Beschluss vom 7. Februar 1990, den Führungsanspruch der KPdSU aus der Sowjetverfassung zu streichen, trug der realen Lage nurmehr Rechnung, kam einer Streichung dieses Führungsanspruchs auch gegen den Willen des ZK der Partei nurmehr zuvor.

Obwohl in der bisherigen Literatur diese Entwicklung der Streikbewegung 1989 – wenn überhaupt – nur am Rand erwähnt wird, halte ich sie für den entscheidenden Faktor der Veränderung des Charakters der Perestrojka. Von da an konnte diese zu keinem besseren Sozialismus-Modell mehr führen. Weitere »Vertiefung« des Demokratisierungsprozesses stand von da an nur mehr für raschere Rückkehr zum Kapitalismus.

Dieser Verlust des Parteieinflusses auf die Belegschaften der Großbetriebe war der wirkliche Wendepunkt der Perestrojka. Aber auch dieser Verlust hatte Ursachen. Die ersten zwei Jahre der Umgestaltung hatten in der Arbeiterklasse zumindest noch Interesse, manchmal auch Hoffnungen geweckt. Eine weitere Steigerung der gesellschaftlichen Produktionsleistungen war die Folge. Die »Revolution von oben«, wie Gorbatschow die Perestrojka nannte, schien auch »von unten« Unterstützung erhalten zu können.

Um die Stimmungsentwicklung zu belegen, nachstehend drei kennzeichnende Belege: Im Dezember 1987 urteilt Uwe Engelbrecht in der Tageszeitung »Die Presse«, dass die »überwiegende Mehrheit der Menschen« in der Sowjetunion deren Geschichte »weitaus mehr positive als negative Züge zubilligen«.[79]

Am 13. November 1989 berichtete Leonid Abalkin auf einer wissenschaftlichen Konferenz über die ökonomischen Aspekte der Reform das Ergebnis einer Befragung des Unionszentrums für Meinungsforschung. 20,2 % der Befragten gaben an, dass sie die Ursachen der

---

79 »Die Presse«, 16.11.1987.

Schwierigkeiten des Landes als im Wesen des Sozialismus liegend betrachteten. 70% sahen sie dagegen als Folge von Fehlern entweder der Vor- oder der Perestrojka-Periode. Abalkin sagte voraus, dass die Führung Gorbatschows innerhalb eines Jahres Erfolge aufweisen müsse, wenn ihr nicht die Massen davonlaufen sollten.[80]

Das Jahr verging und im Oktober 1990 waren nur mehr 39% der Meinung, die Oktoberrevolution habe dem Willen der Völker Russlands entsprochen. Schon 69% der Befragten hielten es für einen »großen Verlust«, dass als Folge der Revolution Industrielle und Unternehmer »aus der Wirtschaft verschwanden.«[81]

Wieso trat 1989/1990 dieser Stimmungsumschwung ein? Wieso erkannte auch die Perestrojka-Führung der KPdSU nicht diese Veränderung der Massenstimmung im Land?

Die Wichtigkeit dieser Stimmungsänderung für die weitere Entwicklung scheint mir zu rechtfertigen, von *drei* Etappen der Perestrojka zu sprechen. Auch wenn es für den Beginn des entscheidenden Autoritätsverlusts der KPdSU kein genau bestimmbares Datum gibt, ist ohne diese Phase die spätere Entwicklung nur schwer zu verstehen. Diese Zwischenetappe von der aufsteigenden Entwicklung der Perestrojka in Richtung eines besseren Sozialismus-Modells zur absteigenden Entwicklung zurück zum Kapitalismus begann mit der Verschärfung der Versorgungsprobleme im ersten Halbjahr 1989 und endete mit dem Führungsverzicht der KPdSU ein Jahr später.

Nach dem Machtverzicht der Partei im Jänner 1990 folgten im Volksdeputiertenkongress im März und am 19. Oktober 1990 die bekannten Vorstöße, durch die Gorbatschow in die Position des immer lauter verlangten »starken Mannes« gebracht werden sollte. Seit 1988, als Gromyko diese Funktion abgegeben hatte, war Gorbatschow auch Präsident der UdSSR. Am 19. Oktober 1990 erhielt er vom Volksdeputiertenkongress Sondervollmachten, um den raschen Übergang zur »Marktwirtschaft« durchsetzen zu können. Als Zeitlimit wurde ihm das Frühjahr 1992 gesetzt.

---

80 »Prawda«, 14.11.1989.
81 Siehe »Moskowskije Nowosti«, 4.11.1990.

Zu dieser Zeit besaß die Person Gorbatschows aber bereits weniger Autorität als die Partei.[82] Der Plan – ein weiterer taktischer Schachzug Gorbatschows – hatte keinen Bezug mehr zur realen Lage im Lande und war daher zum Scheitern verurteilt.

Zu dem »starken Mann«, der Gorbatschow ab 1988 zu keinem Zeitpunkt war, begann sich Boris Nikolajewitsch Jelzin zu profilieren. Vom Posten des Ersten Sekretärs der Partei in Swerdlowsk im Ural hatte ihn Ligatschow als Ersten Sekretär nach Moskau geholt. Da er aber nicht als Vollmitglied ins Politbüro aufrückte (wie das in dieser Funktion die Regel gewesen war), brach er mit Gorbatschow. Nach Gorbatschows Losung »wer zu spät kommt, den straft die Geschichte« trat er aus der Partei aus und profilierte sich zuerst als Vorsitzender des russischen Volksdeputiertenkongresses und später als Präsident der russischen Föderation. Dort ließ er sich ähnliche Vollmachten geben wie Gorbatschow für die Union. Damit war das Bühnenbild für den letzten Akt der Tragödie, den Zerfall der Sowjetunion, aufgebaut.

Ursachen des Scheiterns

Die Perestrojka ist gescheitert. Ihr erklärtes und von Gorbatschow selbst – solange die Sowjetunion existierte – nicht ausdrücklich aufgegebenes Ziel war eine Erneuerung des Sozialismus im Geist Lenins. Eine solche ist nicht gelungen. Jene haben unrecht, die entweder als »Lob« oder als »Kritik« an ihr den jetzigen Zustand als ihr wahres Ziel erklären. Auch wenn sie als Begründung dafür jetzige Äußerungen Gorbatschows und vor allem Alexander Jakowlews anführen können, der sich 1990 dem ORF gegenüber gerühmt hat, er habe schon ein Jahrzehnt lang nicht mehr von der Arbeiterklasse gesprochen und auch den Begriff Sozialismus oder Kommunismus nicht mehr verwendet.[83]

---

82   Gorbatschows Popularität war im Spätherbst 1990 auf etwa 20% gesunken.

83   Alexander Jakowlew, vorher Botschafter in Kanada, war lange Zeit der einflussreiche Berater Gorbatschows, Mitglied des Politischen Büros und in vielen Fragen bestimmend für den Kurs der Perestrojka.

Warum ist es zu diesem Scheitern gekommen? Zwei denkbare objektive Ursachen klammere ich aus: Das ist erstens die von grundsätzlichen Gegnern des Sozialismus vertretene Ansicht, das Scheitern auch der Perestrojka beweise nur, dass Sozialismus überhaupt eine nicht realisierbare Utopie sei, der unveränderlichen Natur des Menschen zutiefst widerspreche. Zweitens wird erklärt, dass der Versuch spätestens in den Jahren unmittelbar nach dem Tod Stalins erfolgreich hätte sein können, als die »Nomenklatura« noch nicht zu einer so fest etablierten gesellschaftlichen Macht geworden war.

Erstere Ansicht zu widerlegen kann ich unterlassen. Wer auch jetzt noch den Kapitalismus für die einzig denkbare Gesellschaft hält, aus der keine historische Weiterentwicklung mehr erfolgen kann, für den ist die Frage nach der Erfolgsmöglichkeit der Perestrojka in Osteuropa irrelevant. Dagegen muss die Frage nach einer eventuellen zeitbedingten Unmöglichkeit sehr genau geprüft werden.

Dabei waren die gesellschaftlichen Bedingungen im Innern fünfundzwanzig Jahre früher nicht besser. Schließlich ist auch Chrustschow im Beharrungsvermögen der das Land führenden Schicht steckengeblieben.

Damals überwog aber in dieser führenden Schicht zumindest noch die Bereitschaft, wichtige Errungenschaften des Sozialismus nicht preiszugeben. In Wirklichkeit erfolgte das »Totlaufen« des Versuchs von Gorbatschow ganz ähnlich. Jetzt allerdings im Sumpf einer führenden Schicht, deren Mehrheit den Sozialismus gar nicht mehr wollte.

Sicher ist auch, dass erst ab Mitte der Siebzigerjahre internationale Bedingungen entstanden waren, die ein massives, auch militärisches Eingreifen von außen in die innere Entwicklung unmöglich, zumindest äußerst unwahrscheinlich machten.

Diese Tatsache selbst haben die Initiatoren der Perestrojka richtig erkannt. Einen – für die weitere Entwicklung fatalen – Fehler begingen sie aber bei der Einschätzung der Ursachen für diese Veränderung der internationalen Lage. Nicht mehr Klassenkampf und Gegensatz zwischen Kapitalismus und Sozialismus bestimmten nach ihrer Auffassung, die sie ab etwa 1987/88 dezidiert vertraten, den Inhalt der gegenwärtigen Epoche, sondern die wachsende Tendenz zur gegenseitigen Abhängigkeit der Staaten und ihrer gemeinsamen Entwicklung einer einheitlichen menschlichen Zivilisation. Allgemein menschliche Probleme wie die Gefahr atomarer Vernichtung oder ökologischer Krisen hätten die Klassenfragen zurückgedrängt. Das Problem der Unterentwicklung wurde zwar nicht geleugnet, aber sein Stellenwert ging deutlich zurück.

Lenins Imperialismus-Analyse wurde de facto aufgegeben. An ihre Stelle wurde die These von einem angeblich »Neuen Denken« in der internationalen Politik gesetzt. Die durch die Stärke der Sowjetunion und der anderen progressiven Kräfte erzwungene Änderung der Politik der imperialistischen Staaten nach dem Rückzug der USA aus Vietnam wurde als Ausdruck einer grundsätzlichen Wesensänderung des Imperialismus betrachtet. Hier hat offensichtlich besonders nach dem Ausscheiden Andrej Gromykos als Außenminister (im Herbst 1985, er war dann noch bis 1988 Staatspräsident) der Einfluss von Alexander Jakowlew auf die Außenpolitik jede Korrektur dieser falschen Auffassung verhindert.

Die Veränderung der Weltlage

Ab der zweiten Jahreshälfte 1989 brachen innerhalb weniger Monate die in Mittel- und Osteuropa entstandenen sozialistischen Staaten zusammen. Sie alle hatten mit dem sowjetischen Sozialismus-Modell ein ihren eigenen Bedingungen wenig entsprechendes System übernommen. Nur in der CSSR hatte für kurze Zeit 1948 und dann wieder 1968 die kommunistische Ideologie die Hegemonie im gesellschaftlichen Denken erlangen können. Sonst nahm die Mehrheit der Menschen die Verhältnisse – sogar meist ohne Widerspruch – hin, war aber zu keiner Zeit bereit, aktiv und initiativ für ihre Erhaltung einzutreten.

Als in der Sowjetunion selbst wesentliche Züge dieses Systems in Frage gestellt wurden, mussten in diesen Ländern die inneren Widersprüche noch rascher eskalieren. Für die DDR stand mit ihrer Staatsidee (»erster sozialistischer Staat auf deutschem Boden«) sogar ihre Existenzberechtigung zur Disposition. Es war objektiv begründet, dass gerade deren führender Kreis den energischsten Widerstand gegen diese Entwicklung leistete.

Der Warschauer Vertrag wurde dadurch inhaltslos und löste sich selbst auf. Der Rat für gegenseitige Wirtschaftshilfe und seine in Jahrzehnten aufgebauten arbeitsteiligen Wirtschaftsbeziehungen wurden unwirksam, was schwerste Auswirkungen auf die wichtigsten Proportionen auch der inneren Güterströme in den einzelnen Teilnehmerländern hatte.

Die Möglichkeit, ja die Gefahr einer solchen Entwicklung, die das Ende auch der Supermachtposition der Sowjetunion selbst bedeuten musste, war bis zuletzt von der Parteiführung in Moskau »verdrängt« worden. Ein persönliches Erlebnis zeigte mir dies noch im Frühjahr 1989: Ich hatte in anderem Zusammenhang in Moskau zu tun. Als Sekretär unseres Zentralkomitees gehörte in diesem Fall ein Besuch im dortigen ZK »ins Protokoll«. Ich traf also dort mit einem Abteilungsleiter (der Name tut nichts zur Sache) zusammen. Selbstverständlich schnitt ich unsere Befürchtung an, dass besonders Ungarn bereits unmittelbar vor der Rückkehr zum Kapitalismus stehe und die Lage in den anderen sozialistischen Ländern nicht viel anders sei. Die Antwort lautete sinngemäß, dass das ZK der KPdSU keinen Grund sehe, den Einschätzungen der ungarischen Bruderpartei über die Lage in ihrem Land nicht voll zu vertrauen...

Die ein halbes Jahr später einsetzende grundlegende Veränderung der internationalen Lage – durch den Übergang aller dieser mit der Sowjetunion verbündeten Länder auf den Weg der Restauration des Kapitalismus – hatte schwerste Auswirkungen auch auf die innere Entwicklung der Sowjetunion selbst. Diese wurden nicht nur von der damaligen KPdSU-Führung außer Acht gelassen, sondern bisher auch von vielen Autoren über die Perestrojka ignoriert.

Dabei ging es auch um wirtschaftliche Folgen der Auflösung eingespielter arbeitsteiliger Beziehungen im RGW. Aber solche waren stärker in den kleineren Partnerländern zu spüren, die den Bezug billiger Energie aus der Sowjetunion verloren.

Innerhalb der Sowjetunion wirkte noch stärker die *politische* Bedeutung dieser Entwicklung. Vor allem mit der Auflösung der DDR und dem – jetzt einseitigen – sowjetischen Truppenabzug aus Mittel- und Osteuropa war das Ergebnis des Zweiten Weltkriegs weitgehend ins Gegenteil verkehrt. Das vereinigte Deutschland wurde jetzt – ohne Krieg – zur dominierenden Macht Europas. US-Truppen blieben zwar noch in Europa, aber die Sowjetunion hatte ihr Gewicht als »zweite Supermacht« verloren. Das war angesichts der Opfer, die die Menschen – nicht nur im Krieg – für die Erringung einer solchen Position gebracht hatten, ein schwerer politischer Schock. Verantwortlich für diese radikale Veränderung wurde von vielen die Politik der Perestrojka gemacht. Das persönliche Ansehen Gorbatschows innerhalb der Sowjetunion sank rapid.

Anders als in den übrigen sozialistischen Ländern Europas muss in der Sowjetunion seit dem Sieg über Hitler von der Hegemonie eines zur Staatsidee geformten »Marxismus-Leninismus« gesprochen werden. Diese Hegemonie war untrennbar verbunden mit der Überzeugung, dass im Rahmen dieser Ideologie der Sowjetunion nicht nur die Position der alternativen »Supermacht«, sondern eine Führungsaufgabe beim weiteren Fortschritt der Menschheit zukam. Dafür konnten sich junge Menschen begeistern.

Die Entwicklung im Herbst 1989 in Mittel- und Osteuropa hat die Grundlage solcher Auffassungen innerhalb der Sowjetunion radikal beendet. Damit war die ideologische Hegemonie dieser als Staatsidee aufgefassten Art »Marxismus-Leninismus« auch in der Sowjetunion zu Ende.

Hier zeigte sich mit voller Schärfe die Folge der Fehleinschätzung der Perestrojka-Führung hinsichtlich des Charakters des heutigen Imperialismus.

Schließlich kam es so weit, dass die – damals noch bestehende – Sowjetunion bei der militärischen Wiederbesetzung der nahöstlichen Erdölgebiete durch imperialistische (US-amerikanische) Truppen in der UNO aktive Unterstützung gab. Selbst der Papst hat damals gegen diese Militäraktion Stellung bezogen, der mindestens 100.000 Menschen im Irak zum Opfer gefallen sind.

Die Hauptursache des Scheiterns lag aber im Unverständnis der Protagonisten der Perestrojka für die wichtigsten objektiven Gesetze der historischen Entwicklung auch innerhalb einer sozialistischen Übergangsgesellschaft. Sie erkannten vor allem nicht mehr die bestimmende Rolle des ökonomischen »Unterbaus« jeder Gesellschaftsordnung.

Um die ökonomische Basis des Sozialismus

Entgegen Äußerungen von Gorbatschow zu Beginn der Perestrojka über klare Vorstellungen für den Umbau dieses Bereichs, hatte die Führung der KPdSU gerade darüber *keine* auf marxistischen oder sogar Erkenntnissen der modernen bürgerlichen politischen Ökonomie beruhende Vorstellungen. Zuerst fuhr sie dort fort, wo schon Andropow begonnen hatte. Als diese Möglichkeiten sichtbar ausgeschöpft waren, griff man – sicher mit Recht – auf Gedanken Lenins aus der NEP-Periode zurück. Aber man verkürzte diese Gedanken auf Einführung einer Marktwirtschaft um den bei Lenin entscheidenden Aspekt einer zentralen Regulierung bei ökonomischer Dominanz des sozialistischen Sektors und eines mit dem sozialistischen Staat verbündeten staatskapitalistischen Sektors über den elementar und massenhaft aus der »einfachen Warenwirtschaft« entstehenden Kapitalismus. Man unterließ sogar jede Analyse jener Erfahrungen, die selbst den heutigen Kapitalismus veranlassen, überall diese Marktwirtschaft durch den Staat zu *regulieren*, um Krisen zu vermeiden.

Liest man heute ihre Äußerungen von 1987 und besonders 1988 nach, kommt man zu dem Schluss, dass Spitzenpolitiker, ja auch Fachökonomen von Rang in der Sowjetunion damals eine geradezu fetischartige Anbetung der spontanen »Heilkräfte« eines »freien Marktes« entwickelten. »Der Markt hat immer Recht,« titelte am 20.11.1988 Nikolaj Schmeljow in »Moskovskije Novosti«.

Auch Gorbatschow verwendete mehrmals für Kräfte, denen der Weg zu einem solchen Markt nicht rasch genug gehen konnte, die Charakterisierung als »links«, für jene, die vor überstürzten Schritten warnten, die Bezeichnung als »rechts« stehend. Da von den beiden Hauptrichtungen bürgerlicher Wirtschaftsregulierung ohne Zweifel die reaktionärere, nämlich die neomonetaristische, unter der Flagge einer angeblichen »Deregulierung« propagiert wird, näherten sich bald die Auffassungen gerade der angeblich »links« stehenden sowjetischen Ökonomen immer stärker eben diesen. Klaus Segbers kommentierte den oben zitierten Schmeljow-Titel lakonisch: »Das könnte zum Schlachtruf eines modernen Sowjet-Thatcherismus werden.«[84]

Diese Perversion »marxistischen« Denkens müsste eigentlich jedem, der diesbezüglich noch Illusionen hat, zeigen, in welche Sackgasse die Wissenschaft unter den Bedingungen dieses Systems geraten war und wie wenig die Perestrojka Gorbatschows fähig war, einen sozialistischen Ausweg zu zeigen.

Diese Ökonomen haben aber auch nicht verstanden, dass die ökonomischen Auffassungen des Neomonetarismus – bei allen reaktionären Zielsetzungen – hinsichtlich der Regulierung des Reproduktionsprozesses höchst effektiv sind, und zwar dank dem Einsatz der Geld-, Währungs- und Kreditpolitik. Gerade die Entwicklung einer solchen – natürlich mit sozialistischer Zielsetzung – ist von 1985 bis zum Ende der Sowjetunion *nicht* zu spüren. Was für Lenin schon in der ersten Phase des Übergangs zur NEP selbstverständlich war, nämlich eine Währungsreform, wurde nach 1985 nicht einmal versucht. Dies, obwohl die Bedingungen dazu sicher besser waren als 1923.

Dabei wäre die Entwicklung eines klaren Konzepts für den Umbau der ökonomischen Grundlage dieses Sozialismus-Modells und der Zusammenschluss aller ehrlichen Kräfte im Kampf um dessen Verwirklichung die *einzige* Möglichkeit gewesen, eine neue Massenbewegung mit sozialistischem Inhalt zu schaffen. Nur eine solche hätte nach dem Verzicht der KPdSU auf den Führungsanspruch die Mehrheit der Arbeiterklasse wiedergewinnen und die politische Hegemonie ihrer Vorstellungen im Denken der ganzen Gesellschaft erreichen können.

Aber auch nach fünf Jahren Perestrojka gab es kein solches Konzept. Und die KPdSU konnte umso weniger eine Mehrheit der Arbeiterklasse oder des Volkes wiedergewinnen, als zu eben dieser Zeit an Stelle der vorherigen Stagnation ein sich beschleunigender Verfall der Wirtschaft trat.

---

84 Klaus Segbers, a. a. O., S. 222.

13. Kapitel
Warum die Wendung?

In der »offiziellen« Perestrojka-Sprachregelung wird diese Wendung der sowjetischen Wirtschaftsentwicklung von Stagnation zu sichtbarem und bald dramatischem Rückgang auf folgende Ursache zurückgeführt: Das alte Lenkungssystem, dessen Überholtheit von immer mehr Menschen erkannt wurde, hörte infolgedessen auf, wenigstens im bisherigen Maß zu funktionieren. Das »Neue Denken«, das Gorbatschow nicht nur in internationalem Zusammenhang immer eindringlicher beschwor, wurde von den Menschen nicht verstanden. Das Leben auf dem Boden der Marktgesetze neu zu gestalten, erforderte eine viel längere Zeit des Umdenkens als durch den raschen Verfall der alten Strukturen zur Verfügung stand.

Die Nichtbewältigung der *ökonomischen* Probleme bei der Entwicklung eines neuen Sozialismus-Modells war für das Scheitern der Perestrojka insgesamt entscheidend. Dieser – für viele unerwartete – Übergang der Wirtschaft von einem bescheidenen Aufschwung am Anfang zu einem dramatischen Rückgang hatte aber *politische* Ursachen, für die die Führung der Perestrojka verantwortlich ist.

Diese lassen sich auf die Unkenntnis der wahren Lage und Stimmung der Bevölkerung auch bei Gorbatschows Mannschaft zurückführen. Sie hielt die Stimmung der das Land führenden Schicht, aus der sie selbst kam, die nicht nur Wirtschaft, Verwaltung und Sicherheitsapparat, sondern bis 1986 auch alle meinungsbildenden Medien beherrschte, für den Ausdruck der allgemeinen Stimmung auch im Volk. Das führte auf drei Gebieten zu fatalen Fehleinschätzungen.

Erstens bei der mit der Demokratisierung unvermeidlich verbundenen echten Aufarbeitung der Probleme der Stalinschen Repressionen, zweitens bei der Frage des Kapitals und seiner Eigentümer unter den neuen Bedingungen und drittens in der nationalen Frage.

Abrechnung mit der Stalinstschina

Zu Beginn der Perestrojka war schon klar, dass die auch nach Chrustschow noch beträchtlichen Reste nicht aufgearbeiteter Folgen der Repression der Stalin-Periode endlich restlos bereinigt werden mussten. Dass Gorbatschow dabei zuerst nicht neuerlich bei der Person Stalin begann, sondern bei den Folgen des vor allem zu dessen Zeit entstandenen Systems, schien die Bedingungen dafür zu verbessern. Aber diese Linie hielt Gorbatschow nicht durch. Den wichtigsten Aspekt der Systementartung, nämlich die Fehlentwicklung der ökonomischen Basis, hat er nicht verstanden.

In den ersten zwei Jahren nach Beginn der Perestrojka begann die Frage der Einschätzung der Stalin-Periode nicht nur die internen Diskussionen in der KPdSU zu beherrschen, sie wurde mehr und mehr auch öffentlich abgehandelt. In seinem Referat zum 70. Jahrestag der Oktoberrevolution versuchte Gorbatschow – offenkundig nach langen Vordiskussionen im Politbüro – eine »ausgewogene« Darstellung dieses Problems, für das er eine Zeitlang den russischen Ausdruck »Stalinstschina« verwandte. Sicher wollte die Führung der KPdSU damit die Plattform schaffen, auf der eine weitgehend gemeinsame Einschätzung dieses historischen Abschnitts gefunden werden konnte.

Das gelang nicht. Ausgewogen war die Darstellung vor allem hinsichtlich der Grundstimmungen innerhalb der Parteikader. Die einen (sicher die Mehrheit im Leitungskader) wollten davon möglichst nichts mehr hören, da jede solche Diskussion das Vertrauen in die Partei erschüttern musste. Sie übersahen, dass die Entartung des bestehenden Sozialismus-Modells *ohne* Aufarbeitung auch dieses Problems nicht überwunden werden konnte. Die anderen, nicht nur selbst Betroffene oder deren Angehörige, sahen in der möglichst schonungslosen Aufarbeitung auch dieses Aspekts der sowjetischen Geschichte eine entscheidende Voraussetzung für diese Wiedergewinnung des Vertrauens im Volk für die Partei. An die Spitze dieser Richtung setzte sich die »Memorial-Bewegung« (ihr Ziel war damals die Errichtung eines großen »Memorials« in Moskau für die Opfer der Stalin-Repression, das auch Gorbatschow versprochen hatte).

Beide Richtungen standen einander immer kompromissloser gegenüber. (Nicht zuletzt dank des Wirkens von Gegnern des Sozialismus auf beiden Seiten). Da Gorbatschows Ausgewogenheit nicht den politischen Schwerpunkt auf die Kritik dessen legte, was die Stalin-Periode an Erstarrung und Entartung im bestehenden Gesellschaftsmodell hinterlassen hatte, und keine neue Basis für sein Gesellschaftskonzept als positiven Ausweg entwickelte, konnte seine Politik *keinen* Ausgleich zwischen den beiden Richtungen – durch Orientierung auf ein gemeinsames *Zukunftsziel* – herbeiführen.

Unter den neuen Bedingungen der »Glasnost«, also der Durchschaubarkeit, wurden die meisten der gegenseitig vorgebrachten Fakten zu wichtigen politischen Argumenten – gegen die KPdSU überhaupt. Jede Familie in der Sowjetunion war in irgendeiner Form von diesen Fakten mitgeprägt worden. Meist schmerzhaft. Aber, selbst außerhalb der Partei, manche auch positiv. Das emotionalisierte diese Diskussion.

Viele mittlere Leitungskader kamen aus Familien, deren Väter- und Großvätergeneration an solchen Verbrechen aktiv oder zumindest passiv – in der Überzeugung, damit der Sache des Sozialismus zu dienen – beteiligt gewesen waren. Manche waren auch Opfer gewesen. In vielen Fällen traf in in ein und denselben Familien beides zu. Das war aber die gleiche Generation gewesen, deren Heroismus die Revolution zum Sieg geführt, den Sozialismus aufgebaut und ihn gegen die ärgste Bedrohung durch den deutschen Faschismus verteidigt hatte.

Ein Teil dieser Kader war als Folge dieses Streits bald so weit entmutigt, dass er die Partei verließ, und versuchte, in der »neuen Bourgeoisie« aufzugehen. Andere blieben ihren Idealen treu und versuchten, *alles* oder doch möglichst viel von dieser Vergangenheit zu verteidigen. Das war nicht populär. Besonders nicht bei den jetzt in der Partei Tonangebenden. In die gesellschaftliche Isolation gedrängt, zogen sich auch viele dieser Menschen in Resignation zurück. Das brach der politischen Wirkungsmöglichkeit der Partei schließlich das Rückgrat.

Die Gegenseite wurde in den neuen, rasch an Auflage und Einfluss gewinnenden, von Gegnern des Sozialismus dominierten »unabhängigen« Medien massiv unterstützt. Viele Monate hindurch wurde eine Kampagne geführt, die den Eindruck erwecken musste, dass die ganze Geschichte seit der Oktoberrevolution nur aus einer einzigen Serie von Verbrechen bestanden habe. Wegen der inneren Zerrissenheit wurde auch in dieser Frage von der Parteiführung kaum einem solchen Eindruck entgegengewirkt. Das führte zum Schwinden des Einflusses der marxistisch-leninistischen Ideologie, die mit jeder Aufdeckung einer weiteren bisher falschen Darstellung der Geschichte an Glaubwürdigkeit verlor.

Diese Ideologie war aber tragende *Staatsidee* der Sowjetunion. Ihr Verlust, der selbst für Russland bis heute durch keine andere Staatsidee ersetzt werden konnte, beraubte dieses flächenmäßig größte Land der Welt mit fast 300 Millionen Menschen seiner geistigen Grundlage, seine Bürger der wichtigsten Motivation. Die Vorstellung, als früher rückständigstes unter den entwickelten Ländern, jetzt seit zwei Generationen an der Spitze der menschlichen Entwicklung zu stehen, ließ manches auf sich nehmen, was aus der Nichtübereinstimmung der tagtäglichen tristen Wirklichkeit mit den Anforderungen dieser durch die Staatsideologie beanspruchten Stellung entsprang.

Wie erwähnt, gab es auch außerhalb der Partei Kreise, die diese Kampagne ablehnten. Ihre ideologische Grundlage war äußerst fragwürdig, vor allem war es russischer Nationalismus. Gerade deshalb wuchs mit dem Schwinden des Einflusses des sozialistischen Internationalismus rasch der Einfluss dieser Ansichten. Es ging um die Richtung, die in dieser rücksichtslosen Aufdeckung der Fehler – insbesondere jener in Verbindung mit den Ereignissen in und um den »vaterländischen Krieg« – vor allem eine Beschmutzung der russischen Geschichte sah. Die Folge war u. a., dass zusammen mit dem Schwinden des Einflusses der KPdSU auch das Ansehen jenes Teils der Partei, der besonders aktiv für eine Abrechnung mit der eigenen Vergangenheit eintrat, in der Öffentlichkeit zurückging. Die Überlegung, durch besonders rückhaltlose Aufdeckung auch der dunklen Seiten der Geschichte an Einfluss zu gewinnen, ging nicht auf.

Die »Pamjat«-Bewegung, die an diese national-russische Denkrichtung anknüpfte, hatte bald in der Bevölkerung außerhalb der Partei mehr Einfluss als die Memorial-Bewegung. Hier entstand ein deutlicher Unterschied zwischen der Haltung der führenden Schicht des Landes und jener der einfachen Menschen. Keine Richtung innerhalb der führenden Elite erkannte dies. Daher waren dann alle zutiefst geschockt, als bei den ersten Duma-Wahlen am 12. Dezember 1993 die rechts-nationalistische Partei des Wladimir Schirinowskij einen deutlichen Wahlsieg erringen konnte. Der Samen für diesen Erfolg wurde durch die Art der Auseinandersetzung mit der eigenen Vergangenheit gelegt.

Dies umso mehr, als neben vielem Richtigen in dieser Enthüllungs-Kampagne auch manches in den Rang von »historischer Wahrheit« erhoben wurde, das – selbst wenn es glaubhaft war – nicht (mehr) bewiesen werden konnte. Als Beispiel führe ich das erstmals von Ribbentrop beim Nürnberger Kriegsverbrecherprozess angeführte »geheime Zusatzprotokoll« zum deutsch-sowjetischen Nichtangriffsvertrag von 1939 an. Die Existenz eines solchen schriftlichen Protokolls war von sowjetischer Seite und insbesondere von Molotow, der es ja unterzeichnet haben sollte, immer bestritten worden. Bei der Untersuchung des wirklichen Tatbestandes wandte sich Gorbatschow auch an das deutsche Außenministerium. Aber auch dort stellte sich heraus, dass es in seinen Archiven *kein* Exemplar eines solchen Dokuments als Original gab. (Die reale Entwicklung belegt allerdings, dass es sehr wohl – möglicherweise mündliche – Absprachen gegeben haben muss. Wenn es etwas Schriftliches gab, dann vielleicht in der Art, wie zu Kriegsende Churchill und Stalin den jeweiligen Einfluss in den osteuropäischen Staaten durch den Austausch von formlosen Zetteln mit darauf geschriebenen Prozentzahlen vereinbarten. Der Zynismus einer solchen Vorgehensweise bestand ja gerade darin, dass man sie später von jeder Seite als bedeutungslosen Scherz herunterspielen konnte.)

Daher setzte der l. Volksdeputiertenkongress der Sowjetunion im Mai 1989 eine eigene Untersuchungskommission unter Leitung von Alexander Jakowlew zur Klärung dieser Frage ein. Klären konnte diese Kommission nichts. Also richtete sie im Dezember 1989 an den 2. Volksdeputiertenkongress die Empfehlung, die Existenz eines geheimen Zusatzprotokolls zum Nichtangriffspakt »nach dem Stand der modernen Kenntnisse als glaubwürdig zu betrachten.« Schon die Annahme dieser Empfehlung war äußerst knapp (drei Stimmen Mehrheit).

Damit war man wieder dort angelangt, Interpretationen der historischen Entwicklung nicht auf der Grundlage beweisbarer Fakten, ihrer Wertung und der zu ziehenden Schlussfolgerungen, sondern der Ansichten jeweils herrschender Gremien vorzunehmen. Da diese Interpretation naturgemäß einen Verzicht auf die Zugehörigkeit der baltischen Republiken zur Sowjetunion bedeutete (obwohl diese schon zur Zarenzeit Teil des russischen Imperiums gewesen waren und sich während des Bürgerkriegs unter dem Druck deutscher Freikorps von dessen revolutionärer Entwicklung gelöst hatten), wurde sie weit über den Kreis der Kommunisten hinaus abgelehnt.

Anders verhält es sich mit der Massenerschießung von 4.200 internierten polnischen Offizieren im Wald von Katyn bei Smolensk. Dass diese auf Stalins Konto ging, galt vielen – vor allem Kommunisten – bis dahin als unglaubwürdig, da ein solches Verbrechen von Seiten der Sowjetunion sinnlos schien. Da darüber zeitgenössische – bisher streng geheim gehaltene – Dokumente an Polen übergeben wurden, muss man hier von der Schuld Stalins ausgehen. Die Überlegung, dass diese »Kernschicht polnischer Klassenfeinde« in kurzer Zeit Verbündete sein konnte, hatte Stalin wahrscheinlich wenig beeinflusst. War doch nur zwei bis drei Jahre zuvor eine noch größere Zahl sowjetischer Offiziere seiner Repression zum Opfer gefallen – was noch sinnloser, ja lebensgefährlich für die Existenz der Sowjetunion gewesen war.

Der Verlust der Staatsidee und die zunehmende Massenstimmung der Auflösung führten dazu, dass Appelle einer Führung zu mehr und effektiverer Arbeit immer weniger beachtet wurden. Viele sahen diese Führung als Vollstrecker einer durch eine Kette von Verbrechen etablierten Macht. Überdies führte zunehmendes Werben um Vertrauen (und Kredite) im Westen immer mehr zu dem Verdacht, das Land ans Ausland zu »verkaufen«. Die Aufdeckung Stalinscher Verbrechen gegen Angehörige anderer Länder wurde von Nationalisten – etwa nach dem englischen imperialistischen Slogan der Jahrhundertwende: »Right or wrong – my Country« (»Gut oder schlecht, es ist *mein* Land«) – als unnötige Fleißaufgabe betrachtet. Je mehr zu dieser Zeit Gorbatschows Ansehen im Ausland wuchs, desto geringer wurden seine Popularität und die Wirksamkeit seiner Appelle im eigenen Land. Zweifellos hat die Entartung dieses Sozialismus-Modells, für die Stalin die größte Verantwortung trägt, wesentlich zu seinem schließlichen Scheitern beigetragen. Aber ebenso richtig ist: Die rückwärtsgewandte Auseinandersetzung um die »Stalinismus«-Problematik hat der Aufarbeitung dieses geschichtlichen Abschnitts nicht genützt. Sie war eine – jetzt ins Negative übertragene – Fortsetzung des vorherigen Personenkults um Stalin.

Kapitalismus ohne Kapital

Das zweite und sicher noch schwerer zu lösende Problem war das des fehlenden Kapitals. Es konnte (als Ergebnis der vorher schon entstandenen Schattenwirtschaft) Kapital bei Einzelnen geben, aber nur in einer Größenordnung, die kleine private Unternehmen entstehen lassen konnte. Besser Verdienende hatten auch legale Ersparnisse, die in Form von Genossenschaftsanteilen, von Staatsanleihen oder durch Aktienerwerb von mehrheitlich in öffentlichem Eigentum verbleibenden größeren Firmen hätten als Kapital mobilisiert werden können. Alles das hätte gereicht, um mit genauer, zeitlich etappenweise festgelegter Umstellung einen erfolgreichen Übergang zu einer – jetzt auf viel breiterer ökonomischer Grundlage aufbauenden – entsprechend modifizierten Leninschen NEP vollziehen zu können.

Auch das hätte zu einer Verschärfung der sozialen Unterschiede geführt. Aber die dadurch in breitem Umfang und in kurzer Zeit zu erwartende allgemeine Verbesserung bisher vernachlässigter Versorgungsgebiete hätte solche erträglich machen können. Ansätze in diese Richtung gab es in der ersten Phase der Perestrojka. Es entstanden kleine Privatbetriebe, neue Formen von Genossenschaften.

Die in öffentlicher Hand verbleibenden Hebel des Geld- und Kreditwesens, der Großindustrie und des Eigentums am Boden hätten ein Überhandnehmen kapitalistischer Ausbeutung verhindern können. Voraussetzung dazu wäre ein Minimum an Kenntnissen der marxistischen politischen Ökonomie in der Parteiführung gewesen. Dieses Minimum gab es nicht. Also traten selbst in Kreisen der Parteiführung mehr und mehr Ansichten hervor, die keinerlei Unterschied zwischen sozialistischer Marktwirtschaft auf der Basis des vorerst weit überwiegend vorhandenen Gemeineigentums an den Produktionsmitteln und Rückkehr zum Kapitalismus machten.

Sobald solche Auffassungen wichtige Teile der – faktisch die Betriebe beherrschenden – Wirtschaftsnomenklatura erfassten, war der Weg in die Katastrophe unvermeidlich: Eine einflussreiche Position auch unter den neuen Bedingungen konnte nur der/die erhalten, der/die rechtzeitig zu eigenem Kapital kam. Die von Gorbatschow geprägte Formulierung, dass die Geschichte jene strafe, die zu spät kämen, gewann für diese Leute eine eigene – für die Gesellschaft makabre – Bedeutung. Die bisher schon als Versuchung wirkende Möglichkeit zu persönlicher Bereicherung wurde vermeintliche Notwendigkeit für jene, die die Herrschaft über die Wirtschaft behalten wollten. Wer Waren zurückhalten konnte – vom Betriebsleiter bis zum Verkäufer –, konnte angesichts der Warenknappheit und der in dieser Phase noch hohen Konsumkraft durch Ersparnisse die Preise in die Höhe treiben und schwarzen Profit machen.

Ich muss hier daran erinnern, dass der Bereich »außerplanmäßiger Geschäftstätigkeit« einzelner Unternehmen schon vor Beginn der Perestrojka eine allmähliche Ausweitung erfahren hatte. Von den Planungsbehörden nicht erfasste Materialbestände, Arbeitskraftreserven wuchsen in immer mehr Betrieben. Sie wurden eingesetzt, produzierten Waren, an denen es »Defizit« gab, an denen die Betriebe (und vor allem deren leitende Kader) viel mehr verdienten als an den »geplanten« Gütern. Mit der Perestrojka wuchs dieser Bereich rasch an. Hier wurde rasch Kapital akkumuliert.

Vor allem die durch den Wegfall des Außenhandelsmonopols offene Möglichkeit zu direkten Auslandsgeschäften wurde zur verstärkten

Verschiebung von bei solchen Geschäften erzielten Provisionen auf ausländische Banken genützt. Dieser Export von illegal erzielten Profiten machte bald Milliarden Dollar aus.

Gleichzeitig wuchs die immer schon bestehende Schattenwirtschaft rapid an. Sie erweiterte deutlich ihren Wirkungsbereich. Schwarzer Devisenhandel, Großimport im Westen gestohlener Autos, Prostitution, Drogenhandel und Schutzgelderpressung wurden zu Quellen eines raschen Reichtums von Mafia-ähnlichen Gruppen. Da diese Schicht (zum Unterschied von der sich rasch umstellenden Wirtschafts-Nomenklatura) für den realen Reproduktionsprozess keine Bedeutung hatte, ist für sie die Bezeichnung als Lumpenbourgeoisie durchaus zutreffend.

Diese Schattenwirtschaft hatte schon 1988 einen Umfang von 70-90 Milliarden Rubel Jahresumsatz erreicht und zur Herausbildung von tausenden Millionären im Land geführt. Dies schätzte die sowjetische Volkswirtschafterin T. I. Korjagina in »Trud«.[85]

Sobald diese Beispiele der raschen und rücksichtslosen Bereicherung einiger Weniger von den Arbeitenden gesehen wurden, trat auch in den Betrieben eine deutliche Verschlechterung der Arbeitsdisziplin ein. Wer soll zu Leistung in ehrlicher Arbeit motiviert sein, wenn er sich für den Lohn immer weniger, bald nicht einmal mehr das Notwendigste kaufen, gleichzeitig aber auf den Straßen protzigsten Reichtum einiger weniger Schieber und Mafiosi sehen kann?

Die Hoffnungen, die Millionen in die zu Beginn der Perestrojka versprochenen grundlegenden Verbesserungen auf dem Gebiet der persönlichen und demokratischen Freiheitsrechte gesetzt hatten, stießen daher immer stärker auf die harte Wirklichkeit einer vorher unvorstellbaren Verarmung der Mehrheit der Bevölkerung. Anstatt, wie erhofft, wenige Jahre nach der »Wende« auch Urlaubsreisen in die Karibik oder an die Riviera antreten zu können, entfiel für die Mehrheit der Menschen bald wegen Geldmangels sogar die frühere Möglichkeit zum Urlaub auf der Krim, am Balaton oder an der bulgarischen Schwarzmeerküste. Wichtigstes Reiseziel wurde der Kolchos, wo

---

85 Siehe »Wiener Zeitung«, 17.8.1988.

Großvater oder Großmutter noch lebte oder man wenigstens jemand kannte, bei dem man die dringendsten Lebensmittel eintauschen konnte.

Eng damit zusammen hing die um diese Zeit beginnende rasche Zunahme der allgemeinen Kriminalität.

Das waren die Hauptgründe für den Verfall der Wirtschaft ab etwa 1988. Auch wenn sich – wie schon gesagt – der Beginn dieser Zwischenetappe zeitlich nicht genau festlegen läßt, war doch gerade sie dafür entscheidend, dass die Perestrojka schließlich gescheitert ist.

Der Rückfall in Nationalismus

Sogar die auch zu dieser Zeit beginnende starke Zunahme nationalistischer Stimmungen hängt damit zusammen. Schon ab 1987/88 führten diese bis zu Vertreibungen von Minderheiten (Kasachstan) und sogar erstmals seit der Zarenzeit wieder zu Pogromen (Armenierpogrom im aserbaidschanischen Sumgait am 19. Februar 1988). Die Konflikte eskalierten rasch. Schon *vor* der Auflösung der Sowjetunion gab es in ihrem Verlauf mehrere tausend Tote, Millionen aus ihrer Heimat Vertriebene.

Nationale Vorurteile traten desto stärker auf, je schwächer der Einfluss des – in vielen Fällen als Staatsideologie verordneten – Internationalismus wurde. Der Nationalismus hat gleichzeitig Züge der Irrationalität. Wenn die Not für Aseris zunahm, dann war ihnen – wegen der alten tiefwurzelnden Vorurteile – leicht einzureden, schuld seien »die Armenier«. Ebenso zwischen anderen Nationalitäten. Für Balten waren »die Russen« die Schuldigen, ebenso für einen großen Teil der Ukrainer. Für Russen wieder die »Kaukasier«, die den Schwarzmarkt beherrschten. Der Antisemitismus erhielt neuen Auftrieb. Überall entstanden »Volksfronten«, deren Ziel die Unabhängigkeit von Russland wurde, die aber in der ersten Phase als besonders »konsequente« Parteigänger der Perestrojka auftraten.

Obwohl sich nachweisen lässt, dass ökonomisch die einzelnen Republiken aus der Zugehörigkeit zur UdSSR mehr Vorteile als

Nachteile hatten, gerieten zuerst vor allem die Kommunisten in den einzelnen Republiken in eine schwierige Lage: Traten sie an die Seite dieser »Los von Moskau«-Bewegung oder gar an ihre Spitze, dann konnten sie zuerst bei den »Radikalreformern« sogar Lob ernten. Jene Kommunisten z. B. in der Ukraine oder dem Baltikum, die trotz der Schwierigkeiten am Internationalismus und der Sowjetunion festhielten, sahen sich in den Randrepubliken, aber auch bei der Parteiführung in Moskau als »Bremser der Perestrojka« isoliert.

Viele russische Kommunisten wollten schließlich diesen Zustand nicht mehr hinnehmen, der ihnen in Russland immer mehr Kritik einbrachte, weil die Sowjetunion tatsächlich – auch auf Kosten des Lebensstandards der Russen – den ärmeren anderen Sowjetrepubliken und darüber hinaus vielen Staaten von Kuba bis Vietnam jahrzehntelang geholfen hatte. Von der breiteren Weltöffentlichkeit kaum beachtet, konstituierte sich auch die Parteikonferenz der russischen Kommunisten im Juni 1990 trotz dagegen gerichteten Auftretens Gorbatschows zur selbständigen Kommunistischen Partei. Damit war auf der Ebene der Kommunistischem Partei das Auseinanderbrechen der Sowjetunion schon vorvollzogen.

Auch das war Ausdruck des Verlusts der ideologischen Hegemonie des Marxismus-Leninismus in der sowjetischen Gesellschaft bis hin zur KPdSU. Der Nationalismus hatte als Ideologie die Oberhand gewonnen. Er war zudem verquickt mit neuer Religiosität unterschiedlichster Färbung: Von der Orthodoxie bis zum Katholizismus und zum islamischen Fundamentalismus.

Das Kernstück nationalistischen Denkens ist zum Unterschied von Patriotismus der (ausgesprochene oder unausgesprochene) Anspruch auf Exklusivität der eigenen Nation. Das *musste* zu einem weiteren Verlust von Humanität führen. Exklusivität der *eigenen* Nation lässt dem Bewusstsein des Menschseins schlechthin in physischer, geistiger und gesellschaftlicher Hinsicht keinen Raum. Damit auch nicht der universalen Humanität. Die schrecklichen Folgen brauche ich hier nicht aufzuzählen. Ihre Liste wird überdies bis heute von Tag zu Tag länger.

Da kaum mehr möglich ist, auch das den vorherigen sozialistischen

Systemen anzulasten, wird versucht, diesen Horror als Ausdruck eines angeblich unausrottbar »Bösen« im menschlichen Wesen zu erklären.

Schon jetzt kann gesagt werden, dass dies in letzter Instanz zur nachträglichen Rechtfertigung *aller* Stalinschen Verbrechen zu führen droht, auch wenn die Vertreter solcher Ansichten es nicht wollen.

Von der Funktions- zur Eigentumsfrage

Diese fortschreitende Auflösung von wirtschaftlichen und staatlichen Strukturen sowie moralischen Werten führte in der Schlussetappe der Perestrojka – und damit auch der Sowjetunion – zu einem Auseinanderklaffen zwischen dem Leben »unten« und den Diskussionen in Gremien wie Volksdeputiertenkongress, wissenschaftlichen Beratungen und auch noch der KPdSU, die weiter um Beschlüsse stritt, an denen kaum mehr jemand interessiert war.

»Unten« ging es darum, wie man für sich und die Angehörigen den täglichen Lebensunterhalt sichern konnte. Das geschah immer mehr durch Direktversorgung der Belegschaften über ihre Betriebe, die ihre Waren schließlich nur abgaben, wenn sie reale Gegenleistung auch in Konsumwaren erhielten. Selbst beim Export wurde das zur festen Einrichtung. Dies führte zu großen Unterschieden auch zwischen verschiedenen Arbeiter- und Angestelltengruppen, bewahrte aber viele vor den ärgsten Folgen der sich rasch beschleunigenden Teuerung, für die es keinen Ausgleich bei den Einkommen gab. Wer zu solchen Möglichkeiten keinen Zugang hatte, besonders alleinstehende Rentenbezieher, geriet in größte Not.

Relativ gut waren Familien daran, die entweder selbst noch im Kolchos lebten oder dort Angehörige hatten. 1990 gab es – zum Glück für viele – ein außerordentlich gutes Getreidejahr. Aber wenn in guten Jahren auch früher schon etwa ein Viertel der Ernte wegen Transportmittel- und Lagermangel sowie schlechter Organisation verloren ging, war es in diesem Jahr sogar ein gutes Drittel. Diese Verschlechterung trat auch dadurch ein, dass selbst Getreide bzw. dessen Produkte in immer größerer Menge auf den Schwarzmarkt gelangten.

Ab Herbst 1989 zeichnete sich eine Versorgungskrise größten Umfangs ab. Für viele Grundnahrungsmittel und Konsumgüter wurden wieder Bezugscheine eingeführt. Dennoch waren die Geschäfte bald leer. Die Folgen des Bergarbeiterstreiks spielten dabei gar keine große Rolle, da wegen der Transportkrise auch während des Streiks Millionen Tonnen bei den Bergwerken »auf Halde« gelegen hatten. Dass im Winter 1989/90 eine Versorgungskatastrophe in den Großstädten nur durch Direkthilfe aus dem Ausland abgewendet werden konnte, kostete die Regierung weiter an Autorität.

1990 sank dann erstmals in der Nachkriegsgeschichte die Industrieproduktion auch bei Berechnung nach physischen Indikatoren. Das Nationaleinkommen ging um 4%, die Arbeitsproduktivität um 3% zurück. Die Zerrüttung war aber viel größer, als es diese Zahlen ausdrücken. Die Geldeinkommen der Bevölkerung stiegen nämlich in diesem Jahr um 17%, die Geldemission (vor allem zur Deckung des Budgetdefizits) um 50%.

Anders verliefen die Diskussionen im Volksdeputiertenkongress und den anderen Gremien. Hier ging der Streit um Konzepte, wie man – und das in möglichst kurzer Zeit – das Land wieder aus der ökonomischen Misere herausführen könnte. Gleichzeitig ritt man es immer tiefer in eben diese hinein, indem man die immer noch mögliche grundlegende Reform des Währungs-, Kredit- und Budgetwesens unterließ.

Der wirklich große Reichtum dieses Landes, nämlich der nationalisierte Bodenfonds mit allen seinen Naturschätzen wurde ebenfalls immer nachdrücklicher den Privatisierern zur Disposition gestellt. Dabei hätte gerade dieser Reichtum noch Grundlage eines neuen, echten Rubels werden können. Man hätte dazu nur von jedem Nutzer dieses Bodens und seiner Reichtümer (natürlich sozial und ökonomisch gestaffelt) entsprechende Pachtbeträge fordern müssen.[86]

---

86   Eine solche Pachtzahlung im vollen Umfang der ökonomisch zu errechnenden Grundrente hätte dem Wesen der Nationalisierung des Bodens *nicht* widersprochen. Sie hätte vielmehr dieser erst Rechnung getragen: Wer als Einzelner oder in einem Kollektiv den Boden zur Wertschöpfung nutzt, *muss* ja jene entschädigen, die zwar Miteigentümer des nationalisierten Bodens sind, diesen aber nicht nutzen!

Eine Simultanhypothek auf diesen Bodenfonds bei Verpfändung eines Teils der Pachteinnahmen zugunsten einer unabhängigen Währungsbank hätte nicht nur innerhalb, sondern bald auch außerhalb der Sowjetunion genügend Vertrauen zu dem von dieser Bank herauszugebenden neuen Rubel schaffen können. Stattdessen leistete man sich eine Kabarettnummer, indem man einfach die 500-Rubel-Noten für ungültig erklärte.

Kein Vorschlag und keine Maßnahme, die damals diskutiert wurden, hatte eine reale Chance, die Lage wirklich zu verbessern. Die alten Stimulantien der administrativen Planung wirkten nicht mehr, neue wirksame Funktionsmechanismen wurden nicht gezeigt. Monatelang stritt man im Obersten Sowjet um zwei im wesentlichen sehr ähnliche Konzepte. Das von Abalkin und Ryshkow vertretene Konzept sah eine Übergangszeit zur Marktwirtschaft von fünf Jahren vor, der Schatalin-Plan von nur 500 Tagen. Keines der beiden Konzepte enthielt jene bei Lenins NEP noch entscheidenden Hebel, die eine sozialistische Entwicklung ermöglichen konnten. Der lange Zeit hochgelobte Schatalin-Plan wurde schließlich von Boris Jelzin zur Grundlage seiner Wirtschaftspolitik in Russland gemacht. Das Ergebnis ist bekannt.

Einzig positiv war dabei die seit Mitte 1989 endlich erreichte Offenlegung der globalen Zahlen des ökonomischen Reproduktionsprozesses und der Grundlagen der Staatsfinanzen. Das Bild, das sich dabei zeigte, war schlimm. Die Staatsschuld der UdSSR hatte Ende 1988 312 Mrd. Rubel betragen. Für 1989 war ein weiteres Defizit von 120 Mrd. Rubel vorgesehen. Das waren 13,8 % des erwarteten Bruttonationalprodukts.

Noch schlimmer war: Ministerpräsident Ryshkow musste Anfang August 1989 im Volkskongress erklären, dass die in den Bilanzen noch mit 1.900 Mrd. Rubel bewerteten »Produktionsfonds« der Sowjetwirtschaft zu 40 % »verschlissen« waren. Sie hätten also um über 750 Mrd. Rubel niedriger bewertet werden müssen. Ihre in die Volkseinkommensrechnung eingehende Wertübertragung im Reproduktionsprozess war also viel niedriger als dort angenommen. Erstmals wurde auch von 34 Mrd. Devisenrubel Auslandschulden berichtet. Das war im wesentlichen Ergebnis der vorherigen Entwicklung. Aber Ryshkow musste auch mitteilen, dass sich die finanzielle Lage des Landes in den »Reformjahren« 1986-1989 weiter verschlechtert hatte.[87]

Das Scheitern aller Versuche, die Funktionsproblematik der Übergangswirtschaft zu lösen, führte dazu, dass jene immer mehr Gehör fanden, die die Eigentumsfrage für entscheidend erklärten und dem sozialistischen, also staatlichen Eigentum Schuld an der Misere gaben. Dieses habe sich als schlimmstes Monopol erwiesen, das gebrochen werden müsse. Jeder Bürger, jede Bürgerin müsse das »Recht auf Eigentum« verwirklichen können. Wie das bei der zunehmenden Not geschehen sollte, konnte und wollte niemand sagen. Das Recht auf Eigentum (an Produktionsmitteln) verwirklichen konnten ja nur jene, die das dazu erforderliche Geld besaßen. Das aber waren nur die Schieber, Schwarzhändler und Mafiosi. Somit wurde das zur Losung der als echte neue Bourgeoisie prätendierenden Schicht.

Damit trat die Umwälzung der Eigentumsverhältnisse, auf die sich – wie gezeigt – ein Teil der Wirtschaftsnomenklatura schon umgestellt hatte, in den Mittelpunkt des Interesses.

Die Massen des Volkes, vor allem die Arbeiterklasse, stand dabei schon abseits. Ihr schien die Lage so aussichtslos, dass sie – wenn die Wirtschaft nur wieder funktionieren würde – auch die Rückkehr zum Kapitalismus nicht mehr als schrecklich empfand. Interessant war, dass Widerstand gegen die allgemeine Privatisierung in der Landwirtschaft zu spüren war, wo die Kolchosbauern in ihrer Masse gegen die Privatisierung des Bodens waren. Ob da die realen sozialen Verbesserungen während der Kolchoszeit oder aber die alte russische Tradition der Obstschina, als der materiellen Sicherheit für die Dorfbewohner, ausschlaggebend war, ist sekundär. (Tatsächlich konnte Jelzin erst 1993 – nachdem der russische Volksdeputiertenkongress durch Panzer auseinandergejagt worden war – ein Dekret über die Privatisierung und den »freien Handel« auch mit Grund und Boden erlassen).

Jedenfalls wurde von der Führung der KPdSU auch in dieser Schlussetappe der Perestrojka *keine* klare Haltung zur Verteidigung

---

87 Siehe »Der Standard«, 7.8.1989.

sozialistischer Formen von Gemeineigentum und zur Ablehnung einer neuerlichen Dominanz von kapitalistischem Eigentum bezogen.

Wenn Gorbatschow auch von diesem Zeitpunkt an nicht *offen* von der Rückkehr zum Kapitalismus sprach, so verlegte auch er nun das Hauptgewicht seiner Argumentation von der Funktionsproblematik zur Frage des Eigentums an den Produktionsmitteln. In der »Prawda« vom 19. August 1990 erklärt er:

> »Die heutige uneingeschränkte Monopolherrschaft des staatlichen Eigentums ist die Hauptursache des Krisenzustandes unserer Wirtschaft und größtes Hindernis bei der Überwindung dieser Krise... Die wichtigste und vordringlichste Aufgabe ist daher, die Eigentumsbeziehungen durch Entstaatlichung und Beseitigung dieses Monopols einschneidend zu reformieren... Zudem liegen uns Erfahrungen aus Industriestaaten vor, wo die Werktätigen den Monopolen Betriebe abkaufen, im Rahmen der Marktwirtschaft agieren und erfolgreich auch mit mächtigen Firmen und Konzernen konkurrieren. Wir müssen die Entstaatlichung als eine wichtige Aufgabe betrachten.«

Wo Gorbatschow seine Erfahrungen über angebliche Beispiele eines erfolgreichen Konkurrierens von der Belegschaft übernommener Betriebe mit den großen Transnationalen Konzernen her hatte, sagte er nicht. Vielleicht hat sie ihm Alexander Jakowlew erzählt. Aber der Wahrheitswert allein einer solchen Aussage genügt zur Beurteilung des politischen Wegs, den er als Generalsekretär der KPdSU schon zurückgelegt hatte.

Am 17. September 1990 erklärte Gorbatschow auf der Tagung des Obersten Sowjets der UdSSR:

> »Der Markt demokratisiert die ökonomischen Beziehungen, und der Sozialismus ist undenkbar ohne Demokratie. Indem wir die Eigentumsverhältnisse reformieren, schaffen wir eine reale und gesunde Grundlage für wirklichen Kollektivismus. Nicht die Verstaatlichung von allem und jedem, sondern die Schaffung freier Assoziationen von Produzenten, Aktiengesellschaften, Produktions- und Verbrauchsgenossenschaften, Vereinigungen von Pächtern und Unternehmern – das ist die Hauptstraße einer wirklichen Vergesellschaftung der Produktion auf dem Prinzip der Freiwilligkeit und ökonomischen Nützlichkeit. Gerade hier liegen die Wurzeln einer echten Sozialisierung unserer Wirtschaft.«[88]

---

88 »Prawda«, 18.9.1990.

Manche Autoren vertreten die Meinung, Gorbatschow habe sich ideologisch in Richtung auf sozialdemokratische Auffassungen entwickelt. Es wird solchen Autoren schwer fallen, selbst bei rechtesten Sozialdemokraten eine so eindeutige Verherrlichung der Entstaatlichung von Gemeineigentum an Produktionsmitteln zu finden.

Bei solchen Formulierungen von der höchsten Spitze der KPdSU *konnte* natürlich keine Massenbewegung zur Verteidigung des Sozialismus entstehen. Auch wer offen die Restaurierung des Kapitalismus in Russland anstrebte, hätte wenig anders argumentiert.

So wurde die Unfähigkeit der KPdSU-Führung, die gesellschaftlichen Prozesse zu verstehen, zur unmittelbaren Ursache des Scheiterns auch der mit so großen Hoffnungen erwarteten Perestrojka und des sowjetischen Sozialismus-Modells überhaupt. Die Schlüsselrolle spielte dabei die Misere, in die die offizielle »marxistische« politische Ökonomie sowjetischer Prägung geraten war. Ich bin darauf ausführlich in meinem Buch »Neubeginnen mit Marx« (PapyRossa Verlag, Köln 1993) eingegangen.

Jedenfalls war damit der Zustand erreicht, bei dem die herrschende Schicht auf die bisherige Art nicht mehr weiter herrschen konnte, die Arbeiterklasse auf diese Art nicht weiter leben wollte. Grundlegende Veränderungen wurden unvermeidlich. Allerdings blieben dabei die bisher Herrschenden im wesentlichen weiter an der Macht – die Lage der Arbeiterklasse dagegen verschlechterte sich radikal.

14. Kapitel
Die politische Ökonomie der Perestrojka

Die ausschlaggebende Fehlentwicklung des sowjetischen Sozialismus-Modells war der Verlust der Fähigkeit, die entstandene Gesellschaft und ihre Entwicklungsgesetze wissenschaftlich zu analysieren.

Das hat die an der Spitze der Perestrojka stehende Gruppe nicht erkannt. Sie hat daher auch keinen ernsthaften Versuch unternommen, *diese* Fehlentwicklung zu überwinden. Ein politisches Konzept, das dies nicht berücksichtigte, musste scheitern.

Ohne die notwendige Umgestaltung der gesellschaftlichen Basis im Sinn von Marx und unter Berücksichtigung der aktuellsten Erkenntnisse auch der bürgerlichen Wissenschaft musste diese Art der Aufarbeitung (ob man das Problem explizit »Stalinismus« nannte oder nicht) unvermeidlich in eine Sackgasse führen.

Gegen einen »Stalinismus« konnte mit größter Überzeugtheit auch jeder Feind des Sozialismus kämpfen. Die Grenzen *mussten* dabei verschwimmen zwischen jenen, die einen besseren Sozialismus wollten, und den Gegnern des Sozialismus überhaupt.

Die Beschränkung der Auseinandersetzung auf diesen Bereich konnte die Menschen nicht neu zusammenschließen, sie musste die Solidarität zerstören, Menschen, die in der Vergangenheit Schwerstes gemeinsam auf sich genommen hatten, gegeneinander aufbringen.

Dabei konnte diese Form der Auseinandersetzung auch die Verantwortlichen für die Entartung im gesellschaftlichen Überbau nicht isolieren oder aus der weiteren führenden Tätigkeit ausschalten. So hat der mutige Anlauf Chrustschows zwar einige der Hauptverantwortlichen vor Gericht gebracht, ist aber schon bei der Aufgabe der vollständigen Rehabilitierung aller Opfer der ungerechtfertigten Verfolgung im Widerstand der führenden Schicht steckengeblieben.

Noch ärger bei Gorbatschow. Hier wirkte die Unterlassung der

Hauptaufgabe, nämlich einer Perestrojka auch der ökonomischen Basis der Gesellschaft, schließlich tödlich. Die Gegner der Sowjetmacht erkannten *vor* der Führung der KPdSU, dass es auf die Veränderung der Basis ankam. Sie forderten, dass die KPdSU immer nachdrücklicher von ihrer eigenen Vergangenheit abrückte, ja diese selbst schließlich nur mehr als eine Serie von »Verbrechen« darstellte, lenkten aber alle Reformen der ökonomischen Basis in die Richtung einer Restaurierung des Kapitalismus.

Die Partei zerriss sich selbst in diesem »Stalinismus«-Streit, der zu keiner Lösung führen *konnte,* da sie für die folgenschwerste Entartung keinen Ausweg zeigte. Sie ignorierte, dass Gegner des Sozialismus schon mit aller Kraft die Weichen der gesellschaftlichen Entwicklung auf den Weg in Richtung Kapitalismus stellten.

Die restaurativen Kräfte waren dabei hinsichtlich auch einer KGB-Vergangenheit führender Mitstreiter auf diesem Weg nicht zimperlich: Der Karriere an der Spitze ihrer jetzt bürgerlichen Republiken Georgien und Aserbaidschan hat es weder Schewardnadse noch Alijew geschadet, dass sie vorher jahrelang Republik-Chefs des KGB gewesen waren.

Das illustriert, wie grundfalsch die Art war, mit der die KPdSU in ihrer letzten Existenzphase das brennendste Problem des sowjetischen Sozialismus-Modells in Angriff zu nehmen versuchte.

Zwischen dem Tod Stalins und dem Auseinanderbrechen der Sowjetunion sind 38 Jahre vergangen. Die Führung der KPdSU nannte sich marxistisch-leninistisch. Es fällt ihr schwer, durch Berufung auf einen »Stalinismus« ihr die Verantwortung dafür zu erlassen, dass sie in dieser Zeit einen entscheidenden Grundsatz marxistischen Denkens – nämlich die Wissenschaftlichkeit der Gesellschaftsanalyse und das Erkennen der bestimmenden Rolle des ökonomischen Unterbaus jeder Gesellschaft – total »verloren« oder zumindest nicht wiedergefunden hat.

Die Rolle der politischen Ökonomie

Die Wissenschaft, die sich mit diesem ökonomischen Unterbau befasst, seine Entwicklungsgesetze analysiert, ist die politische Ökonomie. Nicht zufällig war das wissenschaftliche Lebenswerk von Karl Marx vor allem ihr gewidmet.

Für die politische Ökonomie der Sowjetunion gilt – ähnlich wie für die politische Führung –, dass die KPdSU auch in der »Perestrojka«-Periode die Fehlentwicklung des ökonomischen Reproduktionsmodells *nicht* erkannte. Etwa 1988 wurde auch in Kreisen führender sowjetischer Funktionäre klar, dass die »Perestrojka« – die zu dieser Zeit schon in sich ständig wiederholenden und immer weniger wirksamen Appellen steckenblieb – nicht »greifen« würde. Man spürte auch, dass es an der Wirtschaft lag, die bekanntlich am wenigsten von Phrasen beeinflusst wird. Funktionäre, mit denen ich damals zusammentraf, setzten große Hoffnungen auf eine grundlegende Arbeit zur politischen Ökonomie, ein neues Lehrbuch für die Hochschulen, das dann Ende 1988 tatsächlich fertiggestellt wurde.

Es ist sicher die beste Zusammenfassung der Vorstellungen der »Perestrojka«-Ökonomen, aber wie diese selbst in sich zutiefst widersprüchlich. Im Redaktionskollegium waren die höchstkarätigen Wissenschafter vertreten, über die die Sowjetunion damals auf diesem Gebiet verfügte. Im Verzeichnis der Mitautoren von Kapiteln, Begutachter usw. sind die meisten Autoren von Rang vertreten. Dass einige von ihnen nur drei Jahre später maßgebend an der *Liquidierung* des Sozialismus in der Sowjetunion beteiligt sein würden, wussten jene nicht, die sie damals noch als die Elite der marxistischen politischen Ökonomie ansahen. Hier einige der Namen: W.A. Medwedew, L.I. Abalkin, O.I. Osherelew, A.G. Aganbegjan, G.Ch. Popow, I.S. Schatalin, G.I. Schmeljow, A.W. Anikin u.v.a.[89]

Dieses Lehrbuch wurde m.W. nicht mehr ins Deutsche übersetzt. Sein Studium ist vor allem historisch interessant, da es das umfassendste Dokument ist über die Auswirkung der »Perestrojka« auf die Lage der politischen Ökonomie der Sowjetunion. Es lohnt, das Lehrbuch unter diesem Gesichtspunkt genauer zu betrachten.[90]

---

89 Diese Aufzählung stellt keine Wertung der im Einzelnen sehr unterschiedlichen Ansichten der hier Erwähnten dar.

90 »Polititscheskaja Ekonomija, Utschebnik dlja wysschych utschebnych Sawedenij«, Moskwa, Politisdat 1988.

Gleich vorweg: Auch in dieser kollektiven Arbeit wird die Hauptschwäche der sowjetischen politischen Ökonomie, nämlich das Nichtverstehen des Wirkens des Wertgesetzes auch auf den sozialistischen Reproduktionsprozess, nicht erkannt. Dieses objektiv wirkende Gesetz bestimmt – ob es Professoren und Akademiemitglieder nun wollen oder nicht – die optimalen Proportionen der gesamtwirtschaftlichen Reproduktion *jeder* auf Arbeitsteilung und Austausch aufgebauten Ökonomie. Je stärker die Binnenwirtschaft eines Landes in den Weltmarkt einbezogen ist, desto direkter wirkt auch die Wertbildung auf dem Weltmarkt auf die Wertbildung und die auf dieser beruhenden Preise des betreffenden Binnenmarktes ein.

Planung kann unter solchen Bedingungen nur bedeuten, das Wirken des Wertgesetzes im Interesse der gesellschaftspolitischen Ziele der planenden Instanz auszunutzen. D. h. soziale, ökologische usw. Anforderungen können bei Strafe des Entstehens von Disproportionen nicht direkt in die Preisbildung der einzelnen Wirtschaftssubjekte eingebaut werden, sondern müssen auf dem Umweg über die öffentlichen Haushalte durchgesetzt werden. In der gesamten ökonomischen Reproduktion kann nur *ein* objektiv wirkendes Gesetz, nämlich eben das Wertgesetz die Proportionen bestimmen.

Aber schon diese Tatsache wird von den Autoren verwischt. Im Sozialismus seien »die Ware-Geld-Beziehungen auf das einheitliche System der planmäßigen Wirtschaftsregulierung ›aufmontiert‹«, schreiben sie.[91] Als ob ein einheitliches System planmäßiger Wirtschaftsregulierung einer hochdifferenzierten arbeitsteiligen Volkswirtschaft ohne Ware-Geld-Beziehung denkbar wäre!

Grundsätzlich richtig stellen die Autoren später fest: »Die planmäßige Organisierung der gesellschaftlichen Produktion schafft die prinzipielle Möglichkeit, bewusst die objektiven ökonomischen Gesetze auszunutzen.«[92]

Dem widersprechen sie aber wenige Seiten später mit der Feststellung:

---

91   A. a. O., S. 157.
92   A. a. O., S. 369.

»Der Mechanismus der Verwirklichung äquivalenter Beziehungen verändert sich prinzipiell: Die Spontaneität wird in immer stärkerem Maß von Planmäßigkeit abgelöst. Die sozialistische Gesellschaft bestimmt in vielem die Formierung des Werts voraus, indem sie die grundlegenden Proportionen der Reproduktion planmäßig reguliert. Einen wesentlichen Platz in der planmäßigen Regulierung der Produktion nehmen solche Normative ein wie der Preis, der Zinssatz, die Kosten der Ressourcen und auch die Normative der Aufteilung des Gewinns. Das gesellschaftliche Eigentum und die Planmäßigkeit modifizieren selbst den Begriff der gesellschaftlich notwendigen Aufwendungen, indem sie den Einfluss auf jene ihrer Faktoren stark abschwächen, die nicht von den Warenproduzenten abhängen.«[93]

Um nicht zu Disproportionen zu führen, müssen sich aber auch diese »Normative« an objektiv wirkende Gesetzmäßigkeiten halten. In einer auf Arbeitsteilung und Warenaustausch beruhenden Gesellschaft kann das nur das Wertgesetz sein. Normative, die diesem nicht Rechnung tragen, können weder Werte »im voraus formieren«, noch grundlegende Proportionen regulieren, sondern nur Durcheinander schaffen, da sich ja der Wert auf jeden Fall (in diesem Fall dann entgegen dem Plan) durchsetzt. Ein von Natur aus so reicher Staat, wie es die Sowjetunion war, konnte die dadurch immer schärfer werdenden Widersprüche lange Zeit »zudecken«. Aber umso heftiger war dann die Erschütterung, als dies nicht mehr möglich war.

Denkt man die von den Autoren gewählte Formulierung konsequent zu Ende, dann ist sie eine Rechtfertigung des Voluntarismus. Die Folgen waren den Autoren dabei sicher bekannt. An vielen Stellen setzen sie sich kritisch mit den Auswirkungen des administrativ-bürokratischen Lenkungssystems (mit seiner Zuteilung der Ressourcen nach einem straffen zentralen Plan) auseinander. Sie unterstreichen die Notwendigkeit des Übergangs zum Großhandel auch mit Produktionsressourcen.

In dem Buch fehlt aber die theoretische Untersuchung der Folgen, die diese Akzeptanz der Ware-Geld-Beziehungen auch für diesen Teil der Reproduktion haben musste. Vor allem fehlt jeder Hinweis, wie die Autoren sich vorstellten, die Veränderung zu einer Stärkung des Sozialismus ausnutzen zu können.

---

93   A. a. O., S. 374.

Es wird zwar auf die bei einer solchen Veränderung besonders stark zunehmende Rolle des Geldes, des Finanz- und Kreditwesens sowie der öffentlichen Budgets verwiesen, aber konkrete Schritte in diese Richtung werden nicht gezeigt. Das ist umso befremdlicher, als schon Marx auf den Hebel des Geld- und Kreditwesens beim Übergang zum Sozialismus verwiesen hatte.[94] Die Autoren beachteten auch nicht, dass zu dieser Zeit in allen entwickelten kapitalistischen Staaten voll funktionsfähige Lenkungsmechanismen über diese Hebel entwickelt waren und – natürlich im Interesse des Kapitalismus – angewandt wurden.

Wichtige Fragen in Verbindung mit dem Geld werden indes nicht beantwortet. So z. B., warum die Führung der Sowjetunion bis zum Erscheinen des Buchs, 1988, immerhin schon drei Jahre nach Beginn der Perestrojka, nichts unternommen hatte, um zu echtem Geld als wirklichem Wertäquivalent zu kommen. Lenins Meinung zur Frage des Geldes wird zwar zitiert, aber unerwähnt bleibt, dass unter seinem Einfluss 1923 (kurz vor seinem Tod) unter viel schwierigeren ökonomischen Bedingungen vollwertiges Geld geschaffen wurde.

Das Buch weicht der Frage aus, ob nun das Wertgesetz die ihm von Marx ausdrücklich zugesprochene Wirkung der Aufteilung der gesellschaftlichen Gesamtarbeit auf die einzelnen Reproduktionssphären auch im Sozialismus hat. Die von Stalin 1952 formulierte falsche Antwort auf diese Frage wird auch in diesem Buch *nicht* richtiggestellt.

Soweit dem Wertgesetz Wirkung zuerkannt wird, gilt dies im engen Sinn der Wirkung auf die Preisbildung für als Waren produzierte Konsumgüter. Dass mit dem Übergang zum Großhandel auch mit Produktionsressourcen natürlich auch diese zu Waren wurden und damit direkt dem Wertgesetz unterlagen, bleibt außer Betracht. Es wird auch nicht verstanden, dass das Wertgesetz auch dann wirkt, wenn über längere Zeit die Gesamtsumme der erzielten Preise nicht dem gesellschaftlichen Wert entspricht. (Das ist im Kapitalismus immer wieder vor Überproduktionskrisen der Fall, ja die Krise ist dann Ausdruck der Tatsache, dass sich das Wertgesetz gewaltsam, eruptiv gegenüber den die Oberfläche bildenden Preisen durchsetzt.)

---

94 Siehe Marx/Engels, Werke, Bd. 25, S. 621

Woher dieser Horror so vieler, auch gescheiter Leute vor der Anerkennung der Tatsache, dass auch in dieser Übergangsgesellschaft das Wertgesetz wirken muss? Das kann nur aus einem verflachten Verständnis der Marxschen Vorstellung über das Wirken dieses Wertgesetzes erklärt werden.

Für sie war die Kette von Folgen aus dem Wirken des Wertgesetzes unzerreiß- und unveränderbar: Wertgesetz bedeutet auch Wirken des Mehrwertgesetzes, dieses kann sich nur über Erzielung von kapitalistischem Profit verwirklichen. Das bedeutet aber unvermeidlich Ausbeutung jener, die alle Werte schaffen. Aber die Leugnung der Wirkung des Wert- und des Mehrwertgesetzes konnte diese Kette von Konsequenzen noch weniger durchbrechen: Da niemand das Wirken dieser objektiven ökonomischen Gesetze »abschaffen« konnte, machte deren Leugnung es nur schwerer, ja schließlich unmöglich, die Folgen zu kontrollieren und zu beeinflussen.

Dabei waren diese Folgen zu dieser Zeit – besonders nach der beginnenden Durchschaubarkeit makroökonomischer Proportionen dieses Systems – deutlich sichtbar. Konnte man es anders als Ausbeutung nennen, wenn ein immer größerer Teil des geschaffenen Wertes in Löhne und Gehälter einer für die gesellschaftliche Reproduktion immer hemmender werdenden Schicht von bürokratischen Verwaltungsangestellten verwandelt wurde? War es etwas anderes als Ausbeutung der lebendigen Arbeit zugunsten der bereits akkumulierten Arbeitsergebnisse, wenn in immer größerem Maß für Neuinvestitionen aufgewandter Wert noch während dieser Investitionsphase weitgehend entwertet wurde, da die damit finanzierte Technologie veraltet, die Bauzeiten viel zu lang waren, so dass nach Inbetriebnahme keine oder jedenfalls nur eine zu geringe Wertübertragung auf das Endprodukt erfolgen konnte? Beherrschten dadurch nicht schon wieder »die Dinge die Menschen« anstatt umgekehrt, wie es Marx und Engels schon im »Manifest der Kommunistischen Partei« am Kapitalismus kritisiert hatten?[95]

---

95 Siehe Marx/Engels, Werke, Bd. 4, S. 476.

War es schließlich nicht Ausbeutung der produktiv arbeitenden Menschen direkt zugunsten des internationalen Finanzkapitals, wenn ab Mitte der Achtzigerjahre für die Gesamtverschuldung dieser Länder (einschließlich der UdSSR bereits ca. 140 Mrd. Dollar) jährlich etwa 13-15 Mrd. Dollar Zinsenzahlungen geleistet werden mussten? Die einzige ökonomische Begründung für solche Kredite wäre ihre Verwendung für solche Investitionen gewesen, aus deren Ergebnissen höherer Profit erzielbar war, als für Zinsen aufgewendet werden musste. Das war aber als Folge der Schwächen ihres inneren Systems in keinem dieser Länder mehr der Fall. Sie mussten daher einen großen Teil der Zinsen von selbst für Investitionen aufgenommenen Krediten schließlich aus dem in der übrigen Wirtschaft geschaffenen Mehrwert finanzieren.

Es ist ein Fortschritt, dass in dem Lehrbuch die Tatsache dieser Verschuldung einer Reihe sozialistischer Länder erstmals gezeigt, ja sogar auf die Folgen für deren Binnenwirtschaft verwiesen wird, aber die Analyse der Rolle des internationalen Finanzkapitals fehlt dabei.[96]

Das Nationalprodukt im Sozialismus

In der Arbeit sind auch Angaben über das Volkseinkommen der Sowjetunion enthalten. Aber es fehlt der Versuch, die sich aus den dort angegebenen Zahlen zwingend ergebenden Fragen zur Gesamtökonomie des Landes zu beantworten. Das sowjetische Bruttonationalprodukt (am ehesten mit dem Brutto-Inlandsprodukt nach UN-Richtlinien vergleichbar) wird für das Jahr 1987 mit 825 Mrd. Rubel angegeben. (Die ebenfalls angeführte Zahl von 1.470 Mrd. Rubel als gesamtgesellschaftliches Bruttoprodukt beinhaltet auch den Ersatz für alle reproduzierten Lagerbestände vom Jahresbeginn – in diesem Jahr etwa 870 Mrd. Rubel –, und ist daher für unsere Vorstellungen schwerer einzuordnen.)

---

96 »Polititscheskaja Ekonomija...«, S. 595.

Für den persönlichen Konsum wurden im gleichen Jahr 441 Milliarden Rubel aufgewendet. Das Volkseinkommen wird mit 600 Mrd. Rubel angegeben. Drei Faktoren müssen dabei beachtet werden: Alle sowjetischen makroökonomischen Berechnungen gehen nur vom materiellen Produkt aus, lassen also einen großen Teil der im Westen mit erfassten Dienstleistungen außer Betracht. Zweitens konnten sie nur von großteils willkürlich festgesetzten Preisen ausgehen, was eine bedeutende Fehlerquelle darstellt. Drittens muss man in Erinnerung rufen, dass die Binnenkaufkraft des Rubels damals noch erheblich über der Binnenkaufkraft des US-Dollars lag.

Eine Berechnung aus authentischer Quelle für frühere Jahre der Sowjetwirtschaft findet sich in dem schon erwähnten Buch N. Wosnessenskijs über die Kriegswirtschaft der Sowjetunion. Wosnessenskij gibt an, der persönliche Verbrauch habe 1940 74% des damaligen Volkseinkommens betragen, 1942 aber nur mehr 67%.[97] Für 1950 gibt P. I. Ljastschenko in der schon erwähnten Geschichte der Volkswirtschaft der UdSSR ebenfalls 74% des Nationaleinkommens für den persönlichen Verbrauch an.[98] Vergleicht man damit die oben angeführten Zahlen für 1987 (Volkseinkommen 600 Mrd., persönlicher Verbrauch 441 Mrd. Rubel), dann hat sich an diesem Verhältnis nichts geändert: Der persönliche Verbrauch lag auch 1987 bei 73,5% des Volkseinkommens.

Auch unter Berücksichtigung aller störenden Faktoren ist ein Vergleich mit den Angaben für die US-Wirtschaft desselben Jahres kennzeichnend: Dort hatte das Bruttoinlandsprodukt (das ja viel höher ist als das Volkseinkommen) im Jahr 1987 4.452,9 Mrd. Dollar betragen, der persönliche Konsum der 245 Mio. US-Amerikaner aber 2.980 Mrd. Dollar, das waren 66,9% des BIP gewesen. Den 280 Mio. Sowjetmenschen standen in dem gleichen Jahr dagegen nur 53,5% des dort viel geringeren BIP zum Konsum zur Verfügung.

---

97 N. Wosnessenskij, »Wojennaja Ekonomika SSSR«, OGIS 1948, russ., S. 67.
98 P. I. Ljastschenko, »Istoria narodnogo Chosjajstwa SSSR«, III. Band, Verlag f. polit. Literatur, Moskau 1956, russ., S. 597.

Trotz der Jahrzehnte hindurch von der Sowjetstatistik behaupteten rascheren Entwicklung der Sowjetwirtschaft lag diese weit hinter der US-amerikanischen zurück. Wie weiter unten gezeigt werden wird, hat sich dabei im letzten Jahrzehnt ihrer Existenz der Abstand sogar wieder vergrößert. Dabei ist am alarmierendsten das weitaus schlechtere Verhältnis der gesamtwirtschaftlichen Bruttoleistung zur dadurch erreichten Konsumversorgung der Bevölkerung.

Diese Diskrepanz wird noch anschaulicher, wenn man bedenkt, dass zu dieser Zeit die Produktion von Rohstoffen und Energiegrundstoffen in der Sowjetunion auf allen wichtigen Gebieten größer war als in den USA. Das gilt für Stahl, Erdöl, Kohle, Baumwolle, Weizen u. v. a. Bei einer höheren Leistung in der Produktion der wichtigsten Grundstoffe stand den Sowjetmenschen schätzungsweise nur maximal ein Viertel, eher noch weniger, an Konsumgütern zur Verfügung als den US-Bürgern.

Das kann nur zum Teil durch die der Sowjetunion während des Kalten Krieges aufgezwungene Hochrüstungspolitik erklärt werden. Zum größeren Teil hat es Ursachen in der Struktur des dort entstandenen Reproduktionsmechanismus selbst. Die Autoren nehmen eine Gegenüberstellung zwischen der Volkswirtschaft der USA und der UdSSR nur in allgemeiner Form vor. Für 1960 bis 1970 errechnen sie noch eine Verringerung des Abstandes bei der Arbeitsproduktivität in der jeweiligen Industrie um neun Prozentpunkte. Für 1970 bis 1980 nur mehr eine solche um zwei Prozent. Für 1987 geben sie das sowjetische Volkseinkommen mit 64 % des US-amerikanischen an, gegenüber noch 67 % im Jahr 1980! Einer Analyse der Ursachen dieser deutlichen Verschlechterung weichen sie aus.[99]

Ich will hier auf zwei Ursachen eingehen, die direkt aus der Missachtung der Folgen des Wertgesetzes auf die Reproduktionsressourcen entspringen. Sicher der wichtigste Faktor war dabei der Grad der fortwirkenden Effektivität der in Rohstoffen und Halbmaterialien gebundenen menschlichen Arbeit. Im Kapitalismus ist die Umlauf-

---

99 »Polititscheskaja Ekonomija...«, S. 631.

geschwindigkeit des in diesen Bereich gesteckten konstanten Kapitalteils sicherer Maßstab dieser Effektivität. Ein Konzern A sei in der Lage, alle zu verarbeitenden Rohstoffe, Halbfabrikate, Hilfsstoffe usw. im Durchschnitt innerhalb von *drei* Monaten zu verarbeiten. Ein gleichartiger Konzern B brauche dafür aber *sechs* Monate. Wenn die Verkaufsmöglichkeiten für beide Konzerne gleich sind, dann braucht der Konzern A für diesen Teil seines konstanten Kapitals nur die halbe Summe vorzustrecken wie Konzern B. Das verringert entsprechend das benötigte Gesamtkapital, die Kapitalrentabilität wird entsprechend größer.

Hinter der kapitalistischen Form wirkt die Tatsache, dass im ersten Fall die im Wert der Rohstoffe usw. geronnene Arbeit doppelt so schnell ihren Wert an das Endprodukt weitergibt. Gesamtwirtschaftlich ist für diesen Sektor der betreffenden Produktionssphäre entsprechend *weniger* Arbeitszeit erforderlich, die Arbeit wird insgesamt effektiver. Die Form der Ware-Geld-Beziehungen ermöglicht, dies genau abzurechnen. Ihre kapitalistische Spielart macht das Gewinnstreben des Kapitals (Einzelkapitalist, Konzern) zum tausendfach wirkenden Stimulans, mit der Vergrößerung des eigenen Gewinns auch die gesellschaftliche Effektivität zu erhöhen.

Das zentralistisch-administrative Reproduktionsmodell verzichtete mit der Heraushaltung des gesamten ökonomischen Reproduktionsbereichs aus den Ware-Geld-Beziehungen auf diesen Stimulans. Das hat nur sekundär mit den Eigentumsverhältnissen zu tun. Auch eine »wirtschaftliche Rechnungsführung« im gesellschaftlichen Eigentum befindlicher Betriebe wäre *nur* unter Wirksammachung auch dieses Faktors möglich gewesen. Das ist aber unterblieben.

Dennoch hat das Wertgesetz gewirkt: Allerdings in der Form, dass ein immer größerer Teil der gesellschaftlichen Arbeit der Sowjetmenschen in riesigen Lagern von Rohstoffen, Halbfabrikaten usw. gebunden wurde. Die schon erwähnte Tatsache, dass im Jahr 1987 die zum Ersatz der Lagervorräte aufgewandte Arbeit schon wesentlich größer war als das wirksame Bruttonationalprodukt (870 Mrd. Rubel gegenüber 825 Mrd. Rubel) illustriert das Missverhältnis.

Die Abwertung des fixen Kapitals

Der zweite Grund liegt in der erwähnten Auswirkung des Wertgesetzes auf den fixen Teil des konstanten Kapitals (Gebäude, Maschinen u. a.). Er ist noch schwerer erkennbar. Ein wesentlicher Teil der Wertbildung stellt eine Übertragung von Wertteilen durch den Verschleiß der in der Produktion verwendeten Maschinen, Gebäude und anderen Anlagen dar. Soweit es dabei um physische Abnutzung geht, ist die Abnahme der Wertübertragung leicht zu berechnen.

Wie schon ausgeführt, gab der damalige sowjetische Ministerpräsident, Ryschkow, Mitte 1989 den Wert der Produktionsfonds mit 1.900 Mrd. Rubel an, von denen aber 40% verschlissen seien. Dabei war aber die »moralische« Entwertung nicht berücksichtigt, die darin bestand, dass selbst *neu* installierte Produktionsmittel bereits bei Inbetriebnahme veraltet waren und infolgedessen bei ihrer Anwendung nur weniger Wert auf das Produkt übertragen konnten, als dem entsprechenden Anteil ihrer wirklichen Kosten entsprach.

Ein wesentlicher Teil dieses Verschleißes ist ja äußerlich nicht sichtbar. Eine Maschine kann durchaus noch einsatzfähig, ja sogar neu sein, aber dennoch schon wertlos, wenn z. B. eine andere Maschine das gleiche Produkt um soviel billiger herstellt, dass mit der alten Maschine erzeugte Waren nicht einmal mehr die Kosten für Rohstoffe und Arbeitsaufwand einbringen. Die Maschine ist (um mit Marx zu sprechen) »moralisch« entwertet.

Da der sowjetische Binnenmarkt abgeschlossen war, blieben tausende solcher Maschinen und Anlagen dennoch weiter in Betrieb. Die Kostenberechnung ging weiter davon aus, dass von ihnen in der Produktion ein Wertteil auf das Endprodukt übertragen werde. Da die Preise der Endprodukte zentral festgelegt wurden, konnten sie meist für viele Jahre auf dem Binnenmarkt aufrechterhalten werden. Die Entwertung dieser fixen Kapitalteile wurde so überdeckt. Wenn die Endverkaufspreise dann gesenkt werden mussten, erhielten Betriebe schließlich in vielen Fällen laufende Subventionen.

Für die nach den an der Oberfläche sichtbaren Preis-Beziehungen kalkulierenden Betriebe oder sogar Ministerien schien alles in Ordnung. Man produzierte mit veralteten Anlagen weiter, die sofortige Neuinvestitionen in Maschinen erfordert hätten, schien dabei sogar hohe Summen zu »ersparen«, verbrauchte aber mit den alten Maschinen um so viel mehr an gesellschaftlicher Arbeit, dass gesamtvolkswirtschaftlich bedeutender Verlust entstand.

Das konnte nur eintreten und sich so lange Zeit noch verstärken, weil dieser Bereich durch die Wirtschaftsverfassung der Sowjetunion davor geschützt war, seine Wertschöpfung am Kriterium eines Marktes und seiner Ware-Geld-Beziehungen überprüfen zu müssen. Mehr und mehr gingen die zentralen Planungsstellen der Sowjetunion von Preisen aus, die nicht nur einen hypothetischen Binnenwert übertrafen, sondern gegenüber dem Weltmarktwert weit überhöht waren. Maschinen, die auf dem Weltmarkt überhaupt keinen Wert mehr dargestellt hätten, wurden von Sowjetbetrieben der Sowjetwirtschaft geliefert und mit Milliardensummen in die Berechnung des Bruttonationalprodukts eingesetzt. Natürlich unterlagen auch die ungerechtfertigt lange auf Lager gehaltenen Vorräte einer Abwertung, die nicht in den in die VE-Rechnung aufgenommenen Preisen zum Ausdruck kam.

Die in der Zeit der Perestrojka maßgebenden Ökonomen verstanden diese wichtigen Seiten der schon von Marx im 3. Band des »Kapital« analysierten Wirkung des Wertgesetzes auf den gesamten ökonomischen Reproduktionsprozess nicht.

Im Kapitalismus schaffen die ökonomischen Überproduktionskrisen diese Auswirkungen des Widerspruches immer wieder – vorübergehend – aus der Welt. Im sowjetischen Sozialismus-Modell wurde diese Form der Krise zwar vermieden, aber diese Widersprüche akkumulierten sich dadurch immer stärker und mit Beginn der wissenschaftlich-technischen Revolution immer schneller. Dies beantwortet auch die Frage, wieso diese Schwierigkeiten erst lange nach dem Tod Stalins sichtbar wurden.

Da kurze Zeit später ein Teil eben dieser Ökonomen dann auch maßgebend für den Rückweg zu einer kapitalistischen Wirtschaftsstruktur wurde – und die von Weltbank und anderen ausländischen

Banken und Regierungen in großer Zahl gesandten »Berater« meist noch weniger von der Realität der sowjetischen Wirtschaftsstruktur verstanden –, ist der Zusammenbruch, der der schockartigen Anpassung an Weltmarktverhältnisse folgte, nicht überraschend.

Preise und Wert

Soweit die sowjetische politische Ökonomie für den Sozialismus Wertbeziehungen konstatierte, ging sie von der Annahme aus, diese seien Ausdruck der zur Herstellung des Produkts tatsächlich aufgewandten durchschnittlichen sowjetischen Arbeit. Außer Acht blieb, dass diese nicht mit dem Weltdurchschnitt identisch war. Diese vereinfachte Berechnung versagte nicht nur bei den angeführten Beispielen der Wertübertragung. Da die Intensität der sowjetischen Arbeit wesentlich unter der der entwickelten Industrieländer lag, konnte auch die Wertschöpfung selbst nicht mit der in den letzteren gleichgesetzt werden. Dabei geht es nicht nur um die Wertschöpfung im Produktionsprozess der »normalen« Konsumgüter.

Arbeit, die zur Erzeugung von gar nicht mehr benötigten Maschinentypen, Anlagen, ja auch von Konsumgütern aufgewendet wird, die die Verbraucher nicht annehmen, schafft keinen Wert, da sie ja auch keinen Gebrauchswert schafft. Die schwache Ausbildung von Marktbeziehungen selbst bei Konsumgütern führte auch hier zu großen Fehlleistungen.

Als ich mit einer Delegation von ökonomisch interessierten Parteifunktionären Anfang der Achtzigerjahre in der Sowjetunion war, berichtete uns der für den technologischen Fortschritt verantwortliche Genosse (im Rang eines Ministers) ein Beispiel aus der Uhrenindustrie. Als Erfolg bezeichnete er die eben erfolgte Inbetriebnahme von zwei neuen Fabriken zur Herstellung höherwertiger Armbanduhren, an denen es noch immer Defizit gegeben habe. Mit weniger als der halben Belegschaft vergleichbarer Fabriken werde durch Automatisierung ein größeres Quantum Uhren hergestellt. Auf die Frage eines Delegationsteilnehmers bestätigte er, dass es sich dabei um mechanische Uhren handelte. Dies zu einer Zeit, als auf dem Weltmarkt die Massenherstellung der viel einfacheren elektronischen Digitaluhren sogar die Schweizer Uhrenindustrie schon in eine Krise gebracht hatte!

Die schon früher geschilderte Bremswirkung des vorherigen, administrativ gesteuerten Sozialismus-Modells war die langfristig wirkende Ursache für die Krise dieses Modells. Aber auch das von den Perestrojka-Ökonomen entwickelte eklektische Amalgam von Resten einer verflachten marxistischen politischen Ökonomie mit oft nur als Phrasen (zur Rechtfertigung der beginnenden maßlosen Bereicherung einiger Weniger) angebotenen Bruchstücken bürgerlicher Richtungen konnte keinen Ausweg zeigen. Es erwies sich deshalb für dieses System als letal.

15. Kapitel
Das Ende der Sowjetunion

Das Jahr 1991 brachte das »Aus« für die Sowjetunion. Dieses zeichnete sich schon Monate vorher ab. Jedoch nicht durch aktives Auftreten der am stärksten betroffenen Volksschichten. Diese standen weitgehend abseits. Sie glaubten nicht, die Entwicklung überhaupt beeinflussen zu können.

Aufgetreten sind zum einen (und zwar mit rasch zunehmender Lautstärke) die Wortführer der einzelnen Unionsrepubliken und nationaler Gruppen. Mit ihnen gab es monatelange Verhandlungen um einen neuen Unionsvertrag. Diese waren bestimmt von dem zunehmenden Nationalismus, dem aus den früher angeführten Gründen kaum jemand entgegenwirkte. Die ideologische Hegemonie des proletarischen Internationalismus war zusammengebrochen. Bürgerlich-liberaler Humanismus war in Russland nie sehr einflussreich gewesen. Die jahrzehntelang geführte »Anti-Kosmopolitismus-Kampagne« hatte auf diesem Gebiet zusätzlichen Schaden angerichtet.

Ein erfolgreicher Abschluss dieser Verhandlungen wurde immer unwahrscheinlicher. In einigen Teilen des Landes waren nationalistische Kräfte schon stark genug, ohne Rücksicht auf Ergebnisse der Verhandlungen ihren Wünschen entsprechende Veränderungen einfach durchzuführen. Gestärkt wurden diese zentrifugalen nationalistischen Strömungen durch die Haltung des internationalen Finanzkapitals. Dieses erweckte den Eindruck, als würden die einzelnen Republiken bei Lostrennung von der Union rasch und ausreichend finanzielle Hilfe erhalten und so in Kürze westeuropäischen Standard erreichen können.

Versuche zum Einsatz zentraler Machtmittel, wie z. B. in Georgien oder dem Baltikum, blieben halbherzig. Sie konnten bei der bereits vorherrschenden Infragestellung der Legitimität der Sowjetmacht selbst in Russland keine Massenzustimmung mehr erhalten. Dazu kam die Desavouierung von Versuchen zu gewaltsamer Aufrechterhaltung der Sowjetgesetzlichkeit durch Gorbatschow selbst. Dadurch mussten diese Versuche inkonsequent bleiben und sie schufen nur Märtyrer. (In Vorwegnahme der späteren Entwicklung sei hier daran erinnert, mit welcher Konsequenz drei Jahre später Boris Jelzin vier Wochen nach der gewaltsamen Ausschaltung des russischen Volksdeputiertenkongresses den Einsatz der Armee auch im Innern zum Teil der neuen russischen Militärdoktrin erklären ließ.)

Die baltischen Republiken erklärten sich als unabhängig und begannen, mit ihren Milizen die Grenzen zur RSFSR, der Russischen Föderation, und Belorussland zu besetzen. Georgien erklärte sich für unabhängig. Armenien begann offen für die innerhalb Aserbaidschans in Berg-Karabach lebenden Armenier einen de-facto-Krieg, der bald tausende Tote forderte. Innerhalb der Russischen Föderation verlangten die sibirischen Gebiete maximale Autonomie, erklärten sich die Tschetschenen als unabhängig, innerhalb Moldavas, das immer deutlicher zum Anschluss an Rumänien tendierte, wiederum die dort lebenden Russen und Gagausen. In Georgien die Abchasier und Südosseten usw. Die Sowjetunion war in Auflösung begriffen.

Aber schon vor deren Auflösung meldete sich laut und deutlich jene sich jetzt wirklich als bourgeoise Klasse formierende Gesellschaftsschicht zu Wort, die bald zur entscheidenden Kraft des Landes werden sollte: Die Spitzen der Wirtschaftsnomenklatura. Besonders deutlich wurde das auf einer Beratung von 3.000 Betriebsleitern aus der ganzen UdSSR im Dezember 1990. In keiner Versammlung der Partei, in keiner Beratung von Wissenschaftlern war bis dahin Gorbatschow mit einer solchen Schärfe entgegengetreten worden (auch wenn die Kritik viel öfter namentlich an die Adresse von Ministerpräsident Ryshkow gerichtet war). Im Mittelpunkt stand das wirtschaftliche Desaster. Wegen der Auflösung jahrzehntelang eingespielter Wirtschaftsbeziehungen innerhalb der UdSSR und des RGW erwarteten Redner schon bis 1992 einen Rückgang der Industrieproduktion um bis zu 40%. (Das ist dann, sogar im vorausgesagten Ausmaß, auch eingetreten). Der Tauschhandel hatte sich schon so ausgeweitet, dass – wie auf der Konferenz berichtet wurde –

die Hauptstadt Moskau den dringendsten Bedarf an Hühnereiern nur dadurch hatte decken können, dass ihr das Moskwitsch-Autowerk 150 Kombis zum »Tausch« gegen je eine halbe Million Hühnereier zur Verfügung stellte.

Gerade von dieser Seite wurde mit besonderer Deutlichkeit die Forderung auf unbeschränkten Einsatz der Präsidialgewalt erhoben, die sich Gorbatschow ja wenige Wochen zuvor hatte verleihen lassen. In diesem Wunsch trafen sich offenbar um die Zukunft des Sozialismus besorgte Kommunisten mit pragmatisch denkenden Wirtschaftsfunktionären, die einigermaßen abschätzen konnten, was auf das Land bei Fortsetzung des Liquidationskurses zukommen musste.

Auch Anfang 1991 konnte sich Gorbatschow jedoch nicht zu ernsten Schritten entschließen. Er versuchte weiter, in den Verhandlungen mit den einzelnen Republiken einen »kleinsten gemeinsamen Nenner« zu finden. Dieser konnte aber schon deshalb nicht halten, weil jedes Nachgeben seinerseits in den jeweiligen Republiken noch nationalistischeren Kräften Auftrieb gab, die sofort die Verhandlungsführer zwangen, die Forderungen weiter hinaufzuschrauben.

Anstatt sich mit der ganzen der KPdSU noch verbliebenen Kraft der unmittelbaren Aufgabe der Erhaltung der Sowjetmacht, ihrer immer noch vorhandenen sozialistischen und internationalistischen Wesenszüge zu stellen, wurde in den Parteileitungen eine neue Programmdiskussion eingeleitet. Dazu erschien am 8. August 1991 in der »Prawda« ein Entwurf. Obwohl bei den Beratungen des ZK am 25. und 26.7.1991 u. a. gefordert worden war, klar auszusprechen, dass eine Auseinandersetzung zwischen »zwei Haupttendenzen«, nämlich »einer Erneuerung des Sozialismus oder einer Restaurierung kapitalistischer Gesellschaftsverhältnisse« stattfinde, wurde dies immer noch unterlassen. Wohl wurde aber eine »Priorität der Entwicklung der Formen des gesellschaftlichen Eigentums« in den Entwurf aufgenommen[100], was ihn am ehesten dem Charakter eines sozialdemokratischen Programms annähert: Eine allgemeine Willenserklärung richtiger Grundtendenz ohne konkrete Wege zur

---

100 Siehe »Prawda«, 8.8.1991.

Verwirklichung dieser Absichten. Dass dieses Programm wenige Tage später nur mehr Makulaturwert behalten sollte, entspricht der historischen Logik.

Auf diesem Hintergrund ist der als »Putschversuch« abgestempelte Coup vom 19. August 1991 zu verstehen: Während des Urlaubs von Gorbatschow erklärte der damalige Vizepräsident Janajew mit Unterstützung des Vorsitzenden des Obersten Sowjets Lukjanow, des nunmehrigen Ministerpräsidenten Pawlow, des Innenministers Pugo, des Verteidigungsministers Jasov und des KGB-Vorsitzenden Krjutschkow den Notstand. Den Ablauf der darauf folgenden Ereignisse brauche ich nicht zu schildern. Wesentlich ist der gesellschaftliche Zusammenhang.

Bei dem bereits erreichten Grad der Auflösung der Staatsdisziplin musste der Coup scheitern. Schon auf der nächsten Ebene des Machtvollzugs, vor allem in der RSFSR, wurden als Folge der Haltung Jelzins, der inzwischen zum russischen Präsidenten avanciert war, Weisungen des neuen Zentrums nicht befolgt. Die Bevölkerung stand vollständig abseits. Das galt auch für ihre Haltung zu den Gegenkräften rund um Jelzin. Die maximal wenigen zehntausend Menschen, die dieser in der Acht-Millionen-Stadt Moskau nach einigen Tagen auf die Straße bringen konnte, bewiesen dies deutlich.

Aber auch die KPdSU hat in ihrer noch vorhandenen Gesamtstruktur den Coup nicht unterstützt, ebensowenig eindeutig gegen ihn Stellung genommen. Diese Partei war überhaupt zu keiner einheitlichen Haltung mehr fähig.

In Wahrheit ging es nicht, wie manche Autoren es darstellen, um die »Wiederherstellung der Macht der Nomenklatura«. Die war zu keinem Zeitpunkt gefährdet und ist es – jetzt allerdings als die einer echten neuen Bourgeoisie – selbst danach nie gewesen. Es ging darum, innerhalb dieser Nomenklatura den Apparat der Partei wieder in die führende Position zu bringen.

Worauf die Initiatoren des Coups hofften, wird sich nie genau feststellen lassen. Es ist kaum anzunehmen, dass sie auf eine Massenbewegung des Volkes wegen der bereits beginnenden Verschlechterung seiner Lage setzten. Eine solche ist auch dann nicht eingetreten, als die

Lage noch weit schlechter geworden war. Vielleicht hielten sie den Machtapparat noch für genügend funktionsfähig, um die Union retten zu können. Ihre Überlegungen bezogen also wieder nur die führende Schicht des Landes ein.

Wenn die Wortführer des August-Coups dabei die Hoffnung gehabt hatten, bei Misslingen ihrer Absichten eben vor einer weiteren Phase der langsamen Agonie mit Gorbatschow an der Spitze zu stehen, dann hatten sie die Lage falsch eingeschätzt. Tatsächlich hat der Coup politische Folgen ausgelöst, die direkt zum Ende der Sowjetunion und zu einer tragischen Wende des Schicksals der einzelnen Republiken geführt haben.

Für einige Wochen ließ sich Jelzin (damals noch in einer Einheitsfront mit seinem Vizepräsidenten Alexander Ruzkoj und dem russischen Volksdeputiertenkongress mit dessen Präsidenten Ruslan Chasbulatow) von allen Seiten – einschließlich dem zurückgekehrten Gorbatschow – als »Retter« feiern. Er untersagte der »Rest-KPdSU« jede weitere Tätigkeit, löste ihre noch bestehenden Leitungsstrukturen auf und zog ihr Vermögen ein. Dass er damit gleichzeitig die erforderlichen Voraussetzungen für eine grundlegende Erneuerung der russischen Arbeiterbewegung beschleunigte, war ihm sicher nicht bewusst. Gleichzeitig erkannte Jelzin die einmalige Chance zum entscheidenden Ausbau seiner persönlichen Macht.

Schon vor dem »Notstands«-Coup war ein Konzept der Umbildung der Union vor allem mit Russland, der Ukraine und Kasachstan in groben Zügen vereinbart. Wenn nicht neuerlich nationalistische Kräfte die Pläne der jeweiligen Regierungen vereitelten, standen sogar schon Termine zur Unterzeichnung (zwischen 3. September und 10. Oktober) fest.[101] Der Coup wurde nun von den nationalistischen Kräften zum Anlass genommen, alles Vereinbarte in Frage zu stellen.

Unabhängig von den durch Gorbatschow weiter geführten Verhandlungen um einen neuen Unionsvertrag nahm Jelzin Gespräche mit den anderen Republiken auf. Diese endeten im Dezember mit der auch formellen Auflösung der UdSSR und der – lange Zeit nur auf

---

101 Siehe »Die Presse«, 14./15.8.1991.

dem Papier verbleibenden – Gründung einer neuen Staatengemeinschaft (GUS – Gemeinschaft unabhängiger Staaten). (In keiner der Republiken wurde dieser Schritt, der in den meisten dem Ergebnis der vorherigen Volksabstimmungen widersprach, einer neuen Volksabstimmung unterzogen, so dass – juristisch – diese von einigen Tausend vollzogene Auflösung der Sowjetunion der wirkliche Staatsstreich von 1991 gewesen ist).

Da es keine Sowjetunion mehr gab, war damit die Macht Gorbatschows zu Ende. Die stärkste politische Position im Raum der früheren Sowjetunion, die des russischen Präsidenten, war von da an unbestritten in der Hand von Jelzin.

Allerdings gingen von Anfang an die baltischen Republiken, die kaukasischen Republiken und Moldava nicht oder nur mit großen Vorbehalten den Weg in die neue Gemeinschaft.

Die ökonomische Entwicklung

In den früheren Sowjetrepubliken (am schwächsten in einigen kleineren Mittelasiens) setzte rasch der Versuch ein, das zuletzt auch von den meisten sowjetischen Ökonomen als Wunderheilmittel angebotene Rezept einer uneingeschränkten Marktwirtschaft, verbunden mit rascher Privatisierung des öffentlichen Eigentums bei Abbau aller bisher geleisteten sozialen Subventionierungen, anzuwenden. Dadurch begann ab Ende 1991 aber erst die wirkliche ökonomische Katastrophe.

Dies konnte auch nicht anders sein. Die Vorstellungen in Richtung einer Restauration des Kapitalismus liefen auf folgende Überlegung hinaus: Auch wenn ein Teil der Industriebetriebe bei voller Öffnung zum Weltmarkt nicht würde bestehen können, so würde der größere Teil gezwungen sein, durch rasche Investitionen den Rückstand aufzuholen, was auf jeden Fall nach einer bestimmten Übergangszeit eine Investitionskonjunktur auslösen müsste. Diese sollte einen größeren Teil der durch den Ausfall der rückständigsten Betriebe freiwerdenden Arbeitskräfte beschäftigen. Größere Arbeitslosigkeit war solchen Überlegungen sogar willkommen, sie sollte Druck auf die Beschäftigten zur raschen Leistungssteigerung herbeiführen, aber nur vorübergehend sein. Ähnlich wie in den anderen früher sozialistischen Ländern tauchte die ominöse »Zwei-Jahre-Frist« auf, nach der es dann auf dem Boden der »Marktwirtschaft« aufwärts gehen sollte.

Für die Landwirtschaft erwartete man, dass jetzt – wo die »Macht der Kommunisten auch auf dem Land« gebrochen sei – endlich die Massenaufteilung des Kolchos-Landes unter die Bauern einsetzen und damit ein breiter Käufermarkt in den Dörfern entstehen würde. Da sich die sowjetische politische Ökonomie vorher kaum mit den besonderen ökonomischen Gesetzmäßigkeiten der peripheren kapitalistischen Entwicklung befasst hatte, trat diesen Illusionen kaum irgend jemand entgegen.

Rasch zeigte sich, dass die auf Positionen der bürgerlichen politischen Ökonomie übergegangenen Ökonomen der ehedem sozialistischen Länder diese genauso wenig verstanden, wie sie vorher die marxistische verstanden hatten. Sie ließen vollständig außer Acht, dass angesichts der bereits bestehenden »ersten Welt« hochentwickelter – überdies imperialistischer – Industriestaaten für nur schwach entwickelte Länder in einem offenen Weltmarkt *keine* Chance des Aufholens bestehen konnte.[102] Mit Ausnahme von Böhmen und Mähren sowie Teilen der damaligen DDR waren aber alle diese Länder schwach entwickelt, hatten in der Phase der Stagnation und noch stärker ab der zweiten Phase der Perestrojka sogar an Boden verloren.

Die durch die gezeigte Bremswirkung der inneren Struktur eintretenden Hemmnisse hatten vorher – wenn auch immer weniger – durch die großen Naturreichtümer der Sowjetunion und einen gewissen Synergie-Effekt des großen Wirtschaftsraumes von etwa 400 Millionen Menschen in Osteuropa ausgeglichen werden können.

Mit der angekündigten Privatisierung des Bodens und der Auflösung dieses Wirtschaftsraums fiel beides weg. Zurück blieben arme

---

102 Die objektiven Ursachen dafür sind in »Neubeginnen mit Marx« vom Autor ausführlich nachgewiesen.

und immer ärmer werdende Länder. Ihre Industriebetriebe mussten über Nacht mit Betrieben der mächtigsten Transnationalen Konzerne in Konkurrenz treten. In der fast bis zur Psychose angeheizten Stimmung der qualitativen Überlegenheit »westlicher« Produkte gingen selbst Produktionen unter, die eigentlich konkurrenzfähig gewesen wären. Die Länder wurden überschwemmt mit westlichen Waren, die erhofften Kapitalinvestitionen in die Produktion blieben meist aus. Hauptsächlich entstanden Ableger westlicher Handelskonzerne, Tankstellen, Schnellimbiss-Ketten und die rasch von der wuchernden Mafia unter Kontrolle genommenen Importe von (vielfach gestohlenen) Gebrauchtautos, Rauschgift, Billigelektronik usw.

Laut Berechnungen des Wiener Instituts für Wirtschaftsvergleiche flossen in den ganzen RGW-Raum ohne die GUS 1990-1992 insgesamt nur Direktinvestitionen von 6-7 Mrd. Dollar. Vom 1.1.1991 bis 30.9.1993 wurden nur rund 9 Mrd. Dollar von ausländischen Investoren real in Russland investiert. Allein im ersten Halbjahr 1991 flossen dagegen nach China 7 Mrd. Dollar!

Dazu kam der immer größer werdende Kapitalabfluss *aus* diesen Ländern durch die Verschiebung der schwarzen Profite ins Ausland. Aus dem Bericht der BIZ (Bank für internationalen Zahlungsausgleich/Basel) für das zweite Halbjahr 1992 geht hervor, dass in diesem Zeitraum die Auslandsschulden der GUS-Staaten um 3 Mrd. Dollar, gleichzeitig aber die Bankeinlagen *aus* der ehemaligen Sowjetunion um 5,5 Mrd. Dollar angewachsen waren.[103] Die Deutsche Bank schätzte im September 1993, dass aus russischen Quellen 20 Mrd. Dollar illegal im Ausland »geparkt« seien. Insgesamt schätzte sie die russischen Auslandsguthaben und Devisenreserven auf 40 Mrd. Dollar.[104]

Es gehört zu den kabarettreifen Nummern der Jelzin-Mannschaft, dass ihr Ministerpräsident Jegor Gaidar im März 1992 die US-amerikanische Wirtschaftsdetektei Kroll Associates beauftragte, solche ins Ausland gebrachten Milliardenbeträge »aufzuspüren«.[105]

---

103 Siehe »Der Standard«, 15.7.1993.
104 Siehe »Der Standard«, 23.9.1993.
105 Siehe »Der Standard«, 4.3.1992.

Durch – in Russland nach dem Schatalin-Plan Anfang 1992 schlagartig gemachte – erste Schritte zum Abbau der Subventionen für Lebensmittel, Massenbedarfsgüter und Versorgungseinrichtungen schossen die Preise in die Höhe. Die restliche Massenkaufkraft wurde durch die erwähnten Importe weiter geschmälert. Regierungen und Währungsbanken der ehemaligen Sowjetrepubliken setzten selbst den Wert ihrer Währungen weit unter jenes Niveau herab, das sich aus einem Kaufkraftvergleich ergeben hätte, um so doch bestimmte Billigexporte in den Westen zu ermöglichen. Das gelang nur zum Teil, da die hochentwickelten Staaten sofort Handelsbarrieren gegen solche Billigimporte aufbauten. Da anstelle einer raschen Ausweitung des Binnenmarktes derselbe als Folge noch stark schrumpfte, gingen auch die Exportmöglichkeiten westlicher Firmen in diesen Raum zurück. Der Handelsumfang sank insgesamt noch *unter* den der Achtzigerjahre.

Die Folgen für die eigene Wirtschaftsentwicklung und die Lage der Menschen waren insgesamt verheerend. Schon 1991 sank das materielle Nettosozialprodukt in Russland um 11 %, in den anderen Nachfolge-Republiken zwischen 3 % (Belorussland) und 14,5 % (Kirgisien).[106] Das Jahr 1992 brachte sodann einen Produktionsrückgang von weiteren 19 % in Russland. Walter Kisljakow schätzte als Folge der galoppierenden Inflation (1992 – 2.000 %) das reale Einkommen der Russen Ende 1992 nur auf ein Viertel bis ein Fünftel des Realeinkommens der Achtzigerjahre in der damaligen Sowjetunion.[107] Seiner Schätzung nach lebten 90 % der Menschen unter dem Existenzminimum. Das hatte eine objektiv nachprüfbare Folge: 1992 überstieg in Russland die Anzahl der Todesfälle die der Geburten um 12 %. Ein Volk wurde von seiner eigenen Regierung durch Hunger dezimiert. Und das unter dem Banner des Kampfes um mehr Humanität, Demokratie und Menschenrechte!

Der Präsident des schon vor einigen Jahren gegründeten russischen Industriellen- und Unternehmerverbandes, Arkadij Wolskij, progno-

---

106   Siehe »Die Presse«, 22.10.1992.
107   Siehe »Der Standard«, 11.2.1993.

stizierte in einer Rede vor dem österreichischen Industriellenverband am 21. September 1993 für dieses Jahr einen weiteren Rückgang der russischen Wirtschaft um 15-17 %[108].

Die größte Enteignung der Weltgeschichte

Die erste Zeit der Verarmung konnten viele Haushalte noch dadurch ertragen, dass sie ihre Ersparnisse – die 1990 noch rd. 400 Mrd. Rubel an Sparkassenguthaben ausgemacht hatten – aufbrauchten. Aber diese waren schnell verwendet. Dafür entstand in den Sparkassen (und den rasch entstehenden privaten Banken) eine neue Art von Konten. Viele der durch Schiebungen, Schmuggelimporte, Rauschgifthandel und Schutzgelderpressungen reich Werdenden hatten – neben den riesigen ins Ausland fließenden Profiten – (vorübergehend) große Guthaben auch auf inländischen Geldinstituten. Zum Teil galt das auch für die neue Kleinbourgeoisie, die ihre Gewinne aber in der Regel rasch wieder investieren musste.

Niemand war interessiert, sich rasch entwertendes Geld auf Sparkonten zu halten. Am wenigsten jene, die zur neuen kapitalistischen Klasse werden wollten. Dazu hätten sie aber – noch im Staatseigentum befindliche – Betriebe in die Hand bekommen müssen. Ein direkter Kauf mit diesen meist kriminell erworbenen Rubelbeträgen wäre selbst zu dieser Zeit von der Öffentlichkeit kaum hingenommen worden. Also wählten Jelzin und sein Fachmann für Privatisierung, Tschubais, einen anderen Weg, der nach außen den Eindruck größter Gerechtigkeit erwecken sollte: Jeder Bürger der russischen Föderation (mit Stichtag vom 2. September 1992) vom Kind bis zum Greis bekam ab Oktober gegen eine geringe Gebühr einen Eigentumsgutschein im Nominalwert von 10.000 Rubel. Bei 150 Mio. solcher Gutscheine machte das einen Nominalwert von 1,5 Billionen Rubel aus. Es war klar, dass in der Notsituation des Hungerwinters diese Gutscheine von der großen Mehrzahl der Menschen raschest verkauft werden

---

108 Siehe »Der Standard«, 22.9.1993.

mussten. In welchem Umfang, geht schon aus der Tatsache hervor, dass trotz der rasch weitergehenden Inflation der für diese Gutscheine erzielbare Preis bald auf die Hälfte des Nominalwertes *sank*.

Als Käufer traten neben einzelnen, bereits genug Kapitalkräftigen vor allem zu diesem Zweck geschaffene neuartige »Investment«-Gesellschaften auf.

Diese Aktion wurde unter maßgebender Teilnahme der zu dieser Zeit bereits zahlreich und vor allem einflussreich in Moskau tätigen Berater des internationalen Finanzkapitals und seiner Banken durchgeführt. Im Ergebnis waren zumindest 90 % der Bevölkerung weiter von jeder Einflussnahme auf die wesentlichen Produktionskräfte des Landes ausgeschlossen, aber jetzt auch nach bürgerlichem Wirtschaftsrecht völlig »legal«. Sie hatten ja ihren Anteil am früheren Gemeineigentum »freiwillig« verkauft (vielleicht um für die Familie endlich wieder einmal Fleisch auf den Mittagstisch kaufen zu können).

Die Lage der für die Privatisierung in Frage kommenden Betriebe war durch die Zerstörung wichtigster bisheriger ökonomischer Verbindungen denkbar prekär. Aber diese »Privatisierungsaktion« hat auf der einen Seite 90 % der Bevölkerung enteignet, auf der anderen Seite viele hundert Milliarden Rubel krimineller Schwarzgelder nicht nur »weißgewaschen«, sondern sogar in Rechtstitel auf immer noch gewaltige Produktionskapazitäten verwandelt.

Es hat in der Wirtschaftsgeschichte noch keine Enteignungsaktion gegen so Viele, von solchem Umfang und so eindeutig zugunsten einer offenkundig kriminellen Minderheit gegeben.

Die Genesis der neuen Bourgeoisie

Während in den kleineren früher sozialistischen Staaten der Wert der insgesamt vorhandenen Produktionskapazitäten immer noch in einem bestimmten messbaren Verhältnis zu den im In- und Ausland mobilisierbaren Kapitalsummen stand, die für eine Privatisierung erforderlich waren, traf dies für die frühere Sowjetunion, vor allem für Russland und die Ukraine nicht zu. Die Einbeziehung des dort zur Gänze nationalisierten Bodens in die geplante Privatisierung vergrößerte den dazu eventuell erforderlichen Kapitalbedarf noch zusätzlich.

Schon in der letzten Zeit der Sowjetunion, besonders aber in den Monaten nach deren Zerfall zeigten sich in Russland zwei deutlich unterschiedliche Formen der Genesis der neuen Kapitalistenklasse: Das war erstens der Übergang von Teilen der früheren Wirtschaftsnomenklatura in die Position echter Bourgeois. Solche konnten sie nur als juristische Eigentümer wichtiger Produktionsmittel sein. Die Umwandlung des jeweiligen Betriebes in eine AG, möglichst unter Beteiligung von Angehörigen der Belegschaft sicherte einflussreichen Betriebsleitern eine gute Ausgangsbasis dazu. Die Verfügungsgewalt über reale Warenwerte in einer Phase der Verknappung und anschließender galoppierender Inflation ermöglichte für die an den Hebeln des Wirtschaftslebens Sitzenden große Extraprofite aus Warenverschiebungen. Die Ausnutzung der durch die »Gutschein«-Privatisierung gebotenen Möglichkeiten, Schwarzgeld in Eigentumstitel auf Realkapital zu verwandeln, beschleunigte diesen Übergang.

Abenteuerlicher war der zweite Weg. Ihn konnten jene gehen, die ohne eigene Position im realen Produktionsprozess durch Schwarzmarktgeschäfte, Verbrechen, Korruption und Mafia-Methoden genügend Schwarzgeld angesammelt hatten, das sie bei dieser Art Privatisierung dann weißwaschen konnten. Als Folge der schon seit zwei Jahren in Gang befindlichen Auflösung der Staatlichkeit und Rechtsordnung waren die Zahl dieser Art Lumpen-Bourgeois und ihr Reichtum nicht gering.

Gegenüber diesen beiden Formen blieb der in Lehrbüchern auch heute noch zu findende Weg des »sparsamen« Kleinunternehmers, der es durch Fleiß zum Kapitalisten bringt, von geringerer Bedeutung, wenn auch die Zahl solcher Kleinunternehmer wegen der Größe des Landes bald genügend groß war, dass sie als wichtige soziale Schicht, als neue Kleinbourgeoisie in die politische Entwicklung eingriffen.

Von geringer Bedeutung blieb auch das in reale Produktionsunternehmen investierte Auslandskapitel. In den Sowjet-Nachfolge-republiken war dem Auslandskapital dazu auch zwei Jahre nach der Umwälzung die Rechtsunsicherheit zu groß. Selbst in den anderen RGW-Staaten blieb die Bereitschaft zu Direktinvestitionen bescheiden und vor allem auf schon bestehende eingeführte Betriebe mit qualifizierter Arbeiterschaft und in verkehrsgünstiger Lage zu den westlichen Märkten beschränkt. Aber selbst diese Bedingungen und die extrem billige Arbeitskraft konnten immer wieder auftretende Stockungen, Absagen schon fix vereinbarter Investitionen (wie die von einer Milliarde Dollar im Herbst 1993 durch VW bei Skoda) nicht ausschalten.

Sogar reine Finanzkredite blieben wie schon vorher gegenüber Gorbatschow auch gegenüber Jelzin hinter den Versprechungen zurück. Dem IWF und der Weltbank ging der Weg zurück zum Kapitalismus trotz der furchtbaren Opfer der Bevölkerung noch nicht schnell genug.

Die unterschiedliche Entstehungsgeschichte war Hauptgrund dafür, dass innerhalb der neuen russischen Bourgeoisie die besonders 1993 im Konflikt Jelzins mit dem russischen Volksdeputiertenkongress sichtbar werdenden zwei Richtungen bestimmend wurden:

Die Richtung, die im Volksdeputiertenkongress – mit schwankenden Zwischengruppen – die Mehrheit bildete, war die mit der realen Reproduktion verbundene Neobourgeoisie aus der alten Nomenklatura. Ihr Existenzinteresse erforderte einen funktionierenden russischen Wirtschaftsapparat. Ökonomisch wie politisch. Ihre Deputierten waren abhängig davon, dass sie ihrer Klientel (mit den Belegschaften ihrer Betriebe im Mittelpunkt) zumindest soviel Lebensmöglichkeit sichern konnten, dass sie wieder gewählt wurden.

Auch wenn sie in westlichen Medien deshalb oft als »Altkommunisten«, »Nomenklaturisten« usw. bezeichnet wurden, waren sie meist weit von jedem Überrest kommunistischer Ideologie entfernt. Aus pragmatischen Gründen gerieten sie allerdings immer wieder in Widerspruch zu Jelzins Politik der bedingungslosen Unterordnung unter die Aufträge des internationalen, vor allem des deutschen und des US-amerikanischen Finanzkapitals.

Die zweite Richtung war besonders in der erwähnten Lumpenbourgeoisie verkörpert und stützte sich auf jene Kräfte, die direkt die

Geschäfte des ausländischen Finanzkapitals in Russland betrieben. Ihr prominentester Vertreter war Jelzin selbst. Ohne Rücksicht auf die sozialen Auswirkungen wollte diese Richtung bedingungslos die Wünsche des Finanzkapitals durchsetzen. Mancher sicher in der Hoffnung, dass dann endlich der so lange versprochene reiche Dollar-Regen beginnen werde, der dem neuen russischen Kapital eine – wenn auch für die Dauer untergeordnete – Position im Weltmaßstab sichern würde.

Die Grenzen zwischen beiden Richtungen waren verschwimmend. Nicht nur Jelzin, sondern sein lange Zeit »liebstes Kind«, Jegor Gaidar, waren noch eher als viele ihrer Gegenspieler typische »Nomenklaturisten« bzw. »Altkommunisten« – womit ich keinen Kommunisten beleidigen will. Auf Jelzins Werdegang wurde schon verwiesen. Gaidar ist da noch interessanter: Als besonderer Vorzugsschüler des IWF wurde er, vom Volksdeputiertenkongress bereits abgewählt, wie ein politisches »Steh-auf-Männchen« von Jelzin in Verbindung mit dessen Putsch vom 20. September 1993 gegen den Volksdeputiertenkongress wieder eingesetzt. Er war wenige Jahre zuvor noch Leiter der Wirtschaftsabteilung in der Redaktion der theoretischen Zeitschrift der KPdSU »Kommunist«, sodann Leiter der Wirtschaftsredaktion der »Prawda« gewesen. Sein Werdegang hat aber auch eine tragische Note: Sein Großvater war Arkadij Gaidar, einer der populärsten sowjetischen Jugendschriftsteller der 20er und 30er Jahre, der kurz nach dem Hitler-Überfall bei der Verteidigung des Sozialismus gefallen ist. Während der Großvater so mit seinem Leben und seinem Tod hunderttausenden damals junger Sowjetmenschen die Ideale des Sozialismus nahegebracht hatte, sah der Enkel seine Lebensaufgabe darin, diese – jetzt alt gewordenen – Menschen dem Hunger und Elend eines zum Hinterhof des Weltkapitalismus verkommenden Russland auszuliefern.

Sein Nachfolger als Ministerpräsident, Viktor Tschernomyrdin, war jahrelang Abteilungsleiter im Wirtschaftssektor des ZK gewesen, sodann Leiter eines Großunternehmens im Energiebereich, also ein typischer Vertreter der erwähnten ersten Gruppe der Neobourgeoisie. Als Ministerpräsident fand er sehr schnell den Weg zu reibungsloser Zusammenarbeit mit der um Jelzin versammelten zweiten Richtung.

Fraktionen innerhalb der Bourgeoisie schließen sich überall immer dann zusammen, wenn es um die Existenz des Kapitalismus überhaupt geht. Auch die Jelzin-Richtung konnte bestimmte Grundbedürfnisse der russischen Neobourgeoisie nicht ignorieren: Die vollständige Freigabe der Preise musste zum Teil wieder zurückgenommen werden. Nur vier Tage nach seinem Putsch gegen das Parlament unterzeichnete Jelzin zusammen mit den meisten GUS-Staaten (denen sich um diese Zeit auch Aserbaidschan wieder anschloss) den Vertrag über eine Wirtschaftsunion, der den ersten Schritt von der Tendenz zur Desintegration zurück zur Integration in diesem Raum hätte darstellen können.[109]

Natürlich darf man das Spektrum der politischen Entwicklung in Russland in dieser Periode nicht auf diesen Widerspruch innerhalb der neuen Bourgeoisie reduzieren. Die Vielfalt der politischen Gruppierungen wurde und wird von Stimmungen und Traditionen beeinflusst, ja bestimmt, die weit in die vorrevolutionäre Zeit zurückreichen. Die Bandbreite ist groß.

Auch wenn Jelzin das sicher nicht gewollt hat, die von ihm gegen den früheren Volkskongress durchgesetzte Wahl vom 12. Dezember 1993 führte eine Klärung der Parteienlandschaft – und dabei eine ganz andere Kräfteverteilung – herbei, als er erwartet hatte. Als nach einer Woche betretenen Schweigens endlich ein Gesamtergebnis dieser Wahl bekannt wurde, erwies sich die »kommunistische« Richtung als stärkste Gruppe in der Duma, sogar noch vor dem Block Jelzin-Gaidar.

---

109 Nach der Duma-Wahlniederlage vom Dezember 1993 ging Jelzin ein Bündnis mit Tschernomyrdin, dem Mann der betont russischen Neobourgeoisie, ein. Mit der Ausbootung Gaidars und des Finanzministers Fjodorow gewann das autochthone Kapital in der neuen Regierung das Übergewicht. Der bis dahin fast ›allmächtige‹ IWF-Berater der russischen Regierung, Harvard-Professor Jeffrey Sachs, trat zurück und beschuldigte öffentlich (bis in die »New York Times«) den IWF bzw. dessen Präsidenten Camdessus, die Verantwortung für die Niederlage der dem internationalen Finanzkapital verpflichteten Richtung in Russland zu tragen. Sie hätten die Vergabe zugesagter Kredite an so strenge Auflagen geknüpft, dass Russland von den zugesagten Milliarden kaum etwas erhalten habe.

Drittstärkste Gruppe wurde – das war die echte Überraschung – die Gruppe des Ultranationalisten Wladimir Schirinowskij.

Am äußersten rechten Rand waren es teils religiös-mystisch bestimmte Denkrichtungen (für die Solshenyzin ideologische Grundsatzaussagen gemacht hat) und faschistoid-nationalistische Tendenzen (teils mit offen rassistischen Sprechern). Die Wahl am 12. Dezember 1993 zeigte, dass letztere Richtung (mit der »liberaldemokratischen« Partei Schirinowskijs), gestützt auf zutiefst verletzte nationale Gefühle und populistische Ausnutzung der sozialen Not, eine Massenbasis erhalten konnte.

Wünsche zur Restauration des Zarismus spielen kaum mehr eine Rolle. Den Rechtstendenzen gemeinsam ist noch immer ihre Ablehnung des »Westlertums«, ganz gleich ob dieses im Marxismus oder der bürgerlichen Aufklärung und modernen kapitalistischen Denk- und Handlungsmustern wirkte. Sowohl Jelzin, der 1993 die nichtrussische Herkunft seines profiliertesten Gegenspielers Chasbulatow auszunutzen suchte, als auch -seltener – linke Gruppen machten dabei auch geistige Anleihen bei diesen reaktionären Denkmustern bzw. gingen Bündnisse mit solchen Gruppierungen ein.

Die Jelzin-Gaidar-Partei konnte – trotz massiver Bevorzugung im Fernsehen – nicht einmal eine relative Mehrheit bei der ihr auf den Leib geschnittenen Duma-Wahl erhalten. Das konnte auch nicht durch das -knappe – Ergebnis der Annahme der Jelzin-Verfassung ausgeglichen werden. Diese sollte einen »starken« Präsidenten sichern. Aber wie stark konnte ein Präsident wirklich sein, dessen Machtposition nur die Zustimmung von etwas mehr als jedem/jeder *vierten* Wahlberechtigten fand?

Die politische Mitte bildeten jene neobourgeoisen Gruppen, denen die politischen Folgen weiterer Überstürzung bei der Rückkehr zum Kapitalismus Angst machten. Arkadij Wolskij war ein Sprecher dieser Richtung. Dass vor der Dezemberwahl auch Gorbatschow für diese Richtung Stellung nahm, ist weniger für sie als für jenen kennzeichnend. Die durch die Dauerkrise schon zu dieser Zeit bewirkte Unzufriedenheit hat diese Richtung mit zu den Verlierern der Dezemberwahl 1993 werden lassen.

Auf der anderen Seite stand das mehrfach in sich aufgespaltene Lager der Linken. Es war aus den Basis-Organisationen der früheren KPdSU hervorgegangen, hatte von diesen aber auch deren innere Zerrissenheit »geerbt«. Hier gab es am linken Rand sich selbst mit Stolz als »Stalinisten« bezeichnende dogmatische Gruppen. Das Zentrum orientierte sich an Lenin (manchmal auch am chinesischen Beispiel) und bestand aus einigen Organisationen, die zusammen echten Massenanhang hatten. Einige Gruppen verkörperten rechte sozialdemokratische Ideologie. Die einzelnen Richtungen traten oft in mehreren Varianten auf – manchmal nur als Folge persönlicher Ambitionen vorerst nur regional bekannter neuer Führerpersönlichkeiten. Interessant war das Entstehen einer starken Agrarpartei, die bei der Dezemberwahl fast ein Zehntel der Stimmen erreichte und durch den Wunsch, den Kolchosboden zu verteidigen, zusammengehalten wurde.

Man durfte die Bedeutung dieser Zerrissenheit der Linken nicht überschätzen. Von keiner dieser KPdSU-Nachfolge-Gruppierungen konnte das verlangt werden, was die »große KPdSU« durch Jahrzehnte hindurch nicht mehr zustandegebracht hatte: Ein Konzept, wie in dieser durch den Machtverlust noch komplizierter gewordenen Situation der Weg zu einer neuen Massenbewegung für ein besseres Sozialismus-Modell gefunden werden könnte.

In einer Hinsicht hatten diese Gruppen insgesamt aber einen deutlichen Vorzug bei den meisten Wählern: Ihnen trauten die Menschen mehr als allen anderen Richtungen zu, Positives aus der sozialistischen Vergangenheit zu bewahren.

Eine Umfrage der Paul-Lazarsfeld-Gesellschaft Ende 1992 ergab besonders in Russland, Belorussland und der Ukraine eine größere Zustimmung zum vorherigen sozialistischen Wirtschaftssystem als zum derzeitigen, so unvollkommen jenes gewesen war. Noch war damals dieses Ergebnis durch die Hoffnung der Befragten relativiert, es werde in den nächsten fünf Jahren zu einer markanten Besserung der Wirtschaft kommen.[110]

---

110   Siehe »Der Standard«, 16.7.1993.

Gibt es überhaupt Alternativen?

Bleibt die Frage: Gab und gibt es überhaupt alternative Möglichkeiten der Weiterentwicklung? Oder war der Weg nach der vorherigen Entartung des sozialistischen Reproduktionsmodells und dem durch Unfähigkeit verursachten Scheitern des Perestrojka-Versuchs schicksalhaft vorbestimmt? Dabei geht es *nicht* mehr um eine sozialistische »Option«, die Gorbatschow in seiner letzten Phase wiederholt beschwor, sondern um eventuelle Möglichkeiten einer anderen kapitalistischen Entwicklung in diesem Raum.

Der immer noch riesige Komplex der staatlichen Wirtschaftsunternehmen besteht noch für einige Zeit unter ökonomischen Bedingungen, die bei sofortiger Einführung unregulierter Marktbeziehungen zum Zusammenbruch der Betriebe führen müssen. Sektoren in einer ähnlichen Lage gibt es übrigens selbst in höchstentwickelten kapitalistischen Staaten: Man denke etwa an die Landwirtschaft!

In anderem Sinn vergleichbar sind die Sektoren vorkapitalistischer Subsistenzwirtschaft in den unterentwickelten Ländern. Insgesamt versorgen diese noch viele hundert Millionen Menschen mit den lebenserhaltenden Gütern. Erst die aus dieser Versorgungsmöglichkeit Ausgegrenzten, die keine neue Existenzmöglichkeit als Proletariat finden können, bilden die erschütternden Heere der Verhungernden.

Diese Subsistenzwirtschaft kann nur kleinräumig, lokal begrenzt, funktionieren. Außerhalb dieser Grenzen wären ihre Produkte der Konkurrenz unterlegen. In den postsozialistischen Ländern können die – auf großräumige Arbeitsteilung angelegten – Betriebe aber *nur* bei Aufrechterhaltung solcher großräumiger Austauschbeziehungen existieren. Die Versuche, sie durch Schocktherapien in ein dem Weltmarkt entsprechendes Produktivitätsniveau hineinzu»pushen« sind meist gescheitert, haben schon jetzt zur Vernichtung riesiger Produktionskapazitäten geführt. Dieser Prozess ist entgegen allen anderslautenden Prognosen, keineswegs abgeschlossen. Dies schon deshalb, weil bei – vor allem durch die extrem niedrigen Löhne – erreichter Weltmarktkonkurrenzfähigkeit die entwickelten Länder sofort die Importe dieser Waren mit administrativen Mitteln drosseln.

Alle vorher gepredigten Grundsätze des »freien Marktes« sind dann schnell vergessen.

Um zumindest einen Teil der vorhandenen Produktionskräfte retten zu können, wird die politische Führung die ökonomischen Bedingungen, unter denen diese wirken, endlich beachten müssen. (Ansätze in diese Richtung gibt es sowohl bei einem Teil der Neobourgeoisie als auch in der Bevölkerung, die dies im Wahlverhalten demonstriert). Sie erfordern Maßnahmen, um solchen Betrieben – trotz ihrer noch für einige Zeit unvermeidlich niedrigeren Produktivität – weiter den großräumigen Austausch ihrer Waren zu ermöglichen. Wenn zwei (oder einige) Betriebe mit durchschnittlich um 30% unter Weltmarktbedingungen liegender Produktivität ihre Produkte *ausschließlich* untereinander austauschen könnten, dann könnten sie für einige Zeit auch auf diesem Produktivitätsniveau existieren. Das gäbe ihnen Zeit, ihr Produktivitätsniveau zu heben. Wird das nicht gesichert, dann müssen sie die Produktion sofort einstellen, die Belegschaften werden arbeitslos, ein Teil des dann ausfallenden Warenangebots wird sogar gegen Devisen aus dem Ausland importiert werden müssen.

Die Anpassung an das Weltmarktniveau kann also nur schrittweise und nach einem längeren Zeitraum erfolgen. Das wird überall auch administrative Maßnahmen erfordern (wie sie ja auch von der Gegenseite gegen Billigimporte erfolgen). Vor allem werden aber ökonomische Hebel eingesetzt werden müssen, für die in vielen kapitalistischen Ländern angewandte Methoden zur Verfügung stehen. Nicht zu empfehlen wären jene Methoden, die im öffentlichen Eigentum befindliche Wirtschaftsunternehmen systematisch zugunsten der zusätzlichen Akkumulation von privatem Kapital (besonders in Form von Finanzkapital) aushöhlen und den Rest dann billigst verschleudern, wie es derzeit in Österreich (und anderen westeuropäischen Ländern) geschieht.

Auf die Dauer unmöglich wird es aber sein, die weniger produktiven Betriebe zur Einhaltung von Konkurrenzbedingungen des Weltmarktes zu zwingen und die dadurch unvermeidlich entstehenden Defizite durch laufende Staatszuschüsse zu decken, wie es derzeit in großem Umfang in Russland erfolgt. Das *muss* zu weiteren riesigen Staatsdefiziten und zur Verstärkung der Inflation führen.

Die Leitungen der Betriebe werden durch streng befristete Auflagen gezwungen werden müssen, den Produktivitätsrückstand aufzuholen, wobei die Steuerbegünstigung für dafür erforderliche Investitionen und für Exporte positiver Anreiz werden muss. Nicht die Länge der dafür erforderlichen Fristen, sondern deren Einhaltung wird dabei entscheidend sein. Ebenso das Ende der Diskriminierung der größten Produktionseinheiten, bloß weil sie in öffentlichem Eigentum stehen.

Da physisch große Produktionseinheiten in diesen Ländern (im Unterschied zu unterentwickelten) ja vorhanden sind, besteht bei aller Parallelität für einige Zeit doch noch eine günstigere Ausgangslage für die weitere Entwicklung dieser ehemals sozialistischen Länder. Aber mit der weitergehenden physischen und moralischen Entwertung des dortigen fixen Kapitals wird dieser Vorzug rasch abnehmen. Bei aller Kritik an den Fehlentwicklungen dieses Sozialismus-Modells: Die Verantwortung, ob jetzt diese Chance genutzt wird oder nicht, liegt zur *Gänze* bei jenen politischen Kräften, die diese Länder auf den Weg zurück zum Kapitalismus geführt haben.

Das schafft eine Fülle von politischem Konfliktpotential bei der weiteren Entwicklung dieser Länder.

16. Kapitel
Asiatische Fehlentwicklungen

Um Klarheit über das Wesen der Fehlentwicklung des osteuropäischen Sozialismus-Modells zu gewinnen, muss man auch – soweit es möglich ist – Vergleiche anstellen. Die lange Dauer und die starke – auch positive -Außenwirksamkeit des sowjetischen Sozialismus-Modells machen es schwer, bei den Ursachen für Fehlentwicklungen zwischen sowjetischen Einflüssen (die in Mittel- und Osteuropa dominierten) und autochthonen Entartungserscheinungen zu unterscheiden.

Letztere haben vor allem dort eine besondere Rolle gespielt, wo auch die revolutionäre Entwicklung selbst nur in geringem Maß von der Politik der Sowjetunion beeinflusst wurde. Das galt besonders für die revolutionäre Entwicklung in China, aber auch für die in Vietnam, Kampuchea und in bestimmter Hinsicht für die in Nordkorea. Selbst von Gegnern des Sozialismus wird nur selten die »Kulturrevolution« in China oder die Blutherrschaft Pol Pots in Kampuchea als Fortsetzung eines »Stalinismus« bezeichnet. Zu deutlich waren jeweils die eigenen Bedingungen des Ablaufs der revolutionären Entwicklung für diese Exzesse bestimmend.

Unabhängig davon, ob die sozialistischen Staaten Ost- und Südostasiens jeweils mit der Sowjetunion verbündet waren oder in Konfrontation zu ihr standen, war dort die innere Entwicklung der Revolution anders. Sie war bestimmt von den eigenen historischen Traditionen (die älter sind als die der europäischen Völker), von einer seit Jahrtausenden bestehenden ökonomischen Subsistenzstruktur dörflicher Gemeinschaften, auf die selbst feudale Züge nur oberflächlich eingewirkt hatten, und besonders von der Lage dieser Länder als Kolonien (wie Vietnam, Kampuchea, Korea) oder als Halbkolonie wie China.

Der US-amerikanische Universitätsprofessor Grover Clark, der 1910 bis 1917 an der Pekinger Universität unterrichtet hatte und auch nachher viele Jahre in China lebte, schrieb 1935:

> »...in China ist die Gruppe die Einheit der Gesellschaft gewesen, die Einzelperson als solche besaß weniger Bedeutung, im Westen hingegen das Individuum, und die Gruppe war nur insofern von Wichtigkeit, als sie dem Individuum diente.«[111]

Übrigens war Clark schon zu dieser Zeit überzeugt, dass ein Drittel des Territoriums Chinas von »Kommunisten« beherrscht wurde, was wahrscheinlich nichts anderes bedeutete, als dass 120 bis 150 Millionen der damals 400 Millionen Chinesen alle, die nicht dahin gehörten, aus ihren Dörfern vertrieben hatten.

Man muss diesen grundlegenden Unterschied in der chinesischen Denkungsart im Auge haben, wenn man sich ein Urteil über eine Äußerung Mao-Zedongs bildet, die dieser während der Gespräche 1957 in Moskau gemacht haben soll. Schmuel Mikunis, damals Vorsitzender der Kommunistischen Partei Israels, berichtete darüber:

> »Ich entsinne mich gut, wie er, umgeben von der sowjetischen Delegation, dasaß und laut philosophierte: ›Nehru und ich diskutieren zur Zeit die Frage, wieviel Menschen in einem Atomkrieg umkommen würden. Nehru sagt, daß wir eineinhalb Milliarden verlieren werden, und ich sage, es werden nur eineinviertel Milliarden sein.‹ Daraufhin fragte Palmiro Togliatti: ›Und was würde in einem solchen Fall aus Italien werden?‹ Mao-Zedong betrachtete ihn nachdenklich und erwiderte ganz nüchtern: ›Und wer hat Ihnen gesagt, dass Italien überleben muss? 300 Millionen Chinesen werden übrig bleiben, und das reicht völlig aus, die menschliche Rasse weiterbestehen zu lassen.‹«[112]

Nirgends hat man von einem europäischen Kommunisten eine ähnliche Berechnung zu hören bekommen. Auch nicht von Stalin, für den die Frage der Erhaltung des Friedens – mit wachsender Zerstörungskraft der Massenvernichtungsmittel immer stärker – Angelpunkt der Außenpolitik war.

Es ging aber nicht nur um irgendeine Äußerung, die mit dem von Mao-Zedong neben seiner Bedeutung als Revolutionär dargestellten Typus eines bäuerlichen Dichter-Philosophen vereinbar gewesen sein mag, so schockierend sie auch klang. Es geht um sehr reale Ent-

---

111 Grover Clark, »China am Ende?«, Bern/Leipzig/Wien, 1936, S. 12.
112 Zitiert nach Roy Medwedjew, »Chrustschow...«, Herford 1984, S. 169.

artungserscheinungen der revolutionären Machtapparate, die in bestimmten Perioden Opfer – auch unter Revolutionären – forderten, die an Umfang und Grausamkeit selbst die ärgsten Zeiten Stalinscher Repression erreicht haben.

Die Berichtigungs-Kampagne von Yennan

Auch in der Geschichte der chinesischen Revolution muss deutlich zwischen der unvermeidlichen Anwendung von Gewalt durch die sozialistische Staatsmacht im revolutionären Kampf und der Gewalt gegen die revolutionäre Klasse, ja deren Aktivisten selbst unterschieden werden. In den frühen Zwanzigerjahren waren in China bekanntlich die in Entstehung begriffenen »roten« Bauerntruppen mit den nationalistischen Verbänden Tschang-Kaischeks im Kampf gegen die korrupten »War-Lords« und ihre marodierenden Haufen verbündet. Aber kaum hatte Tschang-Kaischek die Oberhand, als er die Front wechselte und ein Blutbad unter seinen bisherigen Verbündeten anrichten ließ.

In dieser Lage entwickelten die chinesischen Kommunisten vor allem unter Maos Einfluss eine völlig neue revolutionäre Strategie: Die Arbeiterklasse war in den Städten Chinas erst schwach entwickelt. Sie bestand überwiegend aus Kulis, so dass kommunistische Kader in den Städten oft aus dem Kreis von Studenten, Intellektuellen, Schauspielern u. a. kamen. Der revolutionäre Kampf sollte sich auf die Bauern stützen. Das Dorf – immer noch geprägt von jahrtausendealten arbeitsteiligen Subsistenzstrukturen – müsste die Herrschaft der ausbeuterischen Städte abschütteln.

Das wurde ein Jahrzehnt lang in vielen Teilen Chinas versucht. Es brachte schwere Verluste, da Tschang-Kaischek seine Truppen – selbst als Japan bereits in mehreren Gebieten militärisch auf dem chinesischen Festland vordrang – vor allem gegen die von kommunistischen Bauernverbänden gehaltenen Gebiete konzentrierte. Die roten Verbände mussten vor solchen konzentrierten Angriffen zurückweichen, was zu schweren Opfern unter den Bauern führte. Das veranlasste die kommunistische Führung zum »Langen Marsch«, bei dem die roten Truppen aus wichtigen Gebieten Südchinas 1934/35 in den nördlichen Teil des Landes rund um das Gebiet von Yennan verlegt wurden. Dadurch waren sie im Stande, in Nordostchina direkt mit den seit 1931 die Mandschurei beherrschenden japanischen Truppen in Kampfberührung zu kommen.

Zwischen dem befreiten Gebiet rings um Yennan und dem von Tschang-Kaischek beherrschten Mittelchina herrschte im Gebiet von Sian General Tschang-Hsueliang, der zum Unterschied von den meisten anderen »War-Lords« gegen die Japaner wirklich kämpfen wollte. 1937 hielt er Tschang-Kaischek bei einem Besuch so lange in Sian fest, bis dieser ein Abkommen mit den Kommunisten unterzeichnet hatte, das endlich einen militärischen Einsatz der Truppen beider Parteien gegen Japan vorsah. Der Bürgerkrieg war damit zwar nicht beendet, aber doch stark zurückgeschraubt. Jedenfalls befanden sich die chinesischen Kommunisten in einer Lage, dass sie von Tschang-Kaischek, aber auch von den Japanern in dem von ihnen kontrollierten »Sondergebiet« praktisch nicht ernsthaft angegriffen werden konnten.

Eine radikale Veränderung trat ein, als 1941 Hitler die Sowjetunion überfiel und im Dezember des gleichen Jahres Japan mit dem Überfall auf Pearl Harbour die USA und gleichzeitig alle europäischen Kolonialgebiete in Fernost angriff. War 1927 der Konflikt der KP Chinas mit der Komintern deshalb entstanden, weil die Komintern in den Städten, vor allem Shanghai, einen kommunistisch geführten Arbeiteraufstand durchsetzte, so entwickelte sich jetzt ein neuer Konflikt um die einzuschlagende Strategie: Entgegen der von den Interessen des antifaschistischen Kampfes bestimmten Linie der Komintern setzte sich in dieser Lage in der Führung der KP Chinas die Tendenz durch, den Schwerpunkt des Kampfes nicht gegen Japan, sondern gegen die Kuomintang, die Partei Tschang-Kaischeks zu richten.

Dies widersprach den gemeinsamen Interessen der Kriegführung der Alliierten. Die Sowjetführung hegte vor allem während der schwierigsten Phasen des Hitler-Überfalls die Befürchtung eines japanischen Angriffs im Fernen Osten. Die USA hatten lange Zeit in dem in Zentralchina für die Japaner unangreifbaren Kuomintang-Regime den einzigen – wenn auch schwer erreichbaren – realen Verbündeten gegen Japan.

Pjotr P. Wladimirow war ab 1942 als Delegierter der Komintern, später als Korrespondent der TASS bei der Führung der KP Chinas in Yennan. Erst 1973 wurden erstmals in russischer Sprache Auszüge aus seinen Tagebuchaufzeichnungen aus dieser Zeit veröffentlicht. So schrieb er z. B. im September 1942, als die Hitler-Armeen scheinbar unaufhaltsam gegen Stalingrad vorstießen:

> »Die Führung der KP Chinas ergreift keinerlei effektive Maßnahmen, um die japanischen Expeditionskräfte im Norden des Landes zu binden. Diese Tatsache ist unbestreitbar. Alle Ersuchen Moskaus an die Führung der KP Chinas, die Japaner auf irgendeine Weise bei der Vorbereitung des Krieges gegen die UdSSR zu stören, blieben ergebnislos... Der Hauptfeind für die National-revolutionäre Achte Armee ist, wie wir uns überzeugen, die Kuomintang.«[113]

In dieser für die kämpfende Sowjetunion schwierigen Lage konnte Wladimirow drei Richtungen in der Yennaner Führung unterscheiden: Erstens gab es eine von Wang Ming angeführte Richtung, die im Sinn der Linie der Kornintern und vor allem der von der KP Chinas mit der Kuomintang getroffenen Vereinbarung den gemeinsamen Kampf gegen die japanische Aggression in den Mittelpunkt stellen wollte. Die zweite Richtung wurde vom Geheimdienstchef Kang Sheng angeführt, entsprach aber am ehesten der Meinung Mao-Zedongs und zielte auf Schonung der kommunistischen Verbände im Kampf gegen Japan und die Vorbereitung der bewaffneten Auseinandersetzung mit der Kuomintang. Die dritte Richtung war für eine pragmatisch-chinesische Politik, damit auch für Einhaltung des antijapanischen Bündnisses, und habe, wie Mao ihr vorwarf, »die Perspektiven der chinesischen Revolution aus den Augen verloren«[114]. Nach Meinung Wladimirows hielt Mao-Zedong diese Richtung als von Tschou Enlai

---

113 Pjotr P. Wladimirow, »Das Sondergebiet Chinas, 1942-1945«, Berlin 1976, S. 111. »Achte Armee« war die offizielle Bezeichnung der im Krieg gegen Japan von der KP Chinas geführten chinesischen Truppen.

114 A. a. O., S. 45.

angeführt, der als Vertreter des ZK der KP Chinas zu dieser Zeit seinen Sitz bei der Zentralregierung in Tschungking hatte.

Am 1. Februar 1942 stellte Mao-Zedong in einer Rede die »Berichtigung des Arbeitsstils der Partei« in den Mittelpunkt, womit er eine Kampagne einleitete, die schließlich mehrere Monate hindurch das »politische Leben« im Sondergebiet bestimmte (Zhengfeng-Kampagne). Ziel war offenkundig, die ganze Partei auf bedingungslose Durchführung von Maos Politik entgegen der Komintern-Linie auszurichten.

Bei der Verquickung der innerparteilichen politischen Auseinandersetzung mit Methoden geheimdienstlicher Repression ist dabei der Einfluss des damals in der Sowjetunion herrschenden Machtsystems unverkennbar. Aber schon damals zeichneten sich auch deutliche Unterschiede ab. Kennzeichnend wurde eine Methode, die schließlich dreißig Jahre später in der sogenannten Kulturrevolution auf einen Höhepunkt getrieben wurde. In einer Welle von Versammlungen mussten die Teilnehmenden öffentlich ihre Fehler »bekennen«, Berichtigung versprechen. Für den blutigen Hintergrund der angewandten Methoden ist kennzeichnend: Selbst Wang Ming, der als seit Jahrzehnten führender Funktionär der KP Chinas früher zusammen mit Kang Sheng in der Sowjetunion gewesen war, ersuchte die sowjetische Delegation, ihn wegen seiner Krankheit trotz der Verkehrsschwierigkeiten zur Behandlung in die Sowjetunion ausfliegen zu lassen, da er Beweise zu haben glaubte, von Agenten Kang Shengs vergiftet zu werden. Auch Wladimirow selbst ist überzeugt, daß seine Gruppe strengstens überwacht wurde.

Kang Sheng war – im Einverständnis mit Mao-Zedong – zu dieser Zeit unbeschränkter Herrscher in Yennan. Die Basis dieser Herrschaft und deren Stil soll nur an einigen Beispielen gezeigt werden. So hat er hier in Yennan seine eigene frühere Geliebte, die Schauspielerin Jiang Qing mit Mao-Zedong zusammengebracht, der sie bald heiratete. Damit begann der steile politische Aufstieg Jiang Qings, der sie schließlich während der »Kulturrevolution« an die Spitze der »Viererbande« brachte.

In Kang Shengs Haushalt sorgte einer der Köche des letzten chinesischen Kaisers für das leibliche Wohl – in einem Stil, der in krassestem Gegensatz zur Notsituation der Bevölkerung in Yennan stand.

Eine Wendung in der Haltung Mao-Zedongs in Yennan trat erst ein, als sich nach dem Sieg von Stalingrad das neue militärische Kräfteverhältnis im Weltmaßstab abzuzeichnen begann. Aber mit der Selbstkritik Kang Shengs übernahm dieser die Verantwortung für die Opfer der Kampagne in Yennan. An seiner Position änderte sich nichts. Er wurde vom 7. Parteitag 1945 sogar ins Politische Büro gewählt.

Sicher ist Wladimirow kein unvoreingenommener Zeuge. Aber die spätere historische Entwicklung spricht für sich.

Auf die Bedeutung des Sieges der Volksarmee über die Tschang-Kaischek-Truppen wurde schon verwiesen. Zu dieser Zeit traten alle früheren Meinungsverschiedenheiten zurück. Bald nach dem Tod Stalins änderte sich das. Unmittelbar nach dem Sieg hatte China durch die Lieferung von Maschinen und ganzen Betrieben bedeutende Hilfe von Seiten der Sowjetunion erhalten, was für das damals isolierte Land von größter Bedeutung war.

Angesichts der anderen historischen und geographischen Bedingungen entstanden damit aber Probleme. Die chinesische Führung übernahm im wesentlichen die in der Sowjetunion entstandenen Strukturen für Industrie und Landwirtschaft. Aber wegen der dichten Bevölkerung der zentralen Gebiete gab es dort nicht entsprechende natürliche Bedingungen für eine extensive Industrialisierung. In Fortsetzung der früheren Differenzen wurde die Ursache für Schwierigkeiten wieder bei Fehlern der Sowjethilfe gesucht. Dazu kam nach dem Tod Stalins der offene Anspruch Mao-Zedongs, jetzt die höchste Autorität innerhalb der kommunistischen Weltbewegung darzustellen.

Für Ost- und Südostasien hatte dies aus zwei Gründen eine gewisse Berechtigung: Führende Funktionäre der dortigen kommunistischen Parteien hatten sich längere Zeit in der Emigration in Yennan aufgehalten, die Bedingungen in ihren Ländern waren denen in China ähnlicher als denen in der Sowjetunion. In Nordkorea wiederum hatten chinesische Freiwillige die volle Unterwerfung des Landes durch US-Truppen verhindert.

Der zweite Grund für den Einfluss der KP Chinas in diesem Raum sind die starken chinesischen Bevölkerungsteile z. B. in Indonesien, Malaysia, Singapur u. a. Dies hatte allerdings auch den Nachteil, dass jene kommunistischen Parteien dieser Region, die sich überwiegend auf die dortige chinesische Bevölkerung stützten, in der – ökonomisch meist schlechter gestellten – bodenständigen Bevölkerung eher isoliert blieben.

Der Hauptgrund für den offenen Ausbruch des Konflikts war aber dann die Außenpolitik vor allem gegenüber Indien. Als die Sowjetführung unter Chrustschow nicht bereit war, China Atomwaffen zu liefern, um ihm eine Verstärkung des Drucks auf Indien zu ermöglichen, kam es zum offenen Bruch.

Da die Sowjetunion bei diesem Bruch ihrerseits wieder die alte Methode der sofortigen Einstellung der Wirtschaftshilfe und des Abzugs ihrer Fachleute anwandte, hatte die Wirtschaftsentwicklung in China echte Schwierigkeiten.

Schon ab 1958 hatte Mao-Zedong eine Wendung in der Wirtschaft durch einen »Großen Sprung« vorwärts erreichen wollen. Die Volksinitiative von unten sollte eine Beschleunigung der Wirtschaftsentwicklung in einem Maß erreichen, wie sie durch die – von der Sowjetunion übernommene – zentralistische Planung nie erreicht werden konnte. Die Methode war interessant, wenn sie auch zu Überspitzungen führte und insgesamt das Gegenteil des angestrebten Zieles erreichte. So hatte die Bildung der Volkskommunen das Ziel, aus der Wirtschaftsstruktur des traditionellen chinesischen Dorfs (die durch die Zusammenfassung vieler Dörfer dazu befähigt werden sollte) zur massenhaften Industrialisierung überzugehen. Die tausende Eisenschmelzöfen (auf dem technologischen Niveau des europäischen Spätmittelalters), die dazu errichtet wurden, mussten bald wieder abgerissen werden, da die Qualität des so gewonnenen Eisens nicht den Anforderungen entsprechen konnte.

Der »große Sprung« scheiterte. Ebenso der Versuch, mit Mao-Zedong an der Spitze eine neue kommunistische Weltbewegung zu schaffen, die die ausgebeuteten Massen des »Weltdorfes« in den revolutionären Kampf gegen den Imperialismus (und den »Sozialimperialismus« der Sowjetunion) führen sollte. Was im Land an wirtschaftlichen Fortschritten erreicht war, ging trotz allem im wesentlichen auf das Wirken des administrativen Lenkungsmodells zurück. Aber die damit entstandene Bürokratie stieß vor allem bei den jungen Menschen, die immer weniger Entwicklungschancen fanden, auf Ablehnung. Die Widersprüche wurden größer. Umso stärker, als sich die Lage der Menschen durch die Revolution verbessert hatte, die Sterblichkeit sank, die Geburtenzahl stieg und die Bevölkerung sich schon während der Sechzigerjahre über die Milliardengrenze erhöhte.

Die »Kulturrevolution«

Das schuf den Hintergrund, vor dem das ZK der KP Chinas eine neue Wendung beschloss. Am 25. Mai 1966 erschien auf einer Mauer der Pekinger Universität das erste »Dazibao«, die Wandzeitung der sogenannten »Kulturrevolution«. Ihr Inhalt ist ein einziger flammender Appell zur Vernichtung der »Revisionisten vom Typ eines Chrustschow« (der zu dieser Zeit in der Sowjetunion schon über ein Jahr abgelöst war). Wie wenig zufällig dieser Start und vor allem die anschließende rasche Verbreitung dieser Bewegung über das ganze Land war, haben die beiden französischen Journalisten Roger Faligot und Remi Kauffer detailliert recherchiert.[115]

Eine Woche vor diesem Ersterscheinen war die Frau Kang Shengs (immer noch Leiter der Geheimdienste) Cao Yiou an der Universität gewesen. Mao-Zedong selbst forderte bald darauf Kang Sheng telefonisch auf, »könnten Sie im ganzen Land solche Wandzeitungen anbringen lassen?« Damit war für die Geheimdienste der Partei wie des Staates grünes Licht gegeben. Von Spontaneität dieser Massenbewegung konnte keine Rede sein. Das ZK bildete eine eigene Kommission zur Führung dieser Kulturrevolution.

Da Mao selbst durch sein zunehmendes Alter immer stärker be-

---

115 Siehe Roger Faligot und Remi Kauffer, »Der Meister der Schatten«, München 1988, S. 436 ff.

hindert war, liefen die Fäden bei Kang Sheng zusammen. Der sogenannten Viererbande gehörte er aber nicht an. In dieser dominierte Jiang Qing. Bis 1969 hatte diese Kulturrevolution mit dem 9. Parteitag der KP Chinas gesiegt.

Als Massenbasis mobilisierte sie vor allem die studierende Jugend, der sie zuerst die »revisionistischen« Bürokraten, dann die Professoren und zuletzt wichtige Teile des reichen geistigen und kulturellen Erbes als zu bekämpfendes Ziel darstellte. Angefangen bei Tschou Enlai (Premierminister 1949-1976) sahen viele Millionen chinesischer Kommunisten und Kommunistinnen von Anfang an die Perspektivlosigkeit dieses Weges, ja den ungeheuren Schaden, den er anrichten musste.

Auch wenn man den jungen Aktivisten der Kulturrevolution als Ausweg für ihr eigenes Leben die Rückkehr ins Dorf zu »gesunder körperlicher Arbeit« indoktrinierte, konnte dieser Weg das Problem der Zukunft dieser Jugend nicht lösen. Wesentliche Teile auch der bestehenden wirtschaftlichen, sozialen und kulturellen Strukturen wurden ja zerstört, ohne dass vergleichbar Effektives an ihre Stelle gesetzt werden konnte.

Die Opfer unter jenen, die diesem Kurs Widerstand leisteten, waren schrecklich. Die beiden erwähnten französischen Autoren errechnen (gestützt auf verschiedene – darunter auch nach Ende der »Kulturrevolution« veröffentlichte chinesische – Quellen) folgende Angaben: 1958-1961 während des »großen Sprungs« zwei Millionen Hinrichtungen und 10 Millionen Hungertote. 1966-1976 forderte die »Kulturrevolution« 10 Millionen Tote. Auf Zahlen kommt es auch hierbei nicht so sehr an wie auf die menschlichen Schicksale, die hinter dieser schrecklichen Berechnung menschlichen Leids – aber auch Idealismus – zu erahnen sind.

Der politische Hintergrund dieser Opfer war – wenn überhaupt ein Vergleich möglich ist – konträr zum Hintergrund der Opfer in der Sowjetunion während der Dreißigerjahre. Wenn zur Zeit Stalins die Zementierung einer Leitungsstruktur von bürokratischen Eliten u. a. durch rücksichtslosen Terror gegen alle Andersdenkenden durchgesetzt wurde, war das Ziel des Massenterrors während der chinesischen »Kulturrevolution« das Gegenteil: Die Zerschlagung einer bereits etablierten bürokratischen Elite. Am ehesten wäre der Vergleich mit einer »permanenten Revolution« im Innern denkbar. Aber Staaten können nicht langfristig existieren, wenn sie ihren Menschen nicht ein halbwegs gesichertes Leben, Nahrung, Behausung, Bekleidung, Befriedigung der Kulturbedürfnisse sichern. Daher musste auch diese Entartung scheitern. Sogar rascher als das sowjetische Modell. Allerdings scheiterte hier mit der Entartung nicht auch das ganze Modell.

Auf die Folgen auch der Überwindung dieser Entartung des chinesischen Sozialismus-Modells will ich hier nicht im einzelnen eingehen. 1975 starb Kang Sheng, 1976 Tschou Enlai und Mao-Zedong. Im gleichen Jahr wurde die »Viererbande« verhaftet. Einflussreichster Funktionär der chinesischen Führung wurde der enge Mitarbeiter Tschou Enlais, Deng Hsiaoping.

Festgehalten werden muss allerdings, dass nach einer gewissen Übergangsperiode ab Mitte der Achtzigerjahre in China immer ausgeprägter ein Modell der ökonomischen Basis verwirklicht wird, das in der Grundstruktur am ehesten an Lenins Vorstellung der NEP erinnert: Bei Festigung einer sich selbst als sozialistisch verstehenden politischen Macht sowie starker Betonung der national-kulturellen Traditionen Chinas, breiter Ausnützung der Marktbeziehungen, auch bei Entstehen und Entwicklung einer neuen Kapitalistenklasse.

Für die Gesamteinschätzung dieser neuen Entwicklung in China ist es sicher noch zu früh. Der bereits nach wenigen Jahren erreichte wirtschaftliche Erfolg ist jedenfalls beeindruckend. Aber auch das kann nur eine Übergangsperiode sein. Die Entscheidung steht noch bevor. Sie wird durch die Antwort auf folgende Frage bestimmt sein: Was vor allem wird die Bewusstseinsentwicklung der gesellschaftlich führenden Schicht bestimmen? Wird das jetzt entstehende und anwachsende kapitalistische Profitdenken die Oberhand gewinnen, oder vermag die Gesellschaft aus sich selbst heraus humanistisch-sozialistischen Moralvorstellungen die notwendige Hegemonie zu sichern. Nur eine solche Hegemonie sozialistischer Wertvorstellungen kann langfristige Basis einer dem Sozialismus verpflichteten Staatsmacht sein. Zwar kommt jede Macht »aus den Gewehren«, aber wenn die Gewehre wichtiger werden als der sozialistische Charakter der Macht, dann ist der Sozialismus zum Untergang verurteilt.

Pol Pots »Steinzeitkommunismus«

Auf eine besonders tragische Fernwirkung der chinesischen »Kulturrevolution« muss eigens eingegangen werden. Es ist die Phase der Schreckensherrschaft der »roten Khmer« unter Führung Pol Pots in Kampuchea.

Die Entwicklung, die dazu geführt hat, ist nur auf dem Hintergrund der seit Anfang der Sechzigerjahre durch zwei Jahrzehnte hindurch in Südostasien durchgeführten *US-amerikanischen* Politik verständlich. Die US-Regierungen begannen schon bald nach dem ersten Indochina-Abkommen, das den Abzug der vorherigen französischen Kolonialherren gebracht hatte, mit direkter militärischer Hilfe für die in Südvietnam einander ablösenden antikommunistischen Regimes. 1964 wurde der »Tongking«-Zwischenfall, den es in der von der US-Regierung dargestellten Form nie gegeben hat, als Vorwand zur massiven Bombardierung auch Nordvietnams genommen. Dieser Krieg dauerte neun Jahre. In ihm waren 2,5 Mio. US-Amerikaner eingesetzt. 6.162.000 Tonnen Bomben wurden auf Ziele in Vietnam abgeworfen (das war dreimal soviel wie im Zweiten Weltkrieg). Durch den Einsatz des naturzerstörenden Kampfstoffes Agent Orange wurden direkt und indirekt 2 Mio. Vietnamesen, Männer, Frauen und Kinder, getötet.

Auf dem Höhepunkt dieses Krieges bezogen die US-Strategen auch das bis dahin neutrale Kampuchea in den Konflikt ein, wo der dortige König, Prinz Norodom Sihanuk, entmachtet und die Macht durch die US-Marionettenregierung Lon Nol übernommen wurde. Mit der Niederlage der US-Truppen in Vietnam brach auch dessen Regime in Kampuchea zusammen. Nur standen die in Kampuchea selbst kämpfenden revolutionären »roten Khmer« unter Führung der voll auf China und die dort eben auf dem Höhepunkt stehende »Kulturrevolution« orientierten Gruppe Pol Pots. Überdies hatte kurz vorher die »historische Annäherung« Chinas und der USA begonnen. In der Kommunistischen Partei des siegreichen Vietnam selbst war dieser Einfluss gering. Dennoch gab es zuerst keine Kraft, die Pol Pot hätte daran hindern können, in Kampuchea gleichzeitig mit der »Abrechnung« mit den Kollaborateuren die vorherige »Elite« des Landes massenweise ermorden zu lassen. Zu dieser »Eliteschicht« gehörte man schon, wenn man in einer Stadt gelebt hatte, da die »Stadt« ja das »Dorf« ausbeute. Das Land ging durch die Phase eines barbarischen »Steinzeitkommunismus«.

Erst als jener Flügel der roten Khmer, der nicht unter dem Einfluss der chinesischen »Kulturrevolution« stand, mit Hilfe von Vietnam das Pol-Pot-Regime stürzte, wurde dem Massaker ein Ende gesetzt. Es hatte wahrscheinlich etwa einer Million Menschen das Leben gekostet, eine bei der Bevölkerungszahl Kampucheas (damals etwa 6 Mio. Einwohner) besonders erschütternde Zahl.

Die Behandlung der Folgen dieser Entartungen der asiatischen Sozialismus-Modelle in der veröffentlichten Weltmeinung war während dieser Zeit weitgehend von der weltpolitischen Konstellation bestimmt: Da gerade die Periode der chinesischen »Kulturrevolution« von der Annäherung der USA an China bestimmt war, während die vietnamesische Befreiungsbewegung von der Sowjetunion unterstützt wurde, fanden diese Verbrechen wenig Echo selbst in den liberalen US-amerikanischen Medien. Sogar den Sitz in der UNO konnte das Pol-Pot-Regime noch Jahre, nachdem es bereits gestürzt war, dank westlicher (neben US-amerikanischer nicht zuletzt auch bundesdeutscher) und chinesischer Unterstützung weiterhin einnehmen.

Das Herunterspielen, ja Verschweigen der schrecklichsten Entartungen dieser politischen Richtung, bloß weil sie zu jener Zeit für eine Außenpolitik stand, die der US-Globalstrategie ins Konzept passte, zeigte, dass die allgemeine Berufung auf Grundsätze der Humanität für die meisten dieser Medien nur Heuchelei war. Man denke da an das Medienecho der – ihrem Umfang nach nicht entfernt vergleichbaren – Zwischenfälle am Tien-Anmen-Platz in Peking im Sommer 1989. Zu dieser Zeit war China auf dem Weg, angesichts des zusammenbrechenden sowjetischen Sozialismus-Modells zum Feindbild Nummer 1 der US-Globalstrategie zu werden. Daher die andere Gewichtung.

17. Kapitel
Wie weiter?

Eines hat der Kapitalismus seit dem Zusammenbruch des sowjetischen Sozialismus-Modells 1990/1991 überzeugend bewiesen: Er ist jetzt noch weniger im Stande, die Lebensprobleme der Menschheit zu lösen als in den Jahrzehnten der Herausforderung durch ein real bestehendes Sozialismus-Modell. Mehr als je zuvor wird die unbedingte Notwendigkeit einer Alternative sichtbar.

Hoffnungen, Reformen – auch sehr weitgehender Art – könnten dem kapitalistischen System auf Dauer humanere Züge verleihen, sind – in der jüngsten Krise besonders deutlich – gescheitert.

In Schweden, dem Muster eines sozial reformierten Kapitalismus in einem hochentwickelten Land, durch radikale In-Frage-Stellung dieses Reformkurses (mit Zustimmung der dortigen Sozialdemokratie). In den USA, wo nach einer Phase gewisser Fortschritte bei der Verwirklichung der Bürgerrechte auch der Afroamerikaner immer stärker die Phrase an die Stelle einer echten sozialen, ökonomischen und gesellschaftlichen Gleichstellung der tritt, von der Lage der Reste der indianischen Ureinwohner gar nicht zu reden. In Indien, dem »Beispiel« eines auf weitgehend »gewaltfreiem«, humanistisch-demokratischem Kurs befindlichen großen Entwicklungslandes, wo sich die sozialen Gegensätze deutlich verschärfen und in blutigen religiösen Konflikten mit vielen tausenden Todesopfern eskalieren. Die Beispiele aus allen Teilen der Welt, aus Ländern unterschiedlichsten Entwicklungsniveaus ließen sich fortsetzen.

Sogar wenn die Abwehr der Revanche-Offensive des Kapitals gelingt, würde das noch keine wirkliche *Alternative* zu den lebensgefährlichen Zügen des heutigen Kapitalismus herbeiführen. Es könnte allerdings die an diesen Abwehrkämpfen Beteiligten leichter dazu bringen, die Notwendigkeit einer solchen Alternative zu erkennen.

Eine solche Alternative erfordert die Schaffung einer ökonomischen Basis, die bei optimaler Entwicklungsfähigkeit gleichzeitig die Verwirklichung sozialistischer Grundsätze ermöglicht. Das ist nur bei ideeller und politischer Führung dieser Gesellschaft durch Kräfte möglich, die Sozialismus und nicht Kapitalismus wollen. Das führt unvermeidlich zur Machtfrage. Und zwar im Sinne der Macht gesellschaftlicher Klassen und Gruppen. Einzelpersonen bzw. die auftretenden politischen Parteien und Richtungen sind ausschließlich danach zu beurteilen, mit welchem Geschick und in welchem Maß sie die Interessen welcher Klasse vertreten.

Konkret: Die Arbeiterklasse – als Gemeinschaft aller, die jetzt schon durch ihre produktive Arbeit als Lohnabhängige den ökonomischen Reproduktionsprozess sichern – ist nach wie vor die einzige gesellschaftliche Kraft, die eine alternative Gesellschaftsordnung schaffen kann. Dass in ihr auch die Bereitschaft dazu entsteht, erfordert eine Massenpartei, die ihr – über ökonomische und soziale tagespolitische Kämpfe hinaus – die Notwendigkeit der grundlegenden Veränderung und ihrer eigenen Rolle dabei vermittelt. Klassenbewusstsein und das Wirken einer Klassenpartei als politischer Ausdruck desselben sind also unbedingt notwendig.

Die medienerfahrenen Apologeten des Kapitalismus verstehen sehr gut die Bedeutung einer Klassenpolitik. Sie setzen – solange es um Allgemeinplätze geht – den Widerspruch zwischen »Diktatur und Demokratie« an die Spitze ihrer politischen Maßstäbe. In der jeweiligen konkreten Lage bestimmen jedoch die Klassenprioritäten ihre Haltung. Wie das in der Praxis ausschaut, zeigte wieder ihre Haltung zur Entwicklung im postsozialistischen Russland. Im August 1991 war es für sie leicht: Der Ausnahmezustand, den (hinter dem in Urlaub befindlichen Gorbatschow) höchste Sowjetfunktionäre zur Abwehr einer kapitalistischen Restauration ausriefen, wurde vom russischen Parlament zusammen mit dem russischen Präsidenten Jelzin abgelehnt. Bei den Zusammenstößen gab es sogar drei Tote. Also ergriff man fast überall in den Weltmedien Partei für »die Demokratie«, nämlich das Parlament und Jelzin. Ausnahmezustand gegen ein Parlament – das muss undemokratisch sein.

Als derselbe Jelzin zwei Jahre später das Parlament per Dekret unter Bruch der Verfassung *auflöste,* den Ausnahmezustand gegen dessen Anhänger erklärte, sein Haus durch Panzer beschießen ließ, es fast 200 Tote gab, ergriffen dieselben Medien wieder sofort und eindeutig Partei – aber gegen das Parlament und *für* Jelzin. Eindeutig war auch die Begründung: Das Parlament behindere den raschen Weg zur Demokratie. Als Beweis führten sie an, es habe Maßnahmen blockiert, die schneller zur vollen Herrschaft des Marktes und seiner ökonomischen Zwänge, damit zum noch rascheren Sinken des Lebensstandards geführt hätten. Es ging um das Tempo der Rückkehr des Landes zum Kapitalismus. Daher der Frontwechsel der Medien bei der Bewertung von autokratischer Präsidialmacht und Parlament! Das Klasseninteresse überwog alle Wertmaßstäbe abstrakt demokratischer Prinzipien.

Gleiche Überlegungen haben dazu geführt, dass diese Medien die Diskussion über das Scheitern des sowjetischen Sozialismus-Modells in den Rahmen eines »Stalinismus«-Begriffs gezwängt haben. Dieser Begriff wurde schließlich sogar in der Arbeiterbewegung übernommen. Dadurch entstand eine fast undurchschaubare Verquickung der Frage der Veränderung der Machtverhältnisse zwischen *Klassen* mit der Frage persönlicher Eigenschaften führender Akteure und der Errichtung einer unkontrollierten persönlichen Macht, wie sie für Stalin kennzeichnend war.

Der Hintergedanke ist einfach: Je stärker jede denkbare alternative Macht mit dem Begriff »Stalinismus« gleichgesetzt wird, desto schwerer wird die Notwendigkeit einer solchen zur Massenerkenntnis werden.

Vor allem wegen der (auch in Zukunft bevorstehenden Sozialismus-Versuchen unvermeidlich folgenden) Phase gesellschaftspolitischer Konfrontation mit hochentwickeltem Kapitalismus konnte und kann kein Sozialismus-Modell geschaffen werden, das vor Irrwegen völlig gefeit ist, dessen Frühzeit nicht Gefahr läuft, solche Entartungserscheinungen aufzuweisen. Sie möglichst zu vermeiden oder zumindest einzuschränken, erfordert eine wissenschaftliche Analyse auch der historischen Erfahrungen. In die Scheuklappen einer »Stalinismus«-Diskussion gezwängt, kann diese nicht erfolgreich sein. Sie muss in Streit um die Wertigkeit persönlicher Eigenschaften der historisch einflussreichsten Persönlichkeiten verflachen.

Auch wenn 1922 Lenin jemand anderen als Stalin zum Generalsekretär der KPdSU vorgeschlagen hätte, hätte die Gefahr der Entartung bestanden. Wie früher nachgewiesen, wollten Trotzkij wie Sinowjew schon Jahre vor Stalin von der NEP abgehen. Hätten *sie* an Stalins Stelle die darauf folgende Phase der Entartungen vermieden? Vielleicht wäre sie weniger tragisch, vielleicht aber auch noch schrecklicher gewesen. Bei aller Bedeutung von Persönlichkeiten, geht es doch primär um die Schaffung solcher gesellschaftlicher Bedingungen, die ein Vorwärtsschreiten zu Sozialismus und Kommunismus ermöglichen, ohne dass Strukturen entstehen und sich verhärten, die notwendig zur Verschärfung des Zwanges auf diesem Weg statt zu seinem Abbau führen. Ohne als Wunderrezept zu gelten, enthält sicher das auf Lenin zurückgehende Modell einer Übergangsgesellschaft unter Ausnutzung der Gesetze des ökonomischen an Stelle von (sich im Verlauf der Entwicklung notwendig verschärfenden) Formen außerökonomischen Zwangs die besten Ansätze zur Lösung dieser Aufgabe.

Bedeutendes kommt heute hinzu: Das ist die Aufarbeitung der Ergebnisse der Gesellschaftswissenschaften auch aller bürgerlichen Richtungen. Bei aller Scheu vor daraus zu ziehenden Konsequenzen kann keine ernsthafte nichtmarxistische wissenschaftliche Richtung die Widersprüche des heutigen Kapitalismus ignorieren, wenn sie zu brauchbaren Ergebnissen kommen will. Das gilt ganz gleich, ob sie vom Problem der Unterentwicklung, von der ökologischen Bedrohung, von sozialen Kriterien, den Störungen des Reproduktionsmechanismus oder von anderen Kriterien ausgeht.

Nur bei Ausnutzung auch dieses Potentials wird ein Gesellschaftsmodell geschaffen werden können, von dem Menschen auch in den entwickelten Ländern mit voller Überzeugung sagen können: Genau so müssen wir es machen, damit wir die soziale Spaltung der Gesellschaft, Hunger, Wohnungsnot, Arbeitslosigkeit, Krieg, nationalen Hass, ökologische Bedrohung, Unsicherheit für unsere Kinder und Enkel überwinden können.

Ist das nur Utopie? Nur dann, wenn es auf die Illusion baut, die heute herrschenden Kräfte des Finanzkapitals könnten so »vernünftig« sein, *selbst* solche Veränderungen herbeizuführen. Solche Illusionen können lebensgefährlich sein. Selbst bei den Auseinandersetzungen in den reichsten Ländern um die Grundlagen des errungenen Lebensstandards der Arbeiterklasse ist das Kapital im Begriff, zu längst überholt geglaubten Formen brutalsten Einsatzes seiner ökonomischen Macht zurückzukehren. Der Zusammenbruch des Sozialismus-Versuchs in Osteuropa schuf dazu die politische, der Druck der aus diesen Ländern jetzt herausdrängenden Billigstarbeitskraft die ökonomische Voraussetzung.

Wo Marx irrte

In einer wichtigen Frage hat Karl Marx die Auswirkung der ökonomischen Entwicklungsgesetze auf die weitere Geschichte der Menschheit nicht richtig eingeschätzt: Für ihn stand außer Zweifel, dass das Gesetz der kapitalistischen Akkumulation notwendig zur Vereinheitlichung der Lage der immer größer werdenden Arbeiterklasse nach unten führen müsse,[116] ja dass diese Tendenz wegen der grenzübergreifenden Ausbeutung durch das Kapital weltweit wirken werde.

Das bestimmte seine Vorstellungen über die notwendige revolutionäre Umwälzung der Gesellschaft. Diese könne nur angeführt werden von einer internationalistisch denkenden Arbeiterklasse, die bei einem bestimmten Entwicklungsgrad des Klassenbewusstseins den einzig möglichen Ausweg zur Überwindung der Widersprüche des Kapitalismus in *dessen* Überwindung erkennen werde. Das konnte nur die gemeinsame Tat der Arbeiterklasse der hochentwickelten Länder sein, die noch vorhandene kleinbürgerliche Schichten, ebenso auch die Arbeiterklasse unterentwickelter Länder mit sich ziehen werde.

Es ist nicht so gekommen. Das entsprach nicht historischen Sonderbedingungen, sondern war Auswirkung einer anderen sozialen Folge

---

116 Siehe u. a. folgende Stelle im »Manifest der Kommunistischen Partei«: »Die Interessen, die Lebenslagen innerhalb des Proletariats gleichen sich immer mehr aus, indem die Maschinerie mehr und mehr die Unterschiede der Arbeit verwischt und den Lohn fast überall auf ein gleich niedriges Niveau herabdrückt.« (Marx/Engels, Werke, Bd. 4, S. 470.)

der kapitalistischen Akkumulation: Die Arbeiterklasse wuchs zwar in der erwarteten Weise, aber gleichzeitig setzte eine Differenzierung dieser Klasse ein, die sich mutatis mutandis in einer Differenzierung der Lebensbedingungen aller gesellschaftlichen Klassen und Schichten in der ganzen Welt fortsetzte. Mit dem sowjetischen Sozialismus-Modell ist auch der letzte Versuch gescheitert, einheitliches weltweites Handeln – und sei es von der realen politischen und militärischen Macht eines sozialistischen Staatenblocks erzwungen – einer solchen Gesamtarbeiterklasse und ihrer potentiellen Verbündeten zu erreichen.

Das zwingt dazu, die Vorstellungen von der Übergangsperiode vom Kapitalismus zum Sozialismus neu zu überdenken. Diese wird wahrscheinlich nicht als eine, schließlich die ganze Welt erfassende revolutionäre Welle erfolgen. Sie wird ein viel länger dauernder Prozess sein, bestimmt bzw. beeinflusst durch das Einwirken verschiedener Klassen, Gruppen, Traditionen und Denkmuster, vor allem aber in einer Welt mit langdauernder und vorerst zunehmender Unterschiedlichkeit des Entwicklungsniveaus der einzelnen Länder. Wie immer in der Geschichte werden auch dabei Personen ihre (positive wie negative) Rolle zu spielen haben.

Viel stärker als auch Marx oder Lenin dies angenommen hatten, wird diese Umwälzung ein qualvoll opferreicher, immer wieder von Rückschlägen unterbrochener Prozess sein.

Das entmutigt dauerhaft zwar jene, die vor allem persönliches Karrieredenken mit diesem Prozess verbunden haben oder verbinden. Wer jedoch in historischen Perspektiven denkt, der sei an Dauer, Verschiedenartigkeit und Rückschläge erinnert, die das Entstehen bürgerlicher Bedingungen für die Entwicklung des Kapitalismus in Europa kennzeichneten.

Es forderte furchtbares Leid, jene drei Grundbedingungen herbeizuführen, die zur vollen Entfaltung kapitalistischer Produktionsverhältnisse erforderlich waren: Große nationale Märkte, Freizügigkeit von Kapital und Arbeitskraft sowie ein Minimum an »ursprünglich akkumuliertem« Kapital.

So konnte bis zu Beginn des 16. Jahrhunderts die Akkumulation auch großer Handels- und Wucherprofite in relativ freien norditalienischen und deutschen Städten wegen des Fehlens der anderen Bedingungen nicht zur vollen Entfaltung des Kapitalismus führen. In Deutschland, dem Kernbereich des spätfeudalen »römischen Kaisertums« führte die Reformationsbewegung – in ihrer ersten Phase vom Bauernkrieg radikalisiert – zu eineinhalb Jahrhunderten religiös motivierter Kriege mit der Ausrottung eines beträchtlichen Teils der deutschen Bevölkerung im Dreißigjährigen Krieg und der Festigung fürstlicher Territorialmacht, die weitere zweihundert Jahre lang das Entstehen eines großen gesamtnationalen Marktes verhinderte.

Damit war der Schwerpunkt der ökonomischen wie gesellschaftlichen Entwicklung Europas aus der Mitte des Kontinents in dessen westlichen Teil verlagert. Dort war – nach Errichtung der osmanischen Herrschaft über das östliche Mittelmeer – zudem die Bedingung zur Herausbildung des Weltmarktes geographisch günstiger. Spanien und Portugal konnten – trotz Schaffung der Zentralmacht in feudaler Erstarrung verbleibend – die geographischen Möglichkeiten nicht nutzen.

In England dagegen führte schon die Reformation 1529 bis 1540 zur Stärkung einer königlichen Macht, die den einheitlichen Staat als eine der Voraussetzungen rascher kapitalistischer Entwicklung entstehen ließ. Am weitesten ging die frühkapitalistische Entwicklung im 16. Jahrhundert aber in den Niederlanden, wo der Befreiungskrieg gegen die spanische Herrschaft schon weitgehend von dem hochentwickelten Bürgertum getragen war.

Mit dem Bürgerkrieg zwischen Parlament und der feudalen Despotie Charles' I. 1640-1649 in England verlagerte sich der Schwerpunkt der kapitalistischen Entwicklung in Europa endgültig nach England.

Die englische Revolution

Was sich in England zwischen 1640 und 1660 abspielte, ist – in Anbetracht der Folgen dieser Ereignisse für die weitere Entwicklung ganz Europas (ja der ganzen Welt) – viel zu wenig bekannt und beachtet.

Selbst in der englischen Geschichtsschreibung wird es meist nur als unangenehmer »Ausrutscher« dargestellt, in dessen Verlauf sogar (eineinhalb Jahrhunderte vor dem Schicksal des französischen Louis XVI.) ein despotischer König (Charles I.) hingerichtet wurde. Zum Trost für konservative britische Historiker folgte nach einer Zwischenphase der Restauration 1688 eine »glorreiche Revolution« – sprich die Installierung eines neuen Königshauses. Letzteres (die Oranier) hatten die Engländer aus dem damals fortgeschrittensten Teil Europas, den Niederlanden »importiert«.

Nicht nur die handelnden Klassenkräfte, die Frontstellung zwischen Parlament und Königtum, auch der Hauptinhalt der vertretenen Forderungen, ja der Ausgangspunkt – nämlich der Steuerstreik 1639/40 gegen Charles I. – kennzeichnen die Ereignisse als die erste große und erfolgreiche bürgerliche Revolution in Europa. Berücksichtigt man, dass England 1640 schon etwa 4/5 der gesamten Kohle Europas produzierte, ist dies nicht überraschend.[117]

Das Ergebnis dieser Revolution war ein langdauerndes Bündnis zwischen einem – verbürgerlichten – Teil des Adels und der neuen Großbourgeoisie, ausgedrückt im Verhältnis zwischen Parlament und dem konstitutionellen Königtum. Das englische Kapital setzte so Bedingungen durch, unter denen es sich besser als das Kapital jedes anderen Landes entfalten konnte. Zum Unterschied von der französischen Finanzbourgeoisie der Zeit Napoleon Bonapartes 150 Jahre später machte die englische Außenpolitik dieser Periode keinen ernsten Versuch, sich Europa zu unterwerfen. Sie wandte sich vielmehr gleich der ganzen Welt zu. Sie schuf ihr Weltreich, brachte unvorstellbares Leid, weitgehende Ausrottung bodenständiger Bevölkerungen wie in Australien und Neuseeland, zum Teil auch schon in Nordamerika, Verkrüppelung der ökonomischen und kulturellen Entwicklung großer Weltkulturen, wie z. B. der des indischen Subkontinents.

Aber die in England in dieser revolutionären Epoche aufgewerteten

---

117 Siehe Christopher Hill u. a., »Die englische Revolution von 1640. Vier Aufsätze«, Berlin 1952, S. 28.

Begriffe der individuellen Rechte des Einzelnen wirkten weiter, führten zum Aufstand der (überwiegend britischen) Siedler in Nordamerika. In dieser Hinsicht war deren Unabhängigkeitskrieg 1776 bis 1783 ebenfalls eine bürgerliche Revolution. Auch wenn er im Bündnis mit dem französischen Königtum (vor allem dessen Flotte) erfolgreich war. Die Verfassung der USA ist zwar ein Dokument von Humanität, Bürgerrechten und Demokratie. Aber unter ihrem Banner wurde der Rest der nordamerikanischen Ureinwohner weitgehend ausgerottet, wurde – auf dem Blut und Schweiß von vielen Millionen afrikanischer Sklaven – die größte imperialistische Macht geschaffen.

Die französische Revolution

Aus mehreren Gründen nimmt die französische Revolution in dieser langen Reihe eine Sonderstellung ein: Sie brachte nicht nur die radikalste Beseitigung der Feudallasten für die Bauern und die weitestgehende Bürgerfreiheit, was auch vom Bonapartismus und der auf ihn folgenden royalistischen Reaktion nur mehr zum Teil rückgängig gemacht werden konnte. Sie artikulierte auch am klarsten die ideologischen und juridischen Grundsätze der bürgerlichen Revolution. Sogar die Eroberungskriege Napoleons hatten die Nebenwirkung, dass Ideen von der Gleichheit der Menschen, dem Anspruch auf Freiheit, bis in die fernsten Winkel des Kontinents drangen. Sie wirkten ein halbes Jahrhundert lang als direkte Motivation für politisches Handeln, von den Dekabristen in Russland über die lateinamerikanischen Unabhängigkeitskriege bis zu den bürgerlichen Revolutionen 1848.

Selbst wenn der Faschismus im 20. Jahrhundert dann diese Ideale grundsätzlich verneinte, der Menschheit einen Rückfall in Barbarei brachte, selbst wenn auch heute im größeren Teil der Welt nicht einmal formal und im übrigen Teil nur als blutarme Schatten die individuellen Freiheiten der Menschen und deren demokratischen Grundrechte verwirklicht sind, ist trotzdem gerade *das* ein unverlierbares Erbe von vier Jahrhunderten furchtbar opferreicher bürgerlicher Emanzipations- und Revolutionsbewegungen.

Nochmals: Entgegen den Erwartungen von Marx findet nicht eine Angleichung, sondern eine Differenzierung innerhalb der Arbeiterklasse statt, und die Ausbreitung des Kapitalismus zu einem Weltsystem differenziert zusätzlich zu den Bedingungen der jeweiligen Kapitalakkumulation auch die Lage der einzelnen Länder und Regionen. Vorstellungen eines, wenn auch länger dauernden, aber in der Tendenz doch einheitlichen weltrevolutionären Prozesses haben in dieser Situation keine reale Grundlage mehr. Es werden diverse Anläufe erforderlich sein. Wo und wie die nächsten erfolgen, wie sie verlaufen, sich zu kontinental, ja weltweit wirkenden Bewegungen bündeln, kann niemand voraussehen.

Der erste große Versuch ist gescheitert. Schon er hat Neues im gesellschaftlichen Bewusstsein geschaffen. Der Beweis, dass langfristig auch ein nicht der kapitalistischen Profitlogik unterliegendes ökonomisches Reproduktionsmodell *möglich* ist, wurde erstmals erbracht. Der Stellenwert, den heute die kollektive Verantwortung für die wichtigsten sozialen Fragen der gesamten Gesellschaft – einschließlich ihrer am meisten niedergedrückten Glieder – im Bewusstsein der Menschen erlangt hat, wird durch keine politische und soziale Revanche des Kapitalismus wieder zur Gänze verdrängt werden können.

Je ernster insgesamt aus den Fehlern, ja Entartungen dieses großen ersten weltweit wirkenden Sozialismus-Versuchs gelernt wird, desto eher wird bei den nächsten Anläufen solche und ähnliche Fehler zu vermeiden gelernt.

18. Kapitel
Die Geschichte ist unerbittlich

Die in dem historisch kurzen Zeitraum seit Mitte der Neunzigerjahre, als die erste Auflage dieses Buches erschien, eingetretenen Entwicklungen zwingen mich, die zweite Auflage durch einen ganzen Abschnitt zu ergänzen.

Hier muss zuerst das unerwartet kraftvolle Wirken der russischen Bauernschaft angeführt werden. Schließlich hatten die Stalinsche Repression und die furchtbaren Blutopfer des Anti-Hitler-Krieges gerade von ihr die größten Opfer gefordert. Mit der Auflösung der Sowjetunion brach jetzt die zentral regulierte Verteilungswirtschaft zusammen. Von ihren Dotierungen waren die Einkommen der Staatsangestellten, Renten, Gesundheits- und Erziehungswesen, schließlich sogar äußerlich funktionierende große Betriebe im Produktionsbereich, in Verkehr und Kommunikation abhängig. Es blieb nur die vor- oder frühfeudale Subsistenzwirtschaft in Dörfern oder an den Rändern der Städte und Arbeitersiedlungen. Diese wurde jetzt lebensrettend für Millionen die durch Monate hindurch keinerlei anderes Einkommen mehr hatten. Ganz gleich, ob aus der Tradition der »Obstschina«, des alten russischen Dorfes[118] oder als Überrest kollektiven Wirtschaftens in der Sowjetzeit, hatten die Bauern jetzt den Boden. Abgewanderten Angehörigen gegenüber fühlten sie sich zwar verpflichtet, aber den Boden selbst wollten sie keinesfalls wieder hergeben. Hier hatten die Privatisierer die größten Schwierigkeiten. Daher auch die überraschenden Erfolge der »Agrarier« bei den ersten Duma-Wahlen.

Der Tiefpunkt der sozialen Entwicklung war etwa 1993/1994 erreicht. Die durchschnittliche Lebenserwartung Neugeborener war in Russland etwa um 20 Jahre niedriger als in den achtziger Jahren in der

---

118 Obstschina heißt jener Teil des Dorfbodens, der bis ins 20. Jahrhundert gemeinschaftlich genutzt wurde.

Sowjetunion. Mit 68 Jahren lag der Wert unter dem so armer Länder wie Kolumbien oder Paraguay. In Österreich beträgt die durchschnittliche Lebenserwartung 76,5 Jahre.[119]

Es ist kein Widerspruch, sondern selbstverständliche Folge, dass gleichzeitig mit der Not der großen Mehrheit der Menschen am anderen Ende der sozialen Skala gleichsam reziprok für Wenige eine historisch einmalige Welle »ursprünglicher« Kapitalakkumulation einsetzte. In Russland, wie in den anderen Nachfolgestaaten der Sowjetunion sollte in wenigen Jahren nachgeholt werden, was in den hochentwickelten Industriestaaten ein bis zwei Jahrhunderte erfordert hatte. Die Auflösung der Staatlichkeit führte zu einem mehrjährigen Vakuum, in dem anfangs nur das »Recht des Stärkeren« galt. Materiell gab es ja den Boden mit seinem im ganzen nördlichen Teil des eurasischen Kontinents fast unerschöpflichen Potential. Bodenschätze waren da, ebenso die unbestreitbaren zivilisatorischen Leistungen der Sowjetzeit mit ihren großen Industriebauten, Verkehrs- und Kommunikationsanlagen, die nur zum Teil wegen des Fortfalls eingespielter Wirtschaftsbeziehungen überflüssig schienen. Es blieb die Bodenfruchtbarkeit, die in der Steppenzone durch langfristig ausgelegte Meliorationsmaßnahmen sogar noch besser geworden war. Wer das in seinem Besitz hatte oder es dahin bringen konnte, dem eröffneten sich ungeahnte Möglichkeiten. Die besten Chancen hatten jene, die den Gorbatschowschen Leitspruch in ihrem Sinn beherzigten: Wer zu spät kommt, den bestraft das Leben.

Das waren vielfach Werksdirektoren, aber auch Funktionäre in Ministerien und zentralen Verwaltungen. Diese kannten am besten die Möglichkeiten für effektivere Produktion und meist auch die Absatzmöglichkeiten für die Produkte in Russland und auf dem Weltmarkt. Eine besondere Rolle spielten Funktionäre des KGB. Auch sie kannten ja aus ihrer Tätigkeit die zunehmende Ineffektivität des bürokratisch erstarrten Leitungssystems der Volkswirtschaft. Viele hatten auch die nötige Sachkenntnis und konnten Vorstellungen über mögliche Verbesserungen entwickeln.

---

119 »Der Standard«, 09.07.2004.

Aus dieser Bevölkerungsschicht stammten jene, die – sobald sich ihnen die Möglichkeit bot – in wenigen Jahren riesige Vermögen anhäuften. Sie und ihr Anhang bevölkern, beginnend Ende der neunziger Jahre, die mondänsten Jet-Set-Zentren im Westen. Als »neue Russen« erwarben sie bald einen ähnlichen Ruf wie ein Jahrhundert zuvor russische Großfürsten oder Grafen. Geld hatten sie genug, um sich an den besten Plätzen der Riviera und der alpinen Erholungsgebiete ihre Villen bauen zu lassen und dort ganzjährig ihren »Hofstaat« bis zu Krankenpflegern und Leibwächtern zu finanzieren.

Peinliche Fragen, wie etwa die, wohin die rund 30 Millionen Menschen verschwunden waren, die selbst laut den offiziellen Statistiken zwischen dem Ende der Sowjetmacht und dem Aufbau neuer Verwaltungen in den Nachfolgestaaten fehlten, brachten sie nicht in Verlegenheit: In der Mediensprache wurden neue beschönigende Begriffe eingeführt wie etwa, dem Kommunismus müsse jetzt ein »Turbokapitalismus« folgen, um die Versäumnisse von Jahrzehnten aufzuholen. Reformen seien unvermeidbar, Freiheit und Demokratie hätten »ihren Preis«. Verhungernde Rentner, Millionen auf den Straßen vegetierende oder in unterversorgten Fürsorgeheimen aufgenommene Kinder seien nur der »Beweis« für vorherige Misswirtschaft.[120]

Kein so großes Land kann ein so spürbares »schwarzes Loch« in seiner sozialen Entwicklung mehrere Jahre hindurch aushalten. Es muss zu Verzweiflungsausbrüchen der Bevölkerung kommen. Das schon erwähnte frühfeudale Auffangnetz bäuerlicher Subsistenzwirtschaft half nur wenigen Arbeitern und Angestellten, die noch genügend Kontakt ins Dorf hatten.

Solange der »Held« des »demokratischen« Umschwungs, Boris Jelzin, noch an der Spitze stand, musste »der Westen« helfen: 1995/1996 war Russland gezwungen, beim IWF Kredite zur Deckung dringendster Zahlungsverpflichtungen zu erbetteln. Jelzins in diesem Kreis »guter« Name ermöglichte schließlich, für diese beiden Jahre je etwa 6,8 Mrd. Dollar kurzfristige »Stand-By«-Kredite des IWF zu er-

---

120 Siehe »Berichte und Informationen der ÖNB«, Heft 3/1997, S. 65/66.

reichen. Denen folgte 1996 die Bewilligung einer ersten Staatsanleihe des neuen Russland von einer Mrd. Dollar.

Etwa im Frühjahr 1995 formierte sich eine Seilschaft besonders aktiver Glücksritter, denen die »Gutschein«-Privatisierung von 1992 zu langsam schien. Ihr Wortführer war der frühere Bergbauingenieur Wladimir Potanin. Der erreichte bei Jelzin, dass dieser am 31. August 1995 mit der Verordnung No. 889[121] die Vereinbarung mit einer nicht näher bezeichneten Bankengruppe fixierte, die der Regierung 1,8 Mrd. Dollar zur unkontrollierten Verwendung brachte, gesichert nur durch Verpfändung der wertvollsten noch im Staatseigentum befindlichen Großunternehmen. Die Regierung konnte natürlich das Geld nicht zurückzahlen, und die verpfändeten Unternehmen wurden – wieder ohne jede Kontrolle – innerhalb dieser Gruppe aufgeteilt.

Potanin erhielt dabei, weil eigentumslos auf Kredit, für 170 Mio. Dollar den weltgrößten Produzenten von Nickel, Kobalt und Platin in sein Eigentum. Der vorherige Reifenhändler Michail Chodorkowskij erhielt den viertgrößten Erdölkonzern der Welt, Yukos, für – ebenfalls anfangs kreditierte – 309 Mio. Dollar.

Einer der Beteiligten an diesem Coup, der frühere Bankangestellte Roman Abramovich, wurde zehn Jahre später als einer der reichsten Männer Russlands angesehen, mit einem privaten Geldvermögen von 10 bis 15 Mrd. Dollar. Sein ständige Wohnsitz ist London.

Allein der Umsatz der so privatisierten Ölindustrie erreichte schon 2002 rund 70 Mrd. Dollar, der Reingewinn 25 Milliarden. Der Verkaufserlös für den Staat hatte weniger als eine Milliarde Dollar ausgemacht.

Das Gewicht Jelzins beim internationalen Finanzkapital war auch der Grund, dass er – obwohl bereits durch maßlosen Alkoholkonsum gezeichnet – noch eine Zeit lang von den einflussreichsten Oligarchengruppen toleriert wurde. Erst Wladimir Putin konnte da eine Änderung erreichen: Er hatte genügend Sinn für das Wirken gesellschaftlicher Machtmechanismen. Dass er schließlich auch gegen Chodorkowskij vorging, erlaubte ihm, den Ruf eines »Patrioten« in

---

121 »Der Standard«, 22.08.1997.

Anspruch zu nehmen, da jener mit Exxon und Shell in Verbindung getreten war, angeblich um über den Verkauf von Yukos zu verhandeln. Das hätte jeden weiteren staatlichen Einfluss Russlands auf seine Erdölwirtschaft beendet. Also schob sich Putin in die Position des Jelzin-Nachfolgers vor. Er würde sich bestimmt nicht wie Jelzin von einer windigen Partie wie der Potanins »über den Tisch ziehen lassen«. Ohne größere Probleme konnte er Jelzin dann abservieren. Das stärkte den Einfluss der etablierten Oligarchen nach innen wie nach außen. Vom Staat erwarteten sie ein Minimum an Rechtssicherheit und internationales Ansehen. Damit wurden sie wieder »Global-Player« auf den Weltfinanzmärkten.

Um diese Zeit tauchte in der russischen Wirtschaftspolitik auch der Name Oleg Deripaska auf. Zuerst in Verbindung mit der Privatisierung der hochentwickelten Aluminium-Industrie. Kurz darauf gehörte ihm auch schon ein wichtiger Bezieher des russischen Aluminiums, nämlich der Erzeuger eines in der UdSSR populären PKW, des in Gorkij (jetzt wieder Nishnij-Nowgorod) hergestellten »Wolga«. Dazu kam bald ein großer Baukonzern. Von diesem aus sicherte er sich einen starken Kapitaleinfluss auf den größten Baukonzern in der EU, der in Österreich entstandenen »Strabag«. Diese Generation russischer Oligarchen – oft mit persönlicher Verbindung zu Putin – griff bald über den Raum der Staaten des früheren antiimperialistischen Blocks hinaus. Hauptwaffe war dabei der Rohstoffreichtum der früheren Sowjetunion, vor allem deren Energiereserven. So wurde Russland wieder zum großen »Gobal-Player« auf den Weltfinanzmärkten. Natürlich hatte es diesen Schatz auch früher gegeben. Aber die damals kaum weniger mächtige »Nomenklatura« hatte als Werkzeug einer erstarrten Wirtschaftspolitik die auch damals schon bedeutende Bodenrente als eine Art »stiller« Subvention in Milliardenhöhe schwächeren Verbündeten zugeleitet. Diese Subvention war so »still« gewesen, dass selbst die Begünstigten sich ihrer erst bewusst wurden, als nach dem Zerfall der Sowjetunion die neuen Mächtigen Russlands von den früher »gesponserten« Ländern Weltmarktpreise für weitere Öl- und Gaslieferungen zu fordern begannen. Das daraufhin einsetzende Mediengeschrei bewies, dass die Wirtschaftsbeziehungen im früheren

»Ostblock« keineswegs durch einseitigen Vorteil für Russland bestimmt waren.

Nicht alle Vorstöße russischer Oligarchen waren erfolgreich. So hatte Deripaska mit dem Austro-Kanadier Frank Stronach zusammen den Versuch eingeleitet, einen der großen der US-Autoindustrie, den Chrysler-Konzern, in seine Hand zu bekommen, als dessen Verbindung mit dem deutschen Daimler-Benz-Konzern scheiterte. Da kam ihm der US-amerikanische Cerberus-Konzern zuvor.

Aber allein der russische Gazprom-Konzern, dem damals weltgrößten Erdgas-Exporteur, wurde bare Investitionsmittel von über 250 Mrd. Dollar zugeschrieben. Dessen Aufsichtsratpräsident war der Kollege Putins aus dessen Petersburger Zeit, Dimitrij Medwedew. Dessen Stellvertreter, der frühere deutsche Bundeskanzler Gerhard Schröder, sollte Gazprom den Bau einer Seepipeline ermöglichen, die von Polen und den Balten-Republiken nicht gestört werden könnte. Für eine südliche, unter Umgehung der Türkei geplante Gaspipeline konnte Putin dagegen den italienischen Ex-Ministerpräsidenten Prodi nicht gewinnen.[122]

Die Lage der etablierten Finanzmächte wurde erschwert, da neben Russland auch China als realer Machtfaktor auftrat. Noch dazu mit dem Anspruch auf Wortführerschaft der Armen dieser Welt. Als Ergebnis von Massenexport billig erzeugter arbeitsintensiver Waren verfügte auch dieses, politisch weiter von einer kommunistischen Partei geführte Land über Milliarden Dollar akkumulierter Investitionsmittel.

Zwischen diesen beiden »neuen« Finanzmächten gibt es große Divergenzen. Die sozialökonomischen Grundlagen wie ihre historischen und kulturellen Traditionen sind sehr unterschiedlich. Aber die weltweit operierenden Finanzmächte sahen in beiden eine Bedrohung ihrer unbeschränkten Vormacht. Die Folge war eine Art Mobbing gegen die »Neuen«. Das erzwang immer wieder in Sachfragen Gemeinsamkeiten in deren Auftreten.

Dabei kann nicht übersehen werden: Als vor einem Jahrhundert die erste Aufteilung der Welt zwischen den damals mächtigsten

---

122 »Der Standard«, 29.04.2008.

Gruppen des internationalen Finanzkapitals erfolgte, war der von diesen beiden Staaten eingenommene Raum für den Kapitalexport aus den hochentwickelten »Mutterländern« passives Objekt. »Freier Kapitalverkehr« wurde fast in den Rang eines »Glaubensgrundsatzes« erhoben. Für ihn wurden sogar große Kriege geführt.

Heute ist die Lage in vieler Beziehung »auf den Kopf gestellt«. Heute rufen Apologeten des »freien Kapitalmarktes« nach künstlichen Schranken gegen freien Kapitalverkehr in entgegengesetzter Richtung. Wenn das keine Bestätigung für die weiterwirkende Sprengkraft der Ideen von Marx und Lenin ist, was dann?

Das Leben selbst schlägt zurück

2007/08, mitten in die scheinbar unerschütterliche Herrschaft des US-Finanzkapitals über eine »unipolare« Welt, meldete sich der stärkste Faktor jeder kapitalistischen Wirtschaft zu Wort: das unvermeidliche Auftreten von rein aus den ökonomischen Entwicklungsgesetzen des Kapitalismus entspringenden Wirtschaftskrisen. Ökonomen hatten eine solche schon nach dem Wiederaufbau-Boom nach dem Zweiten Weltkrieg erwartet. Ihre Vorstellung war dabei bestimmt von der Erinnerung an die Krise der Zwanziger- und Dreißigerjahre des 20. Jahrhunderts. Schrittweise trat da als Folge des Unterkonsums der Arbeitenden in den großen Industriestaaten bei gleichzeitiger Überproduktion eine wachsende Arbeitslosigkeit auf, die damals die ganze Gesellschaft lähmte. Gegen eine solche waren die Keynesschen Regulierungsmethoden erfolgreich.

Es war nun auch keine spezifische Krise US-amerikanischer Häuslebauer, die in falscher Einschätzung ihrer Möglichkeiten eingegangene Verpflichtungen auf Ratenzahlungen nicht mehr einhalten konnten und so ihr und ihrer Familien Dach über dem Kopf verloren, weil es in 200.000 Fällen zwangsversteigert werden musste.

Es war ein typischer Fall einer Finanzkrise, unter den Bedingungen des starken Übergewichts von virtuellem, meist fiktivem Finanzkapital gegenüber in der Reproduktion wirkendem Finanzkapital.

In dieser Hinsicht ist die Krise seit 2008 vergleichbar mit der von Marx im dritten Band des »Kapital« untersuchten Finanzkrise, die nach dem Eisenbahnboom in den 1840er Jahren aufgetreten war. Sie überraschte die damals überwiegend angelsächsische Wirtschaftswelt so sehr, dass beide Häuser des britischen Parlaments Untersuchungsausschüsse bildeten, um ihre Ursachen zu finden.

Nach dem gründlichen Studium der Protokolle dieser damaligen Untersuchungen schrieb Marx unter anderem:

> »Herstellung des Weltmarkts. Die ungeheure Produktivkraft, im Verhältnis der Bevölkerung, die innerhalb der kapitalistischen Produktionsweise sich entwickelt und, wenn auch nicht im selben Verhältnis, das Wachsen der Kapitalwerte (nicht nur ihres Substrats), die viel rascher wachsen als die Bevölkerung, widerspricht der, relativ zum wachsenden Reichtum, immer schmaler werdenden Basis, für die diese ungeheure Produktivkraft wirkt, und den Verwertungsverhältnissen dieses schwellenden Kapitals. Daher die Krisen.«[123]

Auch das spezielle Wirken des Kreditwesens in diesem Zusammenhang wird schon von Marx untersucht. Er schreibt darüber:

> »Wenn das Kreditwesen als Haupthebel der Überproduktion und Überspekulation im Handel erscheint, so nur, weil der Reproduktionsprozess, der seiner Natur nach elastisch ist, hier bis zur äußersten Grenze forciert wird, und zwar deshalb forciert wird, weil ein großer Teil des gesellschaftlichen Kapitals von den Nichteigentümern desselben angewandt wird, die daher ganz anders ins Zeug gehen als der ängstlich die Schranken seines Privatkapitals erwägende Eigentümer, soweit er selbst fungiert...«[124]

Das Kreditwesen beschleunigt daher die materielle Entwicklung der Produktivkräfte und die Herstellung des Weltmarkts, die als materielle Grundlage der neuen Produktionsform bis auf einen gewissen Höhegrad herzustellen, die historische Aufgabe der kapitalistischen Produktionsweise ist. Gleichzeitig beschleunigt der Kredit die gewaltsamen Ausbrüche dieses Widerspruchs, die Krisen, und damit die Elemente der Auflösung der alten Produktionsweise.«

---

123 Marx/Engels, Werke, Bd. 25, S. 277.
124 A. a. O., S. 457.

Schließlich formuliert Marx dann die (am meisten zitierte) Definition der Ursachen aller kapitalistischen Krisen:

> »Der letzte Grund aller wirklichen Krisen bleibt immer die Armut und Konsumtionsbeschränkung der Massen gegenüber dem Trieb der kapitalistischen Produktion, die Produktivkräfte so zu entwickeln, als ob nur die absolute Konsumtionsfähigkeit der Gesellschaft ihre Grenze bilde.«[125]

Ganz gleich, ob man die jetzige Krise als Hypothekenkrise, Subprimekrise oder sonstwie nennt, man muss die Schlussfolgerungen von Marx beachten. Dabei verfügen Banker, Versicherungsleute, Fondsmanager aller Art heute über tausendmal mehr fremdes Geld als jene vor 150 Jahren. Selbst wenn ihre Gier, aus dieser Verfügungsgewalt über fremdes Geld Profit zu ziehen, nicht größer wäre als damals, wären die volkswirtschaftlichen Folgen in jeder Richtung vielfach größer.

Unmittelbarer Anlass, dass die Krise gerade jetzt ausgebrochen und weltumspannend geworden ist, war die um die Jahrtausendwende mit kapitalistischen Methoden vollzogene Wiedereingliederung von etwa einem Drittel der Weltbevölkerung, das versucht hatte, einen anderen, humaneren Weg der Weiterentwicklung zu finden. Bei allen Mängeln und Irrwegen des bürokratischen Sozialismus-Modells: Sein Zusammenbruch hat den Kapitalismus um keine Spur besser gemacht. Die Krise ab 2008 beweist das Gegenteil.

Wissenschaftler sind durchaus bereit, nach einem Tsunami die Frage nach Ort und Ursache seines Ausbruchs zu stellen, die ja meist Hunderte Kilometer vom Gebiet der größten Zerstörungen und der meisten Opfer entfernt zu finden sind. Bei der jetzigen Krise weichen dagegen selbst wissbegierigste Forscher einer solchen Untersuchung aus. Sie spüren, dass sie mit der Antwort zu vielen Mächtigen auf die Zehen treten würden.

Auch der Tsunami dieser Krise hat ja seine direkte Vorgeschichte: Die großen Finanzkrisen der Gegenwart begannen schon im Jahr 1991 in Deutschland. Dort hofften viele Akteure des Finanzlebens,

---

125 A. a. O., S. 501.

am großen »Schnitt« teilhaben zu können, der bei der Angliederung der vorherigen DDR anfallen musste. Die beiden Teile Deutschland wuchsen ja nicht zusammen, sondern die DDR wurde an die BRD angeschlossen. Dadurch waren die bedeutendsten realen Werte, die in vier Jahrzehnten eigener Entwicklung der DDR entstanden waren, praktisch »herrenlos«. Alles Bisherige der DDR wurde überdies »schlecht« gemacht. Aus dem Westen anreisende Spitzenpolitiker – von Helmut Kohl bis zu Sozialdemokraten – sagten den Menschen »blühende Landschaften« im Osten Deutschlands voraus. Wer in dieser Atmosphäre Grundstücke, Gebäude, Patente oder Produktionswissen von früheren DDR-Kombinaten billig in sein Eigentum bringen und es rasch wieder verkaufen konnte, wurde Millionär. In dieser Atmosphäre einer überhitzten »Gründer-Zeit« konnte die Aufnahme von Hypothekarkrediten die so entstehenden Vermögen in der elastischsten Wertform, nämlich Bargeld, noch vervielfachen. Doch schon wenige Monate später erwiesen sich die Zukunftsvisionen der Anschlusspropagandisten als Schimären. Wer zu spät eingestiegen war, saß auf virtuellen Kapitalpapieren, die zunehmend an Wert einbüßten. Dieses Kapital wurde im wörtlichen Sinne fiktiv. Seine Eigentümer verloren in vielen Fällen das dafür angewandte Geld. Die Finanzkrise begann. Obwohl die von ihr hauptsächlich betroffenen Finanzinstitute alles taten, um die Größe ihrer so eingefahrenen Verluste zu verschleiern, hatte der Umlauf so vieler in Wahrheit gar nicht mehr gedeckter Wertpapiere im Bankwesen Folgen auch auf die Realwirtschaft. Hunderttausende verloren ihre Arbeitsplätze, kleinere Firmen gingen in Bankrott, Länder und Gemeinden häuften Schuldenberge an.

Der Bundesrepublik Deutschland als ganzem brachte es zunächst den Verlust der Führungsrolle in der EU, obwohl sie jetzt eindeutig zur zahlenmäßig stärksten Kraft in der Gemeinschaft geworden war.

Die nächste Welle folgte in den Neunzigerjahren in Südostasien. Hier hatte die Gruppe der durch den Zusammenbruch des Kolonialsystems frei gewordenen »Kleinen Tiger«-Staaten einen stürmischen Aufschwung erlebt. Aber die mit diesem einhergehende starke Überakkumulation von virtuellem Kapital konnte nicht ohne Finanzkrise verkraftet werden. Dabei griffen die Schwierigkeiten vieler Banken schließlich sogar auf japanische Großbanken über. Da musste die in diesem Raum immer noch stärkste Finanzmacht, die USA, rettend eingreifen.

Dann setzte 2007/2008 gerade in den USA selbst die größte Welle dieses Wirtschafts-»Tsunami« ein. Hier trafen mehrere Ereignisse zusammen: Der unmittelbare Verlust des von Russland und China eingenommenen Raums als Ausbeutungsobjekt vor allem von US-Finanzgruppen wog dabei sicher am schwersten. Dazu kam die Hypothekenkrise auf dem Baumarkt. Es stellte sich heraus, dass die meist mit 30 Jahren abgeschlossenen Kreditverträge von etwa 200.000 Käufern von Einfamilienhäusern nur ungenügend, weil durch »Subprime« Haftungen gedeckt waren. Die ersten Anzeichen wirtschaftlicher Schwierigkeiten der Besitzer führten dadurch zum drohenden Verlust des Dachs über dem Kopf. Die Methode, durch solche Subprime-gesicherte Darlehen anfangs höhere Erträge zu lukrieren – allerdings um den Preis später drohender Verluste, wenn der Kreditnehmer in Schwierigkeiten kam, betraf aber nicht nur Hausbau-Darlehen.

Die aus verschiedenartigen »Derivaten« echter Wertpapiere zusammengesetzten Portfolios, mit denen auch in der Wirtschaft und im Versicherungswesen langfristige Kredite zwischen den Banken, Pensionsfonds usw. gedeckt wurden, enthielten immer mehr auch solche Papiere. Das wirkte wie ein Virus, der, weitgehend unerkannt, immer tiefer in den Blutkreislauf des ganzen Weltfinanzsystems eindrang.

Nacheinander gingen größte Hypothekenbanken, aber auch »Broker«-Häuser, Fondsverwaltungen, deren Finanzen noch kurz zuvor unerschütterlich schienen, den bitteren Weg, um zinsengünstige »Stand-By«-Darlehen bei ihren jeweiligen Zentralen – und schließlich auch bei ihren Währungsbanken und dem IWF zu betteln. Diesen gegenüber mussten sie auch offen legen, wie weit ihre Aktiva schon von »faulen« Krediten durchsetzt waren. Die Gewährung solcher »Stand-By«-Darlehen bietet daher den ersten Überblick über das wellenförmige Fortschreiten dieser Infektion durch faule Kredite. Ihre Gesamtsumme bewegte sich schon bald über der Zwei-Billionen-Dollar-Marke.

Selbst die Großbanken solcher Finanzmächte, die sich lange Zeit als sicher anpriesen, waren schon erfasst. So etwa solche in Großbritannien oder der Schweiz. Auch jene »Rating«-Agenturen, die den Banken und Fonds gegenüber bis zuletzt jene Papiere als von erster Bonität bezeichnet hatten, die sich jetzt als faul erwiesen, teilten jetzt das Schicksal der von ihnen beratenen Klienten.

So war das Vertrauen zwischen den Finanzinstituten zutiefst erschüttert. Das gilt national wie international. Jetzt versuchen selbst erzkonservative Regierungen »gegenzusteuern«, wobei sie sich von ihren früher vertretenen Leitsätzen ohne Zögern verabschieden. Aber die Reue kam zu spät. Selbst UNO-Gremien und der IWF waren jetzt nicht mehr im Stande, die einzelnen Hilfsaktivitäten zu einem Gesundungsprogramm auszuweiten.

Inzwischen behindert das Fortwirken der Finanzkrise das gesamte internationale Leben. Beschlüsse und Vereinbarungen selbst höchster UNO-Gremien haben immer weniger Wirkung. Zahl und Umfang bewaffneter Konflikte nehmen zu. Ebenso die Zahl der Menschen, die ihre Heimat verlassen. Die beiden schon die nächste Zukunft der Menschheit am stärksten berührenden Fragen, die Energie- und die Nahrungsmittelversorgung, zeigen die Hilflosigkeit: Um die Umwelt nicht noch stärker mit CO_2 zu belasten, solle man die Verbrennung fossiler Energieträger verringern. Aber direkte Sonnenenergie, ebenso Windkraft sind wenig verlässlich. Wasserkraft könnte nur mehr in kleinem Maßstab weiter ausgebaut werden. Als Ausweg schien sich der Übergang zu Biosprit-Versorgung anzubieten. Aber dessen Rohstoff kann in genügender Menge nur durch Heranziehung heut land- oder forstwirtschaftlich genutzter Flächen erfolgen. Die Preise für solche Flächen und geeignete Produkte steigen sofort. Aber die Energiefrage bleibt ungelöst. Dafür sind die Preise für Getreide, Reis, Mais usw. so stark gestiegen, dass es in einigen ärmeren Ländern bereits zu Hungerrevolten kam.

Selbst der IWF bekannte, dass auch Kriege Folge solcher Hungerkatastrophen sein können, wie sie jetzt die Menschheit bedrohen. Das sind keine Horror-Visionen. Der IWF-Chef Dominique Strauß-Kahn brachte die Nahrungsmittel-Knappheit in direkte Verbindung mit der

Tatsache, dass in den letzten Jahrzehnten die historisch größte Zahl von Menschen bereits ihre Heimat aus wirtschaftlicher Not oder als Kriegsfolge verlassen haben.

Die deutsche Bundeskanzlerin Angela Merkel gibt dagegen der steigenden Biosprit-Produktion keine Mitschuld an der Preisexplosion bei Lebensmitteln. Ursache sei vor allem eine »sehr unzureichende Agrarpolitik in den Entwicklungsländern.«[126]

In Indien etwa nähmen inzwischen rund 300 Millionen Menschen eine zweite Mahlzeit täglich ein. Das erinnert fatal an die überhebliche Präpotenz der Frau des damaligen österreichischen Bundeskanzlers Dr. Dollfuß, die im Krisenjahr 1933 den Frauen in Arbeitslosenfamilien ernsthaft riet, Wursthaut nicht mehr wegzuwerfen, sondern als nahrhafte Suppe auszukochen...

Die Einstellung von Frau Merkel ist kein Einzelfall. Sie läuft darauf hinaus, dass die arme Mehrheit der Weltbevölkerung selbst Schuld an ihrer Armut ist.

Wen kann da wundern, dass Europäer und weiße US-Amerikaner in immer weiteren Teilen der Welt überwiegend als Zielscheibe des Hasses angesehen werden.

Der kluge Sozialhistoriker Eric J. Hobsbawm hat das 20. Jahrhundert als ein solches der Katastrophen bezeichnet. Die Menschheit wird auf der Hut sein müssen, dass das 21. Jahrhundert ihr nicht noch schlimmere Katastrophen bringt.

---

126 A.a.O., 19./20.04.08.

Literaturauswahl

Bauer, Otto, »Der Weg zum Sozialismus«, Wien 1919.

Bucharin, Nikolaj »1929, das Jahr des großen Umschwungs«, Berlin 1991.

Bucharin, Nikolaj, »Ökonomik der Transformationsperiode«, Berlin 1990.

Clark, Grover, »China am Ende?«, Bern/Leipzig/Wien, 1936

Faligot, Roger / *Kauffer*, Remi, »Der Meister der Schatten«, München 1988.

»Geschichte der UdSSR«, Teil 2, Köln 1977.

Hedtke, Ulrich, »Stalin oder Kondratjew«, Berlin 1990.

Hill, Christopher u. a., »Die englische Revolution von 1640. Vier Aufsätze«, Berlin 1952.

Kalt, Hans, »Neubeginnen mit Marx«, Köln 1993.

Kurski, A., »Die Planung der Volkswirtschaft in der UdSSR«, Moskau 1949.

Kurz, Robert, »Potemkins Rückkehr«, Berlin 1993.

Medwedjew, Roy, »Chrustschow, eine politische Biographie«, Stuttgart 1984.

Medwedjew, Roy, »Das Urteil der Geschichte«, 3 Bände, Berlin 1992.

Trotzki, Leo, »Mein Leben«, Berlin 1990.

»Schauprozesse unter Stalin«, Berlin 1990.

Schulze, Bernhard, »Die UdSSR vor dem Untergang?«, Berlin 1991.

Segbers, Klaus, »Der sowjetische Systemwandel«, Frankfurt a. M. 1989.

Smith, Hedrick, »Die Russen«, Bern/München, 1976.

Spira, Leopold, »Die österreichische Arbeiterbewegung vom ersten Weltkrieg bis 1927«, Wien 1952.

Ulam, Adam B., »Stalin – Koloß der Macht«, Esslingen 1977.

Wladimirow, Pjotr P., »Das Sondergebiet Chinas, 1942-1945«, Berlin 1976.

Bitte beachten Sie auch die folgenden Seiten

**Domenico Losurdo:
Kampf um die Geschichte**
Der historische
Revisionismus und seine Mythen
2., verbesserte Auflage

Paperback; 304 Seiten; € 17,90 [D]
ISBN 978-3-89438-365-7

Dem westlichen Sieg im Kalten Krieg folgte der Sieg des »historischen Revisionismus« in der Geschichtsbetrachtung. Diese Strömung verbindet sich mit Namen wie François Furet, Andreas Hillgruber, Ernst Nolte oder Carl Schmitt. Sie dämonisiert die Revolution von 1789 nicht weniger als die von 1917, verklärt den »liberalen Westen« und verdrängt dessen koloniale Tradition. Das gilt für die Gräuel an den Kolonialvölkern ebenso wie für den Wettlauf der kolonialen Großmächte und die beiden Weltkriege. Rätselhaft bleiben aber auch der Nazismus, der diese Tradition noch radikalisierte, und der Völkermord an den Juden, die von Hitler beschuldigt wurden, Drahtzieher der Oktoberrevolution und des antikolonialen Aufbegehrens zu sein. Eine originelle Re-Interpretation der neueren Geschichte und eine prägnante Kritik von Geschichtsbild und Grundbegriffen der modernen Anti-Aufklärung.

»Losurdos Plädoyer ist leidenschaftlich, ergreifend, wissensträchtig, stilistisch glänzend und hinreißend – erschreckend« (Frankfurter Allgemeine Zeitung)

PapyRossa Verlag
Luxemburger Str. 202, 50937 Köln, Tel. (0221) 44 85 45, Fax 44 43 05
mail@papyrossa.de – www.papyrossa.de

Eberhard Czichon / Heinz Marohn: Das Geschenk

Die DDR im Perestroika-Ausverkauf
2., überarbeitete Auflage

Paperback; 526 Seiten; € 22,90 [D]
ISBN 978-3-89438-419-7

Eberhard Czichon und Heinz Marohn gehen den aktuellen wie historischen, den internationalen wie nationalen Hintergründen für das Ende der DDR nach. Sie machen die Wechselwirkung von innen- und außenpolitischen Faktoren deutlich, die zur Vereinigung mit der Bundesrepublik führten. Sie dokumentieren die Aussagen von Zeitzeugen, die aufgrund ihrer leitenden Funktionen in der DDR unmittelbaren Einblick in die Geschehnisse von 1989/90 hatten, sich aber mit öffentlichen Äußerungen weitgehend zurückgehalten haben. Außerdem haben die Autoren erstmals umfangreiches Dokumentenmaterial aus dem PDS-Archiv ausgewertet. Auf der Grundlage dieser Quellenbasis legen sie eine Analyse vor, die sich von den üblichen Darstellungen wesentlich unterscheidet und neue Einblicke in das Ende der DDR eröffnet. Erstmals 1999 erschienen, ist die Untersuchung von Czichon / Marohn auch heute noch höchst aktuell. Sie war über Jahre vergriffen und liegt nun in einer geringfügig gekürzten Auflage neu vor.

PapyRossa Verlag
Luxemburger Str. 202, 50937 Köln, Tel. (0221) 44 85 45, Fax 44 43 05
mail@papyrossa.de – www.papyrossa.de